编 委 会

荣格精选集
C. G. JUNG

精灵墨丘利

[瑞士] C. G. 荣格 著 杨韶刚 译

译林出版社

图书在版编目（CIP）数据

精灵墨丘利 /（瑞士）C.G.荣格（C. G. Jung）著；杨韶刚译. -- 南京 : 译林出版社, 2025. 7. --（荣格精选集 / 申荷永主编）. -- ISBN 978-7-5753-0650-8

Ⅰ. B84

中国国家版本馆CIP数据核字第202569JV57号

Collected Works of Carl Gustav Jung

Simplified Chinese language edition arranged through Stiftung der Werke von C.G.Jung c/o Paul & Peter Fritz AG, Literary Agency

著作权合同登记号　图字：10-2012-30号

精灵墨丘利　[瑞士] C.G.荣格 / 著　杨韶刚 / 译

责任编辑　王瑞琪
特约编辑　张　露
装帧设计　胡　苨
校　　对　蒋　燕
责任印制　董　虎

出版发行　译林出版社
地　　址　南京市湖南路1号A楼
邮　　箱　yilin@yilin.com
网　　址　www.yilin.com
市场热线　025-86633278
排　　版　南京展望文化发展有限公司
印　　刷　江苏凤凰通达印刷有限公司
开　　本　880毫米 ×1240毫米　1/32
印　　张　9.625
插　　页　6
版　　次　2025年7月第1版
印　　次　2025年7月第1次印刷
书　　号　ISBN 978-7-5753-0650-8
定　　价　65.00元

出版说明

“荣格精选集”简体中文版由瑞士苏黎世荣格作品基金会授权译林出版社出版。译本以20卷的瓦尔特出版社德文版和普林斯顿大学出版社英文版为底本，由申荷永教授精选其中关键篇目，并组织专业译者进行译介，意在向广大读者介绍荣格分析心理学的要旨。书中边码为原书段落码，方便读者检索。书中保留荣格原注、英译注、英编注，并增补了部分中译注，详细的参考文献可见http://www.yilin.com/Book/BookView?BookID=9138，希望有助于读者研读查考。《精灵墨丘利》节选自Jung, C. G. *Alchemical Studies.* Princeton University Press, 1967, pp. 57—250。

译林出版社

精灵墨丘利及其形象转变以一条恶龙作为表征。它是一个四位一体的动物，其中第四位同时就是其他三位的统一，这种统一是以神秘信条的传播者赫尔墨斯为象征的。（上面的）三位（从左至右）是：月亮神（炼金术的银）、太阳神（炼金术的金）和太阳与月亮在金牛宫中的化合（coniunctio），金牛宫就是维纳斯的家。它们共同形成了一个符号☿=墨丘利。装饰画来自德文版炼金术手稿，在一个德文版的炼金术文本中是一幅加了彩饰的绘画，大约绘于公元1600年。

导读

精灵墨丘利，无意识的守望

“墨丘利”(Mercury; Mercurius)本来属于罗马“神灵”，从希腊的赫尔墨斯(Hermes)演化而来，为众神的使者，凡医药、商旅、演艺，甚至梦境与亡灵，皆有其庇佑；荣格却将其纳入心理分析的范畴，冠以“灵魂”与“心灵”(spirit)，成就其《精灵墨丘利》(“The Spirit Mercurius”)的重要著述。

在荣格看来，墨丘利集众多原型意象于一身，如水银与水星，神火与北极之心，精灵与灵魂，阿尼玛(anima)或世界灵魂(anima mundi)，雌雄同体，对立整合，其中正包含其求之不得的“哲人石”。1942年，荣格在爱诺思东西方文化圆桌会议做主题演讲，题目是《炼金术、诺斯替以及神话中的赫尔墨斯原则》(“The Hermetic Principle in Mythology, Gnosis, and Alchemy”)，但用了《精灵墨丘利》(“Der Geist Mercurius”)作为标题刊登在《爱诺思年鉴》，后来经由修改补充，再以《精神象征：心灵现象学研究》（"Symbolik des Geistes: Studien über psychische Phänomenologie"）为题在瑞士苏黎世《心理文论》发表（1948），接着被翻译为英文，仍然以《精灵墨丘利》为书名在美国出版（1953），收录在《荣格全集》第13卷《炼金术研究》中。

荣格认为，"精灵墨丘利"，或作为心灵的墨丘利，包含灵魂双重性的意象："一方是上帝赋予人的不朽的理性灵魂（anima rationalis），它把人与动物区分开来；另一方是水银的生命灵魂，它显然与圣灵的自命不凡（inflatio）或灵感（inspiratio）有关。"[1] 荣格说："这种基本的二重性构成了精神启示之两大来源的心理学基础。"[2] 在荣格的思想和体系中，若是将与墨丘利有关的神话传说，翻译成当代心理学的语言，那么其中所包含的本质，即"自性化原则"，是一种完善的人格整合。于是，看似光怪陆离的炼金术意象，在荣格的心目中都具有现实的心理学意义。精灵墨丘利或墨丘利的心灵，包含如下特性：对立整合，或从对立中获得整合；心物双重或同时具备；高下相倾或难易相成（如老子的描述）；救赎与引灵（psychopomp，普绪科蓬波斯，引导灵魂）；炼金术之魂；以及自性与自性化过程。如同《心理学与炼金术》

1 荣格，《荣格全集》第13卷《炼金术研究》英文版（CW. 13. § 263）。

2 Ibid.

(《荣格全集》第12卷),其主旨实为自性与自性化过程,那么,作为《荣格全集》第13卷的《炼金术研究》也是如此。对于荣格来说,炼金术的核心象征,以及精灵墨丘利原型意象中所包含的"哲人石",所代表的正是其分析心理学自性与自性化过程的目标。

本册还包括《佐西莫斯的幻象》和《作为一种精神现象的帕拉赛尔苏斯》两部分内容。《佐西莫斯的幻象》源自荣格1937年在爱诺思东西方文化圆桌会议上的主题演讲(《关于佐西莫斯的幻象的一些评论》,"Einige Bemerkungen zu den Visionen des Zosimos"),编辑整理后收入《荣格全集》的《炼金术研究》。佐西莫斯也常被称为帕诺波利斯的佐西莫斯(Zosimos of Panopolis),大约生活在公元3世纪的埃及,是炼金术史上最重要的人物之一。荣格对记录下来的佐西莫斯的梦境和幻象逐一分析,并揭示与阐释其中炼金术过程的意象和作用。在荣格看来,佐西莫斯的梦境和幻象,反映出其炼金术作品的感受;然而更进一步,荣格认为,在无意识水平上,炼金术士又把这些有关的内容,投射到炼金术的化学过程,并且从中再度感知,仿佛其具有真实的物质属性。于是,荣格发现,炼金术的象征作用与无意识的心理结构有着莫大关系。炼金术士实际上将其重要观念进行了具象化或拟人化,器皿、石头、原初物质和颜色等,也都由此具有了深度心理学的象征意义。

《作为一种精神现象的帕拉赛尔苏斯》最初也是荣格的主题演讲，1941年在瑞士艾恩西德伦（Einsiedeln）为纪念帕拉赛尔苏斯去世四百周年纪念而作；修订编辑后以《帕拉赛尔西卡：关于艺术与哲学之大炼金术士的讲座》（“Paracelsica：Zwei Vorlesungen uber den Arzt und Philosophen Theophrastus”）为标题发表，后收入《荣格全集》第13卷《炼金术研究》。帕拉赛尔苏斯（Paracelsus，约1493—1541）是中世纪重要的炼金术士和占星师，同时也是医生与学者，被称为“毒物学”（toxicology）之父。他将医学与炼金术结合起来，为后来的医疗化学奠定了基础。帕拉赛尔苏斯从炼金术原则中发展出身心医学理论，认为人类的疾病或健康，实为人（小宇宙）和自然（大宇宙）之间的和谐与否；在其心目中，炼金术的真正目的并非炼成黄金，而是要制造有益人类健康的医药品。

荣格在《作为一种精神现象的帕拉赛尔苏斯》中这样评论：“炼金术的操作主要在于把原初物质（prima materia，即所谓混沌）分离成为积极原则（灵魂）和消极原则（身体），然后再以拟人化的形式在神秘化合（coniunctio）或‘化学婚姻’[1]中重新结合起来。换句话说，神秘化合用寓言的方式叙述为神圣婚姻（hierosgamus），是以仪式的形式表现金和银的共存。从这

1 “化学婚姻”（chymical marriage），这里chymical一词是chemical（化学）的旧写法，指的是炼金术。

种结合中产生出智慧之子(filius sapientiae)或哲人之子(filius philosophorum),即转换的墨丘利,他被认为是雌雄同体的,作为其全面完善的象征。”[1]于是,荣格在炼金术的过程与作品中,透过对诸多化学因素的分析,触及集体无意识与原型的存在,提炼出可用于临床心理学的原理与方法。在这种意义上,荣格说:“我早已认识到,炼金术不仅是化学之母,而且是我们当代无意识心理学的先兆。因此,帕拉赛尔苏斯不仅是作为一个化学医学的先驱者而出现的,而且是实证心理学和心理治疗的先驱者。”[2]

《精灵墨丘利》、《佐西莫斯的幻象》与《作为一种精神现象的帕拉赛尔苏斯》,都属于荣格《炼金术研究》中的重要内容。《荣格全集》第13卷《炼金术研究》的开始,是荣格所撰写的《关于金花秘密的评论》[3]。原著编辑者为该卷加按语说:“(荣格)《评〈太乙金华宗旨〉》引起世人极大的兴趣。”同时,编辑者认为:“当我们把《炼金术研究》中的这些论文与荣格不朽的著作《神秘参与》、《心理学和炼金术》,以及在某种程度上与《伊雍:自性现象学研究》进行比较时,我们才认识到,这些论文作为对其炼金术研究的一个导引所具有的独特价值。”[4]当然,作为《炼

1 荣格,《荣格全集》第13卷《炼金术研究》英文版(CW. 13. § 157)。

2 Ibid(CW. 13. § 237).

3 荣格关于《太乙金华宗旨》的评论,加上卫礼贤对《太乙金华宗旨》和《慧命经》的翻译及介绍,以《金花的秘密:中国生命之书》为名出版,影响深远。

4 荣格,《荣格全集》第13卷《炼金术研究》英文版(CW.13. 英文编辑按语)。

金术研究》第一篇的《关于金花秘密的评论》，正是中国道家思想对荣格影响的见证与体现，表明道家内丹在其炼金术研究中所发挥的重要作用与影响。荣格自己曾多次申明："我所要强调的是，正是《太乙金华宗旨》第一次把我推到了正确的方向上。由于对中世纪炼丹术的长期研究，我们找到了在灵知和集体无意识过程中存在的联结点……我和卫礼贤合著了《金花的秘密》。只是在我的思想和我的研究触及核心之点，即'自性'的时候，我再次找到重返世界的道路。"[1]

在这种意义上，荣格的炼金术、《精灵墨丘利》，也都具有引灵以及守望的原型意象。对于我们每个人，当命中注定要去面对与接触无意识的时候，也如撑一叶小舟在大海之上航行，大海犹如无意识，小舟或可比喻为我们人类的意识自我；于是，我们需要心灵的引领，始能抵达自性的彼岸；同时，我们需要"精灵墨丘利"，给予无意识的守望。

申荷永

2018年7月于洗心岛

1　荣格：《回忆·梦·思考》，刘国彬、杨德友译，沈阳：辽宁人民出版社，1988年，第352页（C.G. Jung. *Memories, Dreams, Reflections*. New York，Vintage Books, 1989）。

目 录

一、佐西莫斯的幻象

译自《意识的根源》(苏黎世:拉舍尔出版社,1954)。

二、作为一种精神现象的帕拉赛尔苏斯

译自《作为一种精神现象的帕拉赛尔苏斯》,《帕拉赛尔西卡：关于艺术与哲学之大炼金术士的讲座》(苏黎世：拉舍尔出版社,1942)。

三、精灵墨丘利

译自《精灵墨丘利》,《精灵的象征》(苏黎世: 拉舍尔出版社,1948)。

一、佐西莫斯的幻象

［本篇文章最初是1937年8月在瑞士阿斯科纳举办的爱诺思会议上的演讲，以《关于佐西莫斯的幻象的一些评论》为题，在《1937年爱诺思年鉴》中出版。在《意识的根源：原型研究》（《心理学论文集》，第九卷，苏黎世，1954）中修订并适度地扩展为《佐西莫斯的幻象》，也就是现在的英译本。——英编注］

（一）

文本

85　我必须马上说清楚，以下对帕诺波利斯的佐西莫斯，这位公元3世纪重要的炼金术士和诺斯替教教徒的幻象所做的观察，并非旨在对这种极其困难的材料做一个最终的解释。我的心理学贡献无非就是尝试对此做一点说明，以回答由这些幻象所引起的某些问题。

86　第一个幻象出现在《神圣佐西莫斯关于这门艺术[1]的论著》（"The Treatise of Zosimos the Divine concerning the Art"）的开篇之处。佐西莫斯用一些一般性的说明作为这本论著的导言，这些一般性的说明涉及自然过程，尤其是"水的组成"以及

---

1 "Ζωσίμου τοῦ θείου περὶ ἀρετῆς." 在这里，不应该把'Αρετὴ翻译成"美德"（virtue）或"力量"（power，在贝特洛那里写作"vertu"），而应翻译成"艺术"（the Art），与拉丁文ars nostra（我们的艺术）相对应。不管怎么说，这部论著与美德毫无关系。

其他各种操作活动，而且以下面这句话作为结束："……对万物所做的形式多样而又千差万别的研究是建立在这个多彩的简单系统之上的。"随后这个文本以下面这段话开始：[1]

> (III, i, 2.)在说这句话时，我睡着了，看见一个献祭者(sacrificer)[2]站在面前，他高高地站在一座祭坛上，这座祭坛的样子像是一只碗。有十五级台阶向上通往这座祭坛。祭司就站在那里，我听见从上面发出一个声音对我说道："我已经履行了这种行为，把十五级台阶下降到黑暗之中，也把这些台阶上升到光明之中。使我重获新生的人就是献祭者，他把身体的粗劣之处统统丢弃；强迫我必须作为一个祭司而牺牲，现在又要作为一种精神而完美地站立起来。"在听到站在祭坛上的他发出的声音时，我问他是谁。而他则以一种美好的声音回答我说："我是约恩，[3]是内部庇护所的祭司，我使自己遭受难以忍受的痛

1 Berthelot, *Collection des anciens alchimistes grecs*，有C. E.吕埃勒翻译成法语的译本。[目前这个译本是A. S. B.格洛弗从贝特洛的希腊语文本翻译而成，也参考了吕埃勒的法文译本和荣格的德文译本。每一节的编号是贝特洛提供的。——英编注]

2 那个ἱερουργός就是举行仪式的献祭祭司。而ἱερεὺς就是ἱεροφάντης，奥秘的预言家和揭示者。在这个文本中并没有对它们做出任何区分。

3 在塞巴人的传统中，约恩是作为墨丘利的儿子出现的，是伊奥尼亚人(Ionians，即el-Jûnâniûn)的祖先。[Cf. Eutychius, *Annales*, in Migne, *P. G.*, vol. 111, col. 922.]塞巴人认为约恩是他们的宗教的创立者。Cf. Chwolsohn, *Die Ssabier und der Ssabismus*, I, pp. 205, 796 and II, p. 509. 赫尔墨斯也被认为是一个创立者(I, p. 521)。

苦。[1]因为一大早就急匆匆地来了一个人,他把我制服了,用剑把我刺穿,根据和谐的规则而把我肢解。[2]他用剑把我的头皮剥下来,他用力操纵这把剑,他把骨头和一些肉混合在一起,使它们在这门艺术的大火上燃烧,直到通过身体的转换我感受到自己已经变成了精灵,而这就是我难以忍受的痛苦。"而且,即使在他这样说的时候,我也尽力要求他和我说话,他的眼睛变得像血一样。他把自己的肉全都翻出来。我看见他是怎样变成了他自己的对立物,变成了一个残缺不全的人(mutilated anthroparion),[3]他用牙齿撕扯着他自己的肉,沉入他自己之中。

(III, i, 3.)我从睡梦中充满恐惧地醒来,我独自思考着:"难道这不是水的组成成分吗?"我敢肯定,我已经完全理解了,我又睡了过去。我又看见了那座碗状的祭坛,在上面有一些沸腾的水,里面有数不清的人。在祭坛附近没有一个可以提问的人。然后我走上祭坛去看这种景

---

1 Κόλασις字面的意思是"惩罚"。在这里的意思是为了使原初物质发生转换而不得不遭受的痛苦。这个程序被称为制服(mortificatio)。[有一个例了,请参见"Ethiopian"的制服, in *Psychology and Alchemy*, par. 484。Also, Infra, "The Philosophical Tree," ch. 17. ——英编注]

2 贝特洛写的是"démemberant, suivant les règles de la combinaison"(肢解,根据组合的规则),它指的是划分为四种实体、本质或元素。Cf. Berthelot, *Alch. grecs*, II, iii, 11 and *Chimie au moyen âge*, III, p. 92. Also, "Visio Arislei," *Artis auriferae*, I, p. 151, and "Exercitationes in Turbam IX," ibid., p. 170.

3 如果我没有弄错的话,霍蒙库鲁斯(homuculus)这个概念在这里是第一次在炼金术的文献中出现。

象。我看见了一个像人一样的东西(anthroparian),他是一个理发师[1],因年事已高,头发变成了灰色的,他对我说:"你在看什么?"我回答说,我很吃惊地发现水在沸腾,而那些人经受着灼热却还活着。他是这样回答我的:"你看到的景象是入口、出口和转换。"我问他:"什么样的转换?"他回答说:"这是一个被称为对尸体进行防腐处理的操作场所。那些寻求掌握这门艺术[2]的人进入这里,通过从身体中逃脱出来而变成精灵。"我接着他的话说道:"那么你呢,你是一个精灵吗?"他回答说:"是的,是个精灵,也是个精灵的卫士。"我们在说话的时候,水继续沸腾着,人们发出了痛苦的喊叫,我看见一个黄铜制作的人手里拿着一块铅板。看着这块铅板,他大声地说道:"我命令所有经受惩罚的人都安静下来,给他们每人一块铅板,用他们自己的手来书写,让他们的眼睛始终向上看,嘴巴张开,直到他们的小舌肿胀起来。"[3]说完这些话之后,行动就开始了,这幢房子的主人对我说:"你已经看到了,你

1 我读作ξυρουργός,而不是文本中那个毫无意义的ξηρουργός。参见III,v,1,在那里,那个理发师实际上看起来确实很像是原人。(或者应该用形容词来描述:ξυρουργὸν ἀνθρωπάριον?)这个原人是灰色的,因为,正如我们将要看到的那样,他代表铅。

2 或"道德完善"。

3 这句话的意思显然是指嘴巴特别不由自主地张开,同时伴随着咽部的强烈收缩。这种收缩是一种呕吐的动作,想要把里面的内容带上来。这些必须被写在铅板上。它们是来自上部的,可以说是被向上看的眼睛捕捉住的灵感。可以把这个程序与积极想象的技术相比较。

已经把脖子向上伸出来了，已经看到了所做的一切。”我回答说我已经看到了，他又继续说道：“你看到的那个黄铜制作的人，就是进行献祭和被献祭，并且把自己的肉献出来的祭司。通过这种水和那些受惩罚的人，他获得了力量。”[1]

(III, v, 1.) 最后我被这种欲望征服了，想要爬上这七层台阶去看一看那七种惩罚，而且要在合适的时候，在某一天进行；于是我走了回来以便完成这次攀登。经过几次尝试，我终于来到这条路上。但是当我正打算向上走的时候，我却再次迷了路；由于非常沮丧，而且看不清我应该往哪个方向走，所以我就睡着了。当我入睡之时，我看见一个像人一样的东西，一个身穿蓝紫色长袍的理发师，他就站在那个惩罚之处的外面。他对我说：“喂，你在干什么？”我回答说：“我在这里停一会儿，因为我偏离了路，所

1 ［在瑞士版(*Von den Wurzeln des Bewusstseins*, pp. 141—145)中，这一节虽然只编了一个号III, i, 3，却没有停顿地延续到III, i, 4, 5和6之中，把它们全都组合在一起，组成了单独的一节。然后III, i, 5在系列幻象结束时又重新出现(par. 87)，却是以不同的形式，作为一个“摘要”而出现的，把它放在那里的理由在评论中做了解释(pars. 93, 111, 121)。由于在III, i, 3中没有对为何复制它进行解释，而且改动主要只是写作风格的变化，所以在这里我们把它忽略了，在这个系列幻象的最后对III, i, 4—6进行了重组。荣格在par. 87的插话已经过更改以说明这种变化。这些章节是以III, i, 5、III, i, 4和III, i, 6的顺序呈现的，其假设的依据是，III, i, 4并不是要构成“摘要”本身的一部分，而是像在Eranos版本的“Transformation Symbolism in the Mass”中说明的那样，是“佐西莫斯自己对其幻象所做的评论”，是个“一般性的哲学结论”(*The Mysteries*, pp. 311f.)。——英编注］

以迷了路。”他说：“跟我来吧。”于是我转身跟着他走去。当我们来到惩罚之处附近的时候，我看见我的向导，那个小理发师，进入了那个地方，他的整个身体被火焰吞噬了。

(III, v, 2.)看到这种景象，我走到一边，害怕得浑身发抖，接着我醒了过来，我在心里说道：“这个幻象意味着什么呢？”我再次厘清了我的思路，并且认识到，这个理发师就是那个黄铜制作的人，身穿紫色长袍。我对自己说道：“我完全明白了，这就是那个黄铜制作的人。他必须首先进入那个惩罚之处，这是必需的。”

(III, v, 3.)我的灵魂也再次渴望爬上第三级台阶。而且我还是独自沿着那条路走，当我快到那个惩罚之处的时候，我又迷路了，不知道路在哪里，我绝望地停了下来。我似乎又看见了一个老人，由于年岁已高，头发变成了白色，已经完全变白了，白得刺眼。他的名字叫阿加托戴蒙。这个白头发的老人转过身来，凝视着我足有一个小时。我催促他说：“快给我指明正确的道路吧。”他并没有向我走来，而是急匆匆地走他自己的路。但是，我到处跑着，最后终于来到了祭坛。当我站在祭坛上时，我看见那个白头发的老人进入了那个惩罚之处。哦，你们这些天上的创造世界者！他立刻就被火焰转换成了一道火柱。这是一个多么可怕的故事啊，我的兄弟们！因为，由于这种惩罚的残暴性，他的眼睛里充满了血。我对他说，并且问道：“为什么你在那里伸展?”但他无法张开嘴巴,只能呻吟着说:“我是铅制作的人,我要让自己经受难以忍受的折磨。”由于被巨大的恐惧所震慑,我醒了过来并且在内心深处寻找我所看到这一切的理由。我又想了想,对自己说:“我完全明白了,这意味着铅受到了拒绝,实际上这个幻象指的是液体的构成。”

(III, v^{bis}.)我再次看到了那座神圣的碗状祭坛,我看见一个身穿及地白色长袍的祭司,他在颂扬这些可怕的神秘事件,而我问道:“这是谁?”一个声音回答说:“这就是那些内部庇护所里的祭司。就是他把身体变成了血液,使眼睛能够通灵,并且让死人复活。”接着,我再次倒在地上,又睡了过去。当我向上爬到第四级台阶时,看见东方有一个人走过来,手里拿着一把剑。而另一个人则从他后面[走过来],拿着一个圆形的有标记的饰物,身穿白衣,看上去很清秀,他的名字叫太阳的顶点(Meridian of the Sun)。[1]当他们接近惩罚之处的时候,那个手拿宝剑的

1 Καὶ ἄλλυς ὄπισω αυτου φέρων περιηκονισμένον τινὰ λευκοφόρον καὶ ὡραῖον τὴν ὄψιν, οὐ τὸ ὄνομα έκαλεῖτο μεσουράνισμα ἡλίου. Berthelot:“Un autre, derrière lui, portrait un object circulaire, d’une blancheur éclatante, et très beau à voir appelé Meridien Cinnabre.” 还不太清楚为什么要把μεσουράνισμα ήλίου翻译成“丹砂的顶点”,从而对它做了一种化学的类比。περιηκονισμένον τινὰ一定是指某一个人,而不是某一个东西。M. —L. 冯·弗朗茨博士使我注意到以下在阿普列乌斯著作中的这些相似的东西。他称之为奥林匹亚的长丝巾(stola olympiaca),初入会者戴着一块“上面每部分都着以颜色的神圣动物的珍贵头巾,例如,印度的蛇和极北的半狮半鹫的怪兽(转下页)

人[说]:“把他的头砍下来，宰杀他做祭品，把他的肉剁碎，可以根据这种方法先把他煮熟，[1]然后送到惩罚之处。”接着我醒了过来并说道:“我完全明白了，这与金属艺术中的液体有关。”手上拿着剑的那个人又说道:“你已经完成了七级台阶的下降。”而另一个人则一边使水从潮湿的地方源源不断地涌出来，一边回答说:“这道程序完成了。”

(III, vi, 1.)我看见一座碗状的祭坛，一个熊熊燃烧的精灵站在祭坛上，他使火焰熊熊燃烧，使站在火中的那些人沸腾和燃烧。我询问关于那些站在那里的人的事，我说道:“我吃惊地看见水在火热地沸腾，而那些燃烧的人却还活着!”他回答我说:“你看见的这种沸腾就是被称为尸体防腐的操作之地。那些寻求掌握这门艺术的人要进入这里，他们把身体丢下，然后就变成了精灵。[这门艺术的]实践就是用这个程序来解释的；因为只要把身体的粗劣方面去掉，就变成了精神。”

87 佐西莫斯的文本说得很混乱。在III, i, 5中有一个放错了

(接上页)(Hyperborean griffins)”。“我……戴着一个白色的用棕榈树制作的花冠，它的叶子就像光束一样四处伸展开来。”初入会者被展示给人们看，“就像是一个穿着像太阳一样的雕塑被揭下覆盖物那样”。他现在就是这个太阳，他曾在前一天晚上，在象征性地死亡之后曾看见过这个太阳。“半夜，我看见太阳在闪耀，就像是中午似的。”(*The Golden Ass*, trans. Graves, p. 286.)

1 字面的意思是有机体的。

位置的，但显然是真实的摘要，或者是对这些幻象的放大，而在III，i，4中则对它们做了一种哲学的解释。佐西莫斯把这整段话称为“对随后之语篇的一个导言”（III，i，6）。

> （III，i，5.）简言之，我的朋友，仅用一块大石头建造了一座神庙，那块大石头就像白色的铅，就像雪花石膏，就像普洛克奈索斯大理石，[1]在建造过程中既没有结束也没有开始。[2]就让它在其内部有一股最纯净的泉水吧，像太阳那样闪闪发光。要仔细地注意神庙的入口在哪一边，并且手里要拿着一把剑；然后寻找入口，因为入口的地方很窄。有一条龙卧在入口处，守卫着神庙。把它抓住；先把它宰杀了做祭品；把它的皮剥下来，连骨头带肉地切开，把它的四肢分离开；然后，把四肢［的肉］[3]连同骨头一起放在神庙的入口处，再往前走一步，爬上去，走进去，你就会发现你要寻找的东西。[4]你看见那个祭司，即那个黄铜制作的人，坐在泉水里正在合成那个物质，［看上去］他不像是个黄铜制作的人，因为他已经改变了其本质的颜色，已经变成了银子制作的人；如果你愿意的话，你将很快就

1 普洛克奈索斯是著名的希腊大理石采石场，现在被称为马尔马拉（土耳其）。

2 意即循环的。

3 希腊文只有μέλος。我遵循希腊法典2252的读法（巴黎）。

4 res quaesita（找寻）或quaerenda（被寻找）是拉丁炼金术中的一种固定表达方式。

会让他变成[为]金子制作的人。

(III, i, 4.)我看到这个幻象之后,就醒了,我对自己说道:“这个幻象的原因是什么?难道那个沸腾的白色的和黄色的水不是圣水吗?”我发现我已经完全明白了。我说道:“能说话很美妙,能听见很美妙,能付出很美妙,能接受很美妙,贫穷很美妙,富有也很美妙。大自然是怎样教诲给予和接受的呢?给予的是那个黄铜制作的人,接受的是水生岩;给予的是金属,接受的是植物;给予的是星星,接受的是花朵;给予的是天堂,接受的是土地;雷鸣电闪给出的是猛烈的火焰。万物全都交织在一起,又重新被分解开;万物全都混合在一起,万物也都结合在一起;万物既结合又分离;万物既潮湿又干燥;万物既茂盛又在祭坛的碗中凋谢。因为每一个事物都会以特定的程式并通过四种元素的确切[1]权重(的组合)而得以出现。没有特定的程式,万物的交织在一起、万物的分离以及完整的织物也就不可能实现。这种程式是一种自然的程式,在呼气和吸气中保留着应有的顺序;它会带来增长,也会带来减少。总而言之:通过分离与结合的和谐统一,而且如果这种程式中没有东西被忽略,那么万物化生自然。因为应用于自然的自然会把自然加以转换。这就是整个宇宙中自然律的

1 压倒,覆盖。

秩序，从而使万物和谐统一。”

（III，i，6.）这篇导言至关重要，它将向你揭示随后那个文本的精华，就是说，对可以阐明那些神秘话语的艺术、智慧、理性和理解、有效方法和启示进行调查研究。

（二）

评　论

1. 对解释所做的总评

88　虽然看起来好像是一个接一个的一系列幻象，但这些幻象的一再重复出现和令人吃惊的相似性更表明，其本质上是一个单一的幻象，是以它所包含的那些主题的一组变化呈现出来的。至少从心理学上讲，认为这是一种寓言式的发明是没有依据的。其突出的特点似乎是要表明，对佐西莫斯来说，这是一种他希望能与别人沟通的非常有意义的体验。虽然炼金术的文献中包含着很多寓言，毫无疑问，这些寓言只是一些说教式的神话传说，而且也不是建立在直接经验基础上的，[1]但佐西

1　例如，“Vision Arislei”（*Art. aurif.*，I，pp. 146ff.）和“Book of Krates”中的幻象（Berthelot，*Chimie au moyen âge*，III，pp. 44—75）。

莫斯的幻象完全可能是一件真实发生的事情。这似乎被下述方式所证实，即，佐西莫斯本人把幻象解释为是对他自己的先入之见的一种证明："难道这不是水的组成成分吗？"不管怎么说，对我们来说，这种解释似乎就是要我们不考虑在幻象中给人留下最深刻印象的那些意象，把那些非常复杂的事实还原成为一个非常简单的共同特征。如果这个幻象是个寓言，那么那些最明显的意象就是具有最重大意义的意象。但是，它也具有任何主观的梦的解释所共有的特点，即仅仅满足于指出一些表面的关系，却没有考虑到一些最根本的东西。需要考虑的另一件事情是，炼金术士们自己能够证明，在炼金工作（opus）中出现过梦境和幻象。[1]我倾向于认为，佐西莫斯的某个幻象或某些幻象就是这种体验，它是在工作中发生的，并且揭示了在背景中发生的这种心理过程的本质。[2]所有那些内容都在这些

---

1 Cf. *Psychology and Alchemy*, pars. 347ff.

2 炼金工作在一段时间内没有固定限制地扩展。在这段时间内，工艺师必须"用宗教的方式"使自己献身于这个转换过程。由于这个过程既是主观的也是客观的，因此毫不奇怪，它包含着梦的体验。G. 巴蒂斯塔·纳扎里（*Della tramutatione metallica sogni tre*, 1599）实际上代表的是以（寓言的）梦的形式表现出来的炼金工作。"哲学之水有时是在睡梦中被呈现给你的"，Sendivogius的"Parabola"如是说（*Bibliotheca chemical*, II, p. 475）。我们不能认为作者对佐西莫斯的幻象有任何了解；参考文献很可能是"Visio Arislei"，如下文所示（p. 475 b）："我在梦中看见萨杜恩把太阳树上那个唯一的果实强行塞给了我们的墨丘利。"参见"Vision Arislei"的结尾："我们在梦中看见了大师你。我们恳求你让我们来帮助你的徒弟霍夫尔图斯，他就是营养品的制作者。"——Codex Q. 584（Berlin）, fol 21^{v}, Ruska ed., *Turba philosophorum*, pp. 327f. "Visio"的开始展示了怎样采摘"那棵不朽树"上的果实。

幻象中出现，炼金术士们无意识地把这些内容投射到化学过程中，然后又在那里感知到这些内容，仿佛它们是物质的属性。这种投射受有意识的态度促进的程度是通过佐西莫斯自己做出的多少有点过于草率的解释而表现出来的。

89 尽管他的解释最初因为有点牵强附会而使我们感到吃惊，确实很牵强和武断，但是我们千万不要忘记，虽然"水"这个概念对我们来说很陌生，但对佐西莫斯和一般的炼金术士来说，它具有我们绝不会设想到的意义。很可能"水"这个概念的提及开阔了我们的视野，肢解、杀死、折磨和转换这些观念都在其中有一席之地。因为，从德谟克利特和科马里奥斯的论著（这些论著写于公元1世纪）开始，一直到18世纪，炼金术主要关注的就是这种神奇的水、神圣的水（aqua divina）或永恒之水（aqua permanens），这种水是通过遭受火烧的痛苦而从哲人石或原初物质中提取出来的。这种水就是强烈的潮湿（humidum radicale），它代表被囚禁在物质中的自然灵魂（anima media natura）或世界灵魂，[1]石头的灵魂或金属的灵魂，也被称为水的灵魂（anima aquina）。这个灵魂不仅是通过"蒸煮"才被释放出来的，而且是通过那柄把"蛋"分开的剑，或者通过分离（seperatio），或者通过溶解成四个"根"或四种元素而被释放出

---

1 在我们的文本中（III, v, 3），它就是经受了转换的阿加托戴蒙自己。

来的。[1]这种分离经常被描述为人体的肢解。[2]关于永恒之水(aqua permanens),它把身体溶解成为四种元素。这种圣水就完全具备了转换的力量。它通过不可思议的“洗浴”(ablutio)而把黑化(nigredo)转换成为白化(albedo);它使惰性物质活跃起来,使死人重新站起来,[3]从而具有了基督教仪式中洗礼之水的美德。[4]正如在《祝福之泉》中那位牧师在水上画了个十字符号,从而把水分成了四部分那样,[5]那条代表永恒之水的水银之蛇(mercurial serpent)经受了肢解,这是对身体分割的另一种类比。[6]

90 我将不再进一步详细阐述这个其中充满了如此丰富的炼金术内容的相互联系的意义网络。我说过的话完全可以表明,

---

1 制服发生后分成四种元素,in “exercitationes in Turbam IC”(*Art. aurif.*, I, p. 170), Also in “Aenigma” VI(ibid., p. 151)。关于把蛋分成四份,参见Book of El-Habib(Berthelot, *Moyen âge*, III, p. 92)。众所周知,分成四份就是四重哲学家(Berthelot, *Alch. grecs*, III, xliv, 5)。

2 例如,在Trismosin, *Splendor solis*(*Aureum vellus*, p. 27)中。同样, in *Splendor solis*(London, 1920, repr.), PI. X and Lacinius, *Pretiosa margarita novella*(Venice, 1546), fol. *** xii。

3 “它就是杀戮和复活之水。”(*Rosarium philosophorum*, in *Art. aurif.*, II, p. 214)

4 正如洗礼是前基督教的仪式,根据福音书的证据,圣水也具有异教和前基督教的起源。Praefotio of the Benidictio Fontis on Easter Eve说:“愿这种为人的再生准备的水,通过神秘地注入其神圣的力量,而使之硕果累累吧;愿在神圣中孕育的和再生后进入新的创造物之中的天国的奉献物,从这个神圣的洗礼池那未被玷污的子宫里出来吧;无论怎样被时间中的年龄或身体中的性所区分,愿所有的一切都被慈悲的母亲制作成一个婴儿吧。”(*The Missal in Latin and English*, p. 429)

5 “牧师用他的手把水呈十字状分开。”(ibid.)

6 Cf. *Psychology and Alchemy*, pars. 334, 530.

“水”的观念和与此有关的操作活动可以很容易地给炼金术士们展现一个愿景，实际上这个愿景的所有主题在其中都已经很清楚了。因此，从佐西莫斯的意识心理学观点来看，他的解释似乎并非那么牵强和武断。有一句拉丁文谚语说：“canis panem somniat, piscator pisces。”（狗梦见面包，渔夫梦见鱼。）炼金术士也以他自己独特的语言做梦。这就要求我们非常细心谨慎，当这种语言格外模糊的时候尤其要更加小心。要想理解它，我们就不得不去了解炼金术的心理学奥秘。那些古老的大师们说，只有当他认识到石头的秘密，他才能够理解他们的话语，这种说法很可能是真实的。[1]早就有人宣称，这种秘密纯粹是胡说八道，不值得花费力气进行严肃的研究。但是这种轻率的态度很不适合心理学家，因为使人们的心灵如此着迷达2 000年之久的任何“胡说八道”（这些人当中有些是很伟大的人物，例如牛顿和歌德[2]）一定有一些与此有关的事情，让心理学家来了解这些事情是很有用的。再者，炼金术的象征作用与无意识的结构有很大关系，对此我已在我的《心理学与炼金术》一书中做了说明。这些事情并非只是一些罕见的好奇之

1 Cf. “Hortulanus super epistolum Hermetis” in *Rosarium*, *Art. aurif.*, II, p. 270. *Aurora Consurgens*（ed. von Franz）, pp. 39—41：“因为对于具有理解力的他们来说，她［这门科学］是很清楚的……对那些具有这门科学知识的他们来说，这似乎很容易。” Maier, *symbola aureae mensae*, p. 146：“……他们不应该理解他的话语，除了那些受到审判的人之外才值得拥有这种非常伟大的灵丹妙药。”

2 Cf. Gray, *Goethe the Alchemist*.

物，任何人，只要他想了解梦的象征作用，就不可能闭目不见这个事实，即现代男人和女人的梦恰好经常包含着我们在中世纪的论著中发现的那些意象和比喻。[1]而且，既然对梦产生的生物学补偿的理解在治疗神经症和发展意识方面都非常重要，因此对这些事实的了解也具有不应低估的实际价值。

2. 牺牲行为

91 我们的梦视觉中的核心意象向我们展示了一种牺牲行为，这就是为了炼金术转换之目的而采取的行为。这种仪式的特点是，祭司就是牺牲者和被牺牲者。佐西莫斯是通过“希伯来人”（即基督徒）的教义这个形式而获得这种重要理念的。[2]耶稣基督是一个牺牲了自己的神。这种牺牲行为的一个必不可少的部分就是肢解。佐西莫斯一定很熟悉这个来自狄奥尼索斯神秘传统的主题。在那里神也是牺牲品，他被提坦人撕成了碎片，被扔进一个蒸煮罐中，[3]但是，他的心脏在最后一刻被赫

---

1 经常有人反对说，这种象征根本就不会在梦中出现。诚然，它们不会在所有的梦中出现或者在任何梦中都有可能出现，而只是在某些特殊的梦中才出现。梦之间的差异就像个体之间的差异那么大。需要有一系列特殊的无意识才能产生这种梦，即包含着神话主题的原型之梦（例见*Psychology and Alchemy*，part II）。但是若没有神话学的知识，就不可能把它们识别出来，并非所有的心理学家都具有这种知识。

2 当然，假定这段话本身没有被临摹者篡改，这些临摹者大多数都是修道士。

3 Preller，*Griechische Mythologie*，I，p. 437.

拉挽救了。我们的文本表明，那座碗状的祭坛就是一个蒸煮的器皿，有各种各样的人在里面被煮和被烧。正如我们从传说中以及从欧里庇得斯的片段中所知道的，[1]兽性的贪婪的爆发和用牙齿撕咬活的动物，就是狄奥尼索斯狂欢中的一部分。[2]狄奥尼索斯实际上被称为ὁἀμέριστος καὶ μεμερισμένοςνοῦς（未分离的和分离的精神）。[3]

92 佐西莫斯也一定很熟悉剥皮这个主题。一个众所周知的类比就是死而复生的神阿提斯，[4]他就是那个被剥了皮并被悬挂起来的玛尔叙阿斯。另外，传说认为，宗教导师摩尼通过剥皮而把人杀死，他和佐西莫斯是差不多同时代的人。[5]随后在皮囊里填上稻草是提醒人们，这是阿提斯出生和再生的仪式。每年在雅典都要杀一头牛并把皮剥下来，它的皮被稻草填满。然后把这个填充的假牛呈耕田的姿势固定在地里，目的显然是要恢复土地的肥沃。[6]阿兹特克人、斯基泰人、中国人、巴塔哥

1 Fragment 472，N2，“The Cretans.”引自Dieterich，*Mithrasliturgie*，p. 105。

2 Cf. “Tansformation Symbolism in the Mass，” pp. 231f. 至于在一个精神分裂症案例中的肢解、转换和重组，see Spielrein，“Ueber den psychologischen Inhalt eines Falles von schizophrenie，” pp. 358ff。实际上，肢解是原始的萨满教心理学中一个很普遍的主题。它形成了一个萨满教巫师入会的主要体验。

3 Firrmicus Maternus，*Liber de errore profanarum religionum*（ed. Halm），ch. 7，p. 89.

4 阿提斯和基督有密切的关系。传说，基督诞生地伯利恒曾是阿提斯的避难所。这个传说已得到最近古迹挖掘的证实。

5 Frazer，*The Golden Bough*，Part IV：*Adonis*，*Attis*，*Osiris*，pp. 242ff.

6 Ibid.，p. 249.

尼亚人据考都有类似的剥皮仪式。[1]

93 在这个幻象中，剥皮仅限于头部。这是一种剥头皮，和III, i, 5描述的那种完全的剥皮不同。它是把原始的幻象和在这个摘要中提供的过程描述区分开来的诸多行动中的一种。正如人们认为的那样，把敌人的心或脑挖出并吃掉，就可以使人具有了对方的生命力或美德。因此，剥头皮是以部分的生命原则或灵魂来代替整体的一种合并。[2]剥皮是一种转换的象征，对此我已经在我的《弥撒中转换的象征》一文中做了大量的讨论。在这里我只需要提及一下折磨和惩罚这个特殊主题，在对肢解和剥头皮进行描述时，这个主题格外明显。在《以利亚启示录》的艾赫米姆手稿中有一个与此明显相似的主题，这本书是格奥尔格·施坦因多夫出版的。[3]在这个幻象中谈到了那个用铅制作的霍蒙库鲁斯，由于遭受了折磨，“他的眼睛里充满了血”。《以利亚启示录》说到过那些注定“要遭受惩罚”的人：“他们的眼睛里混杂着血丝”；[4]也说到过那些圣哲，他们曾遭受反弥赛亚（Anti-Messiah）的人迫害：“他要把他们的皮从他们的头上剥下来。”[5]

---

1 Frazer, *The Golden Bough*, Part IV: *Adonis*, *Attis*, *Osiris*, p. 246.

2 在不列颠哥伦比亚的汤普森和桑瓦普的印第安人中，头皮意味着一个有帮助的守护精神。Frazer, *Totemism and Exogamy*, III, pp. 417, 427.

3 *Die Apokalypse des Elias.*

4 Ibid., p. 43, 5, line 1.

5 P. 95, 36, line 8.

94 这些类似的说法表明，κὀλασις不仅是一种惩罚，而且是一种地狱的折磨。虽然我们不得不把它翻译成罚金（poena），但这个词在拉丁文《圣经》中的任何地方都没有出现过，因为在凡是提到地狱的折磨的地方，使用的词都是酷刑（cruciare）或折磨（cruciatus），例如在《启示录》14：10中，"在火与硫黄之中受痛苦"，或者在《启示录》9：5中，"蝎子蜇人的痛苦"。希腊文相应的单词是βασανίζειν或βασανισμὸς，即"痛苦"。在炼金术士们看来，它具有双重含义：βασανίζειν的意思还有"用试金石来检验"。试金石被用作哲人石的同义词。石头的真实性或不会腐烂性可以用遭受火刑来证明，若不经历火刑就不可能获得它。这个中心思想（leitmotiv）在炼金术中俯拾皆是。

95 在我们的文本中剥皮特指头部的剥皮，（如果那个原始的等式**皮肤=灵魂**在这里仍然有效的话）仿佛表示灵魂的取出。在炼金术中，头发挥着非常重要的作用，自古便是如此。所以佐西莫斯才把他的哲学家们称为"金头之子"。我在其他地方也探讨过这个主题，[1]现在就无须赘述了。对佐西莫斯和后世的炼金术士们来说，头具有"欧米伽元素"或"圆形元素"的意思，是神秘物质或转换物质的同义词。[2]因此在III, v^{bis}中斩首的意思是获得那种神秘物质。根据这个文本，紧跟在牺牲者后

1 "Transformation Symbolism in the Mass," pp. 240ff.

2 Ibid.

面的那个人被命名为“太阳的顶点”，他的头要被割下来。这种把金头砍掉的情况在《太阳的光辉》以及在1598年的罗夏印刷品中也可以发现。这个幻象中的牺牲是指牺牲一个新入会的人，他已经经历了凝固（solificatio）的体验。在炼金术中，太阳是金子的同义词。正如迈克尔·梅耶所说，金子就是“太阳的循环工作”，“把闪光的泥土制作成最美丽的物质，太阳的光线在那里聚集并向外照射出去”。[1]米利乌斯说：“水来自太阳和月亮的光束。”[2]根据《神秘的奥列利亚》中的观点，太阳的光束是在水银中聚集在一起的。[3]多恩从天国的“不可见的光束”中得到所有的金属，[4]其圆球形状就是炼金术器皿的一种原型。考虑到所有这一切，我们假设，那个被称为“太阳的顶点”的初入会者本人就代表神秘物质，这种假设也就几乎不会有错了。我们在后面还将回过头来讨论这个观点。

96 现在我们不妨转向这个幻象的其他细节。最惊人的特征是那个“碗状的祭坛”。毫无疑问，它和波伊曼德瑞思的双耳喷口杯（krater of Poimandres）有关。这就是造物主送到地球上来的那个器皿，里面装满了努斯[5]，这样那些力图获得更高级意识的人们就能够在里面给自己洗礼了。在那个

1 *De circulo physico quadrato*, pp. 15f.

2 *Philosophia reformata*, p. 313.

3 *Theatrum chemicum*, IV (1659), p. 496.

4 “Speculativa philosophia,” ibid., I (1659), p. 247.

5 努斯（Nous），指灵魂。——中译注

重要的段落中提到，佐西莫斯告诉他的朋友、神秘姐妹（soror mystica），即敬神："赶紧下去到牧师那里去，在双耳喷口杯里洗涤你自己，然后赶紧上去成为你自己的那种人。"[1]她只好向下走到死亡和再生之处，然后再上去成为她"自己的那种人"，意即，二次新生，或者用四福音书的话来说，天堂的王国。

97 显然，双耳喷口杯是一个创造奇迹的器皿，一个洗礼池或浴池，洗礼就在里面发生，转换成为一种精神的存在也在其中实现。它就是后来炼金术的密封罐（vas Hermetic）。我认为，佐西莫斯的双耳喷口杯与《赫尔墨斯文集》中的波伊曼德瑞思的器皿有密切关系，这是毫无疑问的。[2]密封罐也是精神恢复或再生的一个子宫。这个观点与《祝福之泉》这本书完全对应，我在前面的一个脚注中曾引用过。[3]在《伊西斯生了何露斯》[4]中，天使给伊西斯带来一个小器皿，里面装满了半透明的或"闪闪发光的"水，考虑到这篇文章的炼金术性质，我们会认为这种水就是这门艺术的圣水，[5]因为在原初物质之后，

---

1 Berthelot, *Alch. grecs*, III, li, 8.

2 Scott, *Hermetica*, I, vol. IV, and Reitzenstein, *Poinmandres*, pp. 8ff.

3 See supra, par. 89, n. 8.

4 Berthelot, *Alch. grecs*, I, xiii, 1f.

5 在这里这个秘方是以播种粮食和人、狮子和狗的出生作为象征的。在化学的用途中它指的是水银的凝固（ibid., I, xiii, 6—9）。水银因其具有的银白色光泽而成为这种圣水的更古老象征。在*Rosarium*中它被称为"最明亮的水"（*Art. aurif.*, II, p. 213）。

这就是真正的奥秘(arcanum)。在古埃及,这种水或尼罗河水具有特殊的意义:它就是奥西里斯,即那个被肢解了的卓越(par excellence)之神。[1]一个来自埃德福的文本说:"我给你带来了装有神的肢体[即月光之神尼罗]的器皿,你可以把它们喝下去;我使你的心脏得到恢复,你可能会感到满意。"[2]那个神的肢体就是奥西里斯被分割成的十四个部分。在炼金术的文本中,有很多提到过神秘物质的这种隐藏的、神圣的性质的文献。[3]根据这个古代的传说,这种水具有复活的力量;因为那是奥西里斯,他曾死而复生。在《造金词典》里,[4]奥西里斯就是铅和硫黄的名称,这两种东西都是神秘物质的同义词。所以,长期以来一直作为神秘物质的主要名称的铅,就被称为"奥西里斯的密封的坟墓,里面装着神的全部肢体"。[5]据传说,赛特(提丰)用铅把奥西里斯的棺材盖上。佩塔西奥斯告诉我们:"火的领域被铅限制和封闭了。"奥林匹奥德鲁斯引用了这句话,他评论说,佩塔西奥斯在解释时补充道:"铅是从男性成分中涌出来的水。"[6]但是他说,这种男性成分是"火的

---

1 Budge, *The Gods of the Egyptians*, II, pp. 122ff.

2 Jacobsohn, *Die dogmatische Stellung des Königs in der Theologie der alten Aegypter*, p. 50.

3 参见,把阿加托戴蒙与转换物质相认同,supra, III, v, 3。

4 Berthelot, *Alch. grecs*, I, ii.

5 亚历山德里亚的奥林匹奥德鲁斯的论著(ibid., II, iv, 42)。在这里奥西里斯是与普鲁塔克的观点相一致的"所有潮湿的原则"。这指的是铅的相对比较低的熔点。

6 Ibid., II, iv, 43.

领域”。

98 这一系列的思想表明，作为水的精神，或者作为精神的水，基本上是一个悖论，是一对像水和火那样的对立物。在炼金术士的我们的水（aqua nostra）中，水、火和精神的概念就像在宗教用途中那样是合并在一起的。[1]

99 除了水的主题之外，构成这篇伊西斯文章之背景的故事还包含着侵犯这个主题。文中说：[2]

> 伊西斯这位女预言家对她的儿子何露斯说：我的孩子，你应该为了你父亲的王国去和背信弃义的堤丰战斗，而我去往霍尔马努提，即埃及人从事这门神圣艺术的[城市]，我要在那里逗留一段时间。根据当时的环境和星体移动的必要后果，[3]居住在第一苍穹的天使中，有一个天使从上空看着我，希望和我性交。他很快就决定要对此付诸行动。我没有屈服，因为我希望探究金子和银子的准备情况。但是当我对他提出这种要求时，他告诉我，有人不允许他说出来，因为这些秘密至关重要；但是第二天，有一个比他更大的天使亚姆纳尔会到来，他会给我提供解决问

1 参见St. Romanus关于神的显现的赞美诗：“……在三个孩子中间看上去年长的他，是火中的露水，现在是在约旦河水中闪闪发光的火，他本人就是可望而不可即的光。”（Pitra，*Analecta sacra*，I，21）

2 Berthelot，*Alch. grecs*，I，xiii，1—4.

3 在这个文本中代替φευρικῆς。

> 题的方法。他还谈到了这个天使的标记，这个天使把标记顶在头上，并会给我一个发出噪声的小器皿，里面装满了半透明的水。他会把实话告诉我。第二天，当太阳穿过其行程的中点时，亚姆纳尔出现了，他比第一个天使大，也具有相同的欲望，他没有犹豫，而是快速地向我走来。但是我依然还没有下决心要干这种事。[1]

100 她并没有屈服于他，那个天使透露了这个秘密，她可以只把这个秘密传给她的儿子何露斯。随后就是许多在这里看来索然无味的配方。

101 作为一个有翅膀的或精神的存在，天使就像墨丘利一样，代表不稳定的物质、普纽玛（灵魂）、ἀσώματον（被肢解的部分）。炼金术中的精神几乎必然与水或与强烈的潮湿有某种关联，或许这个事实可以简单地用“化学”最古老形式的经验性质来解释，即这是蒸煮的艺术。从沸腾的水中产生的蒸汽传达出“交代作用”（metasomatosis）的第一个生动印象，即，把物质的东西转换成为非物质的东西，转换成为精神或普纽玛。精神与水的关系存在于下述事实之中，即精神就像一条鱼那样，隐藏在水中。在《寓言集》[2]中，这条鱼被描述为“圆形的”，具

---

1 这门艺术的奥秘。

2 *Art. aurif.*, I, pp. 141f.

有“一种创造奇迹的美德”。从这个文本中显而易见，[1]它代表神秘物质。这个文本说道，从炼金的转换中产生出一种洗眼剂（洗眼水），它将使哲学家能够更好地看清那些秘密。[2]那条“圆形的鱼”似乎是《哲人集》（*Turba*[3]）中提到的“圆形的白色石头”的一个相关物。[4]谈到此事，书中说道：“在它本身之中有三种颜色和四种性质，它由活物孕育而生。”那个“圆形的”东西或元素就是炼金术中一个众所周知的概念。在《哲人集》中我们遇到了圆形（rotundum）：“为了子孙后代，我提醒大家注意那个圆形，它把金属变成四份。”[5]从上下文就可以清楚地看到，那个圆形等同于永恒之水。我们在佐西莫斯那里也遇到了同样的思路。他说到过圆形或欧米伽元素：“它由两部分组成。用物质的语言来说，它属于第七区，即克罗诺斯区；[6]但是用非物质的语言来说，它却是不同的东西，或许尚未被揭示出

---

1 “在大海中有一种圆形的鱼，没有骨头和鱼鳞［？］，它身体中有一种脂肪，即一种创造奇迹的美德，如果用慢火煮它，直到它的脂肪和水分完全消失，这时它就被彻底弄干净了，把它浸泡在海水中，直到它开始闪闪发光。……”这就是对转换过程的一种描述。［Cf. *Aion*, pars. 195ff .］

2 “……他那双涂抹上油的眼睛可以很轻松地看到哲学家的秘密。”

3 *Turba*是*Turba Philosophorum*的简称，中文统一翻译为《哲人集》，是早期炼金术汇编。——中译注

4 Codex Vadiensis 390（St. Gall），15世纪（这是Ruska在*Turba*, p. 93中提到的）。关于这条鱼，参见*Aion*, ch. X。

5 Sermo XLI.

6 就是说，萨杜恩被认为是黑暗的“与太阳对抗”。墨丘利是萨杜恩的孩子，因此也是太阳和月亮的孩子。

来。只有尼克希奥斯知道它,而且他不会被人们找到。[1]用物质的语言来说,它被叫作奥齐阿诺斯,所以他们说,这是诸神的起源和种子。”[2]因此那个圆形向外就是水,向内则是奥秘。对先验论者(Peratics)来说,克罗诺斯是一种“拥有水的颜色的力量”,[3]“他们说,因为这种水是毁灭”。

102 水和精神常常是等同的。因此埃莫劳斯·巴尔巴鲁斯[4]说:“还有一种炼金术士的天堂之水或圣水,德谟克利特和赫尔墨斯·特利斯墨吉斯忒斯都知道它。有时他们称之为圣水,有时则称之为塞西亚人的果汁(Scythian juice),有时称之为普纽玛,即精神,具有以太的性质,是事物的精华。”[5]鲁兰把这种水称为“精神的力量,一种具有天堂性质的精神”。[6]克里斯托弗·斯蒂布对这个观念的起源给出了一种有趣的解释:“圣灵在苍穹之上的水面上孵卵而产生了一种力量,该力量以最精细的方式渗透在所有的事物之中,温暖着它们,并且,它与光相结合,在地下世界的矿物王国中产生了汞蛇,在植物王国中产生了赐福的绿色,在动物王国中产生了造型的力量;这样,那个超天国的与光相结合的水的精灵,就可以被恰当地称为世界的

---

1 Cf. *Psychology and Alchemy*, par. 456, § 6.

2 Berthelot, *Alch. grecs*, III, xix, 1.

3 Hippolytus, *Elenchos*, V, 16, 2(trans. Legge, *Philosophumena*, I, p. 154).

4 1454—1493.阿奎利亚的红衣主教,也是一个伟大的人文主义者。

5 *Corallarium in Dioscoridem*,引自 Maier, *Symb. aur. mens.*, p. 174。

6 *Lexicon alchemiae*, pp. 46f.

灵魂。”[1]斯蒂布继续说道,当这种天国的水被精灵激活时,它们立刻就会坠入一种循环的运动,由此而产生出世界灵魂的那种完善的球体形式。因此圆形是世界灵魂的一小部分,而且这完全可能就是佐西莫斯所要守护的秘密。所有这些观念显然指的是柏拉图的《蒂迈欧篇》。在《哲人集》中巴门尼德对这种水做了如下赞美:“哦,你这天体的性质啊,你用来自上帝的标记而使真理的性质增加!哦,强大的大自然啊,你征服了本性,使本性欣喜和高兴![2]对她来说,这是很特别的,上帝赋予她一种连火都不具备的力量……她本身就是真理,你们全都是智慧的寻觅者,因为,用她的物质进行液化,她就会带来最高级的杰作。”[3]

103 苏格拉底在《哲人集》中说过完全相同的话:“哦,这个大自然是怎样把身体变成了精神啊!……她是最浓烈的醋,使金子变成了纯粹的精神。”[4]正如这个文本所示,“醋”是“水”的同义词,也是“红色精灵”的同义词。[5]在谈到后者时,《哲人集》说:“从转化成为红色精灵的复合物那里产生出世界的原则。”

---

1 *Coelum Sephiroticum*, p. 33.

2 这是对伪德谟克利特格言的一种暗指。

3 Ruska, p. 190.

4 P. 197.

5 Pp. 200f. 我们的水就是“火,因为它可以燃烧万物,把它们都变成粉末;水银就是醋”(引自Calid, in *Rosarium*, p. 218)。“我们的水比火更强大。……就像水一样。因此哲学家们说:用最猛烈的火燃烧我们的金属吧。”(ibid., p. 250)所以,“水”就是一种超级的火,一种天火(ignis coelestis)。

它的意思还是指世界灵魂。[1]《曙光乍现》说:“把你的精神放出来,那就是水……你将使大地的表面焕然一新。”它再次说道:“圣灵的雨水融化了。他将说出他的话……他的风将刮起来,水将会四散奔逃。”[2]阿纳尔都斯·德维拉诺瓦(1235—1313)在其《盛开的花》(“Flos Florum”)中说:“他们把水称为精灵,它确实就是精灵。”[3]《哲学玫瑰园》直截了当地说:“水就是精灵。”[4]在科马里奥斯(公元1世纪)那里,水被描述为生命的长生不老药,它可以唤醒在冥界(Hades)中沉睡的死人,使之获得新生。[5]阿波罗尼乌斯在《哲人集》中说:[6]“但是此时,你们这些教义之子,那个事物需要火,直到那个身体的灵魂得到转换并被留下度过黑夜,就像躺在坟墓中的人一样变成尘土。在这发生之后,上帝将把它的灵魂及精神送回来,疾病就被治愈了,那个事物在经历了毁灭之后将会变得更强大和更美好,

1 与Ruska的观点相反(*Turba*, p. 201, n. 3),我坚持MSS中的读法,因为它只不过是原初物质潮湿灵魂,即强烈的潮湿的一个同义词。水的另一个同义词是“精神的血液”(ibid., p. 129),Ruska正确地用古希腊资料中的πυῤῥὸν αἷμα(像火一样颜色的血)对此进行了校对。火 = 精神这个等式在炼金术中是很常见的。所以,正如Ruska本人所说(p. 271),墨丘利(一个经常提到的用来指代永恒之水的同义词,cf. Ruland, *Lexicon*)被称为烈性药物。

2 Cf. *Aurora Consurgens*(ed. von Franz),pp. 85,91.

3 *Art. aurif.*,II,p. 482.

4 Ibid.,II,p. 239.

5 Berthelot,*Alch. grecs*,IV,xx,8:“让我们知道圣水是怎样从上而降以唤醒那些横七竖八地躺在冥府之中、被铁链锁在黑暗之中的死人的;是怎样把生命的万应灵药给他们服下并把他们唤醒,使他们从沉睡中醒来的。……”

6 P. 139.

甚至就像一个人在复活之后，就会变得比他以前在世时更强壮和更年轻一样。”水在物质身上发挥作用，就像上帝在身体上发挥作用一样。它就等同于上帝，而且其本身就具有神圣的性质。

104 正如我们已经看到的那样，水的精神性质源自圣灵在混沌之上的“孵卵”(brooding,《创世记》1：3)。在《赫尔墨斯文集》中有一种类似的观点：“有深渊中的黑暗和没有形式的水。有一股微妙的气息，这股气息有智慧，它用神圣的力量渗透在混沌中的万物之中。”[1]这种观点首先得到了《新约》的支持，里面有用“水和精灵”进行洗礼的主题，然后得到了祝福之泉(benedictio fontis)的仪式的支持，这种仪式是在复活节前夜举行的。[2]但是，水能创造奇迹这种观点最初来源于希腊的自然哲学，其中很可能掺杂着埃及的影响，而并非来源于基督教或圣经的文献资料。由于其神秘的力量，水不仅赋予人以生命和使人受精，而且还能杀人。

105 在这种圣水中，其二元(dyophysite)性质[3]不断地受到强调，积极和消极、男性和女性，这两条原则相互平衡，它们构成了出生和死亡的永恒循环中的创造性力量的本质。[4]这种循环

1 Scotte, *Hermetica*, I, p. 147.

2 序言：“愿圣灵的力量临到这个满溢的泉水之中，愿它使水这种物质充满了再生的力量。”(*Missal*, p. 431)

3 它和墨丘利的二位一体具有相同的性质。

4 “在生命的洪水中，在工作的暴风雨中， （转下页）

在古代炼金术中是用咬尾蛇（即那条咬住自己尾巴的龙[1]）的象征而表现出来的。自我吞食和自我毁灭相同，[2]但是，龙的尾巴与嘴的结合也被认为是自我受精。因此，这些文本都说："这条龙把自己杀死，与自己结婚，使自己怀孕。"[3]

106 这个古代炼金术的观点一再戏剧性地在佐西莫斯的幻象中出现，很像是在一个真实的梦中那样。在III，i，2中约恩祭司经受了"难以忍受的痛苦"。"牺牲者"通过用剑刺穿约恩而完

（接上页）在潮起潮落中，
在经纬线中，
摇篮与坟墓，
一个永恒的大海，
一个变化中的拼凑物，
一种充满光彩的生活，
在呼呼作响的时间织机旁，我编织着
神的生活衣裳。"

因此，对浮士德来说，这就是大地的精灵——精灵墨丘利。（Trans. by MacNeice, p. 23.）

1 在埃及，灵魂的黑暗被表征为一条鳄鱼。（Budge, *The Gods of the Egyptians*, I, p. 286.）

2 在Book of Ostanes（Berthelot, *chimie au moyen âge*, III, p. 120）中，曾描述过一只长着秃鹫翅膀、象头、龙尾的怪物。这些部位相互吞噬。

3 在谈到水银（生命之水，永恒）时，它说道："这就是那条自行交配、使自己怀孕、在一天内把自己生下来的蛇；它用自己的毒液把所有的事物都杀死，并将从火变成火。"（"Tractatulas Avicennae," *Art. aurif.*, I, p. 406）"龙是在黑化中诞生的，从其墨丘利那里得到滋养并且自行交配。"（*Rosarium*, ibid., II, p. 230）"活着的墨丘利被称为蝎子，也就是毒液；因为它杀死自己并使自己复活。"（ibid., pp. 271f.）人们经常引用的那句话"那条龙死去，并没有和它的兄弟姐妹一起存活下来"被Maier（*Symb. aur. Mens.*, p. 466）做了如下解释："每当天国的太阳和月亮在结合中相遇时，这种结合一定是在龙的头部和尾部发生的；当日食或月食发生时，太阳和月亮的结合与统一就会在这里出现。"

成牺牲行为。所以约恩就预示着那个令人惊叹的身穿白衣的名叫“太阳的顶点”的人（III，v^{bis}），这个人被斩首了，而我们则把他与伊西斯的神秘故事中新入会的人的凝固联系起来。这个人物相当于为国王传播神秘主义宗教信条的人或普绪科蓬波斯[1]，普绪科蓬波斯曾在中世纪晚期炼金术的一个文本《阿道夫的表述与进展》报告的幻象中出现过，它构成了《神秘的奥列利亚》的一部分。[2]就一个人所能做出的判断而言，这个幻象与佐西莫斯的文本无论如何都没有任何联系，我也非常怀疑我们是否应该把只不过是一个寓言的特点加在它的身上。它包含着某些并非传统的却完全原创的特点，由于这个原因，认为它是一种真正的梦的体验，这倒似乎是可能的。不管怎么说，据我的专业经验而言，今天在那些没有炼金术象征作用知识的人当中也出现过类似的梦视觉。这个幻象与一个戴着星形皇冠的华丽的男性人物有关。他的长袍是白色亚麻布制作的，点缀着多种颜色的花，其中以绿色为主。为了减轻那位行家里手焦虑的怀疑，他说道：“阿道尔弗斯，跟我来。我要给你看一看为你准备的东西，这样你就能穿过黑暗走向光明。”因此，这个人是一个真正的赫尔墨斯（Hermes Psychopompos）和首创者，他指导着那位行家里手的精神转变（transitus）。当他收到一本

1　普绪科蓬波斯，这是古希腊和罗马神话中赫尔墨斯的祭祀用别名之一，据说由他负责把死人的灵魂带到冥国。——中译注

2　*Theatr. chem.*，IV（1659），pp. 509ff.

书，描写的是一个本性罪恶的“预言人物”时，这一点就在这位行家里手后来的冒险过程中得到了证实。我们可以认为，这表示这位普绪科蓬波斯是第二个亚当，一个类似于耶稣基督的人物。其中并没有谈到牺牲，但是，如果我们的推测是正确的话，这种想法就是以出现了第二个亚当为根据的。一般来说，国王这个人物与制服这个主题有关。

107 所以，在我们的文本中，太阳或金子的化身就要被献祭了，[1]而他那颗戴着有太阳光环的皇冠的头颅被砍掉了，因为这里包含着奥秘或者其本身就是奥秘。[2]在这里我们看到奥秘的精神性质的暗示，因为一个人的头颅首先表示意识的所在地。[3]在伊西斯的幻象中，那个持有秘密的天使再次与太阳的顶点联系起来了，因为文本上说，他是在当“太阳穿过其行程的中点”时出现的。这个天使的头脑中带着那种神秘的长生不老药，通过他与太阳顶点的联系而清楚地表明，他就是那个带来“光

---

1 国王的杀戮（制服）是在后来的炼金术中出现的（cf. *Psychology and Alchemy*, Fig. 173）。国王的皇冠使他成为一种太阳。这个主题属于神牺牲这个更广泛的脉络，它不仅是在西方，而且是在东方，尤其是在古代墨西哥发展起来的。那个特斯卡特利波卡神的化身（“火红的镜子”）就是在托克斯卡特尔的宴会上被献祭的（Spence, *The Gods of Mexico*, pp. 97ff.）。同样的事情也在太阳神维齐洛波奇特利的祭礼中发生过（ibid., p. 73），对太阳神这个人物的描绘在teoqualo，即“神吃东西”的圣餐仪式中也出现过（cf. “Transformation Symbolism in the Mass,” pp. 223f）。

2 牺牲者的太阳性质是通过以下传统来证实的，那个注定要被哈兰的祭司砍头的男人必须有金发和蓝眼睛（ibid.，p. 240）。

3 参见我就哈兰人的头部秘密和传说中的罗马教皇圣西尔维斯特二世（Sylvester II）的头部神谕的评论（ibid.，pp. 240f.）。

明”的太阳天才或太阳的信使，就是说，这是一种意识的提升或扩展。其不合乎礼节的行为可以用下述事实来解释，就天使的道德而言，他们必然享有某种未确定的声望。女人在教堂里要盖住她们的头发，这条规则仍然适用。直到进入19世纪，特别是在新教地区，当女人在礼拜日进入教堂时，她们必须戴上一种特殊的头巾。[1]这不是因为集会中的男人，而是因为天使可能会出现，他们可能在看到女人的头发时快乐得魂不附体。天使在这些事情上的“多情善感”可以追溯到《创世记》6：2，在那里“神的儿子们”对“人的女子”表现出一种特殊的爱好，就像伊西斯文章中的那两个天使一样无法控制他们的热情。这篇文章可以确定是在公元1世纪写的。其观点反映了埃及的犹太—希腊天使学（angelology），[2]这可能很容易被埃及人佐西莫斯所熟知。

108　关于天使的这些观点非常符合男性和女性心理学。如果说天使们是什么的话，那么他们就是寻求表达的无意识内容的人格化传播者。但是，如果心灵并不准备吸收这些内容，那么其能量就会流入感情和本能领域。这就会导致情感、恼怒、坏情绪和性兴奋的爆发，这是因为意识彻底地迷失了方向。如

1　其形式仍然可以在新教执事的头巾上看到。

2　根据拉比的传说，这些天使（包括撒旦）是在创世的第二天（造出月亮的那一天）被创造出来的。在造人问题上他们立刻产生了意见分歧。于是上帝秘密地造出了亚当，以免惹得这些天使们不高兴。

果这种情况长期发生，就会出现一种分裂，弗洛伊德把它描述为压抑（repression），并由此产生众所周知的后果。因此，对心理治疗来说最重要的就是使个体了解自身的导致分裂的那些内容。

109 正如天使亚姆纳尔随身带着神秘物质一样，“太阳的顶点”本身就是神秘物质的一个代表。在炼金术文献中，用剑刺穿或切开的过程是以切割哲学蛋这种独特的形式进行的。哲学蛋也是被剑分割开的，就是说，被分成四种性质或元素。作为一个奥秘，这个蛋就是水的同义词。[1]它也是龙（水银蛇）[2]的同义词，因此它也是在微观世界或单子这种特殊意义上水的同义词。既然水和蛋是同义词，那么用剑把蛋劈开也同样适用于水。“拿着那个器皿，用剑把它刺穿，取出其灵魂……我们的这种水就这样成为我们的器皿。”[3]同样，这个器皿也是蛋的同义词，因而可以采用这种方法：“把它倒进一个圆形的玻璃器皿里，其形状就像一个小瓶或蛋。”[4]这个蛋是世界之蛋的复制品，蛋白与“天空之上的水”，那种“闪光的液体”相对应，而蛋黄

1 “他们把水与蛋进行比较，因为水包围着在其内部的一切，而且其本身拥有所有必要的一切。”（“Consilium coniugii,” *Arts chemica*, p. 140）“拥有必要的一切”是上帝的属性之一。

2 Maier, *Symb. aur. mens.*, p. 466. Cf. Senior, *De chemia*, p. 108：“这条龙就是圣水。”

3 *Mus. herm.*, p. 785.

4 Ibid., p. 90.

则与物理世界相对应。[1]这个蛋包含着四种元素。[2]

110 除了我们提到的那些意义之外，这把劈开蛋的剑似乎还有一种特殊的意义。《智慧的结合》中说，结婚的太阳和月亮那一对，"必定会被它们自己的剑杀死，把那些不朽的灵魂都吸收进来，直到藏匿在最深处的[即，以前的]那个灵魂被消灭"。[3]在1620年的一首诗中，墨丘利抱怨说，他被"一把燃烧的剑折磨得痛不欲生"。[4]根据炼金术士的观点，墨丘利是已经身在天堂拥有"知识"的老蛇，因为他和魔鬼有密切关系。折磨他的正是天使在天堂的大门口挥舞着的那把燃烧的剑，[5]不过，他本人就是那把剑。在《真理之镜》中有一幅画，[6]描绘的是墨丘利

1 Steeb, *Coelum Sephiroticum*, p. 33.

2 *Turba*, Sermo IV, p. 112. 也请参见"蛋命名法"，载 Berthelot, *Alch. grecs*, I, iv, 以及奥林匹斯德鲁斯关于蛋、四体性和球形的小瓶的论述（II, iv, 44）。关于蛋和咬尾蛇的同一性，以及一分为四，请参见 Book of El-Habib（Berthelot, *Moyen âge*, II, pp. 92, 104）。在 Maier 的 *Scrutinium chymicum*（p. 22）第8个纹章图案中有一幅正在用剑把蛋劈开的图画，上面有题词："拿着这个蛋，用一把燃烧着的剑把它刺穿。"第25个纹章图案展示的是龙被杀死。在 Lambspringk 的第二个象征（*Musaeum hermeticum*, p. 345）中也显示用剑劈杀，题目是："Putrefactio"。杀死和一分为四是一起进行的。"Mortificatio（scl. Lapidis）separation elementorum。"（"Exercit. in Turb. IX"）参见 Krates 的幻象中与龙的戏剧性作战（Berthelot, *Moyen âge*, III, pp. 73ff.）。

3 *Ars chemical*, p. 259.

4 *Verus Hermes*, p. 16. [Cf. infra, par. 276.]

5 这个主题也在"Aurelia occulta"中关于亚当的寓言里出现过（*Theatr. chem.*, IV, 1659, pp. 511f.），它描述了由于亚当拒绝搬出伊甸园，天使是怎样用剑在亚当身上刺了好几个血淋淋的伤口的。亚当就是那种神秘物质，他从夏娃的"乐园里抽身而出"是借助于流血的魔术而最终完成的。

6 Codex Vat. Lat. 7286（17th cent.）, Fig. 150 in *Psychology and Alchemy.*

用剑杀死国王和蛇——“glodio proprio se ipsum interficiens”。这表明萨杜恩也是被剑杀死的。[1]作为充满激情的(telum passionis)变体,丘比特之箭这把剑非常适合墨丘利。[2]在其《思辨哲学》[3]中,多恩对这把剑做了一个长而有趣的解释:它是“上帝的愤怒之剑”,它以基督逻各斯的形式悬挂在生命之树上。这样一来,上帝的愤怒就变成了爱,而且“美惠女神的水现在洗涤着整个世界”。在这里,和在佐西莫斯中一样,水又和牺牲行为联系起来了。既然逻各斯、上帝之道“比任何双刃剑都更锋利”(Hebrews 4:12),那么,在做弥撒时献祭的祭词就被解释为把祭品杀死的那把献祭用的刀。[4]人们可以在基督教的象征符号中发现与炼金术中相同的“循环的”诺斯替教思维。在两者中,献祭者是被献祭的人,杀死祭品的那把剑与被杀死的祭品是同一样东西。

111 在佐西莫斯看来,这种循环思维出现在献祭祭司与其牺牲品相认同之中,也出现在以下这个值得注意的观念中,由约恩变成的那个霍蒙库鲁斯把自己吞食。[5]他把自己的肉吐出来,用自己的牙把自己咬碎。所以这个霍蒙库鲁斯就代表咬尾

1 Codex Vossianus 29(Leiden),fol. 73.

2 Ripley's “Cantelina,” veres 17.[Cf. *Mysterium Coniuntionis*,p. 285.——英编注]

3 *Theatr. chem.*, I(1659), p. 254. Cf. “Transformation Symbolism in the Mass,” pp. 234f.[Also, infra, pars. 447f.]

4 Ibid.,p. 215.

5 与此相对应的是那种古老的看法,耶稣基督喝下了他自己的血(ibid.,p. 211)。

蛇，它把自己吞下去，又把自己生出来（仿佛把自己吐出来一样）。既然这个霍蒙库鲁斯代表约恩的转化，那么我们就可以说，约恩、咬尾蛇和献祭者就基本上是相同的东西。它们是同一个原则的三个不同方面。这种等同得到了本文那一部分象征的证实，我把那一部分称为“摘要”并且把它放在这些幻象的最后。被牺牲的祭品确实就是那条咬尾蛇，其环状的形式是用庙宇的形状来表示的，“就其建筑结构而言它既不是开端也不是结尾”。肢解牺牲品相当于把混沌分成四种成分或者把洗礼的水分成四个部分。这样做的目的是在混沌（massa confusa）中创造一种有秩序的开端，就像在III，i，2中所表示的那样：“是根据和谐的规则”。在心理学上与此相对应的是，通过反思，使那些突破到意识中去的明显处于混乱状态的无意识碎片变得井然有序。很多年以前，在我对炼金术及其运作方式还一无所知的情况下，我根据意识的四种功能提出了一种心理类型学，把它作为一般心理过程的秩序原则。我无意识地运用了和叔本华相同的原型，这种原型曾导致叔本华给他的“充足理性原则”（principle of sufficient reason）提供了一个由四部分组成的根。[1]

112 由“一块石头”建成的那座庙宇显然是对哲人石的一种释义。在庙宇中“最纯净的水源”就是生命的源泉，这是一种暗示，即圆形整体（即石头）的产物是生命活力的一种保证。同

1 Cf. my “A Psychological Approach to the Dogma of the Trinity,” p. 167.

样，可以把其内部闪耀的光理解为整体带来的光明。[1]启蒙就是意识的一种增长。在后来的炼金术中佐西莫斯的庙宇是作为domus thesaurorum或gazopyilacium（宝库）出现的。[2]

113 虽然那个闪闪发光的白色“独块巨石”无疑代表着那块石头，但它同时显然也代表炼金术的器皿。《哲学玫瑰园》说：“一个是石头，一个是药品，一个是器皿，一个是程序，一个是配置。”[3]《论炼金术之黄金》的批注说得更明白：“让所有的一切在一个圆圈或器皿中合一。”[4]迈克尔·梅耶认为玛利亚是犹太人（“摩西的姐姐”），在他看来，这门艺术的全部秘密就在炼金术器皿的知识之中。它是神圣的，一直被上帝的智慧隐藏着，不让人类看到。[5]《曙光乍现》II[6]说，自然的器皿就是永恒之水和“哲学家的醋”，这句话的意思显然是说，它就是神秘物质本身。当说到炼金术的器皿就是“对你的火的测量”，而且它一直“被斯多葛学派的人隐藏”[7]的时候，我们应当在这种意义上来理解玛利亚的实践活动[8]；炼金术器皿是把墨丘利进行转

1 器皿的闪闪发光经常被提到，例如在“Allegoriae super librum Turbae”（*Art aurif.*, I. p. 143）中：“……直到你看到那个器皿像红锆石那样闪闪发光。”

2 *Ars chemica*, p. 9.

3 1550 edn., fol. A III.

4 *Bibl. chem.*, I, p. 442.

5 *Symb. aur. mens.*, p. 63.

6 *Art. aurif.*, I, p. 203.

7 “斯多葛学派”也在“Liber quartorum”中被提到过，*Theatr. chem.*, V（1660），p. 128。

8 *Art. aurif.*, I, p. 323.

换的"有毒的物体",因而就是哲学家们的水。[1]当神秘物质也就是器皿不仅仅是水而且是火的时候,正如《智慧寓言》明确指出的那样:"因此,我们的石头,即火的烧瓶,就是从火中创造出来的。"[2]这样我们就能理解为什么米利乌斯[3]把这个器皿称为"我们的艺术之根和原则"。劳伦修斯·文图拉[4]称之为"月亮",即阿尔巴的女人(foemina alba)和石头的母亲。根据《柏拉图第四书》的观点,[5]那件"没有被水溶解和没有被火熔化"的器皿,就"像是上帝在装有神圣种子的器皿中的杰作,因为它把黏土装上,把它塑造成型,并用水和火与之混合"。这是暗指把人造出来,但另一方面它似乎指的又是灵魂的创造,因为此后这个文本立即谈到来自"天堂的种子"的灵魂的制造。为了捕捉住这个灵魂,上帝又造出了vas cerebri,即头颅。在这里器皿的象征作用与头的象征作用相一致,对此我已在《弥撒中转换的象征》中进行过讨论。[6]

114 作为过分潮湿的原初物质必定与灵魂有关,因为从性质上讲后者也是潮湿的,[7]有时候可以用露水作为象征。[8]器皿

1 Hoghelande, "De difficult. alch.," *Theatr. chem.*, I (1659), p. 177.

2 *Theatr. chem.*, V (1660), p. 60.

3 *Phil. ref.*, p. 32.

4 *Theatr. chem.*, II (1659), p. 246.

5 Ibid., V (1660), p. 132.

6 Pp. 239ff.

7 这种湿气是"灵魂的保持"。("Lib. quart.," *Theatr. chem.*, V, 1660, p. 132.)

8 参见我的"Psychology of the Transference"中灵魂的下降, pars. 483 and 497。

的象征就是以这种方式迁移到灵魂的。在海斯特巴赫的凯萨利乌斯那里有一个绝妙的例子：[1]灵魂是球形自然的精神物质，就像是月球，或者像是一件“前后都有眼睛”并且“看到整个宇宙”的玻璃器皿。这使人回想起炼金术的那条多眼睛的龙和依纳爵·罗耀拉的蛇的幻象。[2]在这一点上，米利乌斯[3]说的这件器皿使“整个苍穹以其方向旋转”这句话特别有意思，因为我已经表明，布满星星的天空这种象征作用与复眼（polyophthalmia）这个主题相一致。[4]

115 在进行了所有这些分析之后，我们应该能够理解多恩的观点了，这件器皿的制作一定是“一件很难办到的事情”。[5]它基本上是一种精神的操作，即创造一种内在的准备状态，以便接受以任何主观形式表现出来的自我的原型。多恩把这件器皿称为哲学的鹈鹕（vas pellicanicum），并且说，依靠它的帮助第五元素（quinta essentia）或事物的精华才能从原初物质中被抽取出来。[6]对《论炼金术之黄金》做批注的那位无名氏作者说：“这件器皿是真正的哲学的鹈鹕（philosophical Pelican），在整

1 *Dialogus miraculorum*, Dist. IV, ch. xxxix (Eng. edn., p. 42).

2 Cf. my “On the Nature of the Psyche,” p. 198.

3 *Phil. ref.*, p. 33.

4 “On the Nature of the Psyche,” pp. 198f.

5 *Theatr. chem*, I (1659), pp. 506f.：“我们的器皿……应该根据真正的几何比例和尺寸制作，而且是一件很难办到的事情。”

6 *Theatr. chem.*, I (1659), p. 442.

个世界上不可能再找出第二件来。”[1]它就是哲人石本身而且同时又包含哲人石，就是说，自我就是它自己的容器。这种阐述是通过经常把哲人石与鸡蛋相比较，以及与那条把自己吞进去又把自己生出来的龙进行比较而得出来的。

116 炼金术的思想和语言非常依赖神秘主义：在《巴拿巴书》中，[2]耶稣基督的身体就被称为“精神的器皿”。耶稣基督本人就是那只为了他的小鸟而将其胸部的羽毛拔下来的鹈鹕。[3]根据赫拉克勒斯学派的教义，这位濒死的人应当这样来表达造物主的力量：“我是比把你生出来的女人更宝贵的器皿。虽然你的母亲并不知道她自己的根源，但我知道自己的根源，我知道我从何处而来，我呼唤不朽的智慧，它就在天父那里[4]，是你的

1 Ibid., IV (1659), p. 698. [Cf. infra., Fig. B7.]

2 Lake, *Apolistic Fathers*, I, p. 383.

3 Honorius of Autun, *Speculum de myst. eccl.* (Migne, *P. L.*, vol. 172, col. 936). 基督撕裂的胸膛，他的身体侧面的伤口，以及他那殉教的死亡，就相当于炼金术的制服、肢解、剥皮，等等，也和内部人的诞生与救赎有关。参见Hippolytus (*Elenchos*, V, 9, 1—6) 关于弗里吉亚制度的报告。弗里吉亚人教导说，万物之父被称为Amygdalos（杏树），是预先存在的，并且在他自己身上结出了“在深处有规律地搏动和活动的完善果实”。他撕开了自己的胸膛，生出了他那不可见的、没有名字的和无以名状的孩子。这就是那个“不可见的一，万物由此而生，若没有他，万物皆不可生”（此处暗指John 1：3）。他是“Syriktes，风笛吹奏者”，也就是风（普纽玛）。他是“长着一千只眼睛的不能被人理解的上帝之道、天使传报的话和伟大的力量”。他“藏在居住地，万物的根源就是在那里建立的”。他是“天堂的王国，芥菜籽的谷粒，不可分的点……只有灵歌知道他”。(Cf. Legge trans., *Philosophumena*, I, pp. 140f.)

4 赫拉克利奥恩教导说，世界的大地是一个名叫拜多斯（大海的深度）的原始人，他既不是男性也不是女性。人的灵魂，即他的对立面，就是从这个存在中产生的，他是“从天上的普累若麻那里下来的”。

母亲的母亲，她没有母亲，而且也没有男性伴侣。”[1]

117 在深奥的炼金术的象征作用中，我们听到了这种思想的一个遥远的回响，如果没有进一步发展的希望，这种思想注定会在教会的稽查之下毁灭。但是我们也在其中发现了一种朝向未来的探索，一种时间的预感，此时投射会返回到人，这种思想就是首先由此产生出来的。有意思的是，这种倾向用一种奇怪而笨拙的方式呈现在炼金术象征性的幻象中。以下的说明是在约翰内斯·德路佩西撒那里提出来的："因为器皿是以智天使的形象制作出来的，它就是上帝的脸，让它有六个翅膀，就像是在它们的后背上伸展开来的六只胳膊；而上面还有一个圆形的头。……”[2]由此可见，虽然理想的蒸馏器应该像是某种畸形的神，但是，它却近似于人的形象。路佩西撒把这个精华称为“天人”(ceil humain)并且说它是“如同天空与星辰”(comme le ceil et les étoiles)。《哈布比之书》[3]说："人的头像一个浓缩的器械。”在谈到打开宝库的四把钥匙时，《智慧的结合》[4]解释说，其中一把就是“水从器皿的颈部上升到顶部，就像是一个活着的人”。在《四部曲》中有一个类似的观点："这件器皿……的形状一定是圆形的，这件工艺品可能是苍穹和头盖

1 Epiphanius, *Panarium* (ed. Holl), II, pp. 46f.

2 *La vertu et propriété de la quinte essence*, p. 26.

3 Berthelot, *Moyen âge*, III, p. 80.

4 *Ars chemica*, p. 110.

骨的转换器，就像我们需要的东西是一个简单的东西一样。”[1] 这些观点可以追溯到佐西莫斯所提到的头的象征作用，但与此同时它们又是一种暗示，告诉我们转换就是在头部发生的，是一种心理过程。这种实现并不是后来经过笨拙伪装的事物，其阐述的详尽方式证明，它是怎样顽固地投射到物质中去的。通过投射的撤销而获得心理学知识似乎从一开始就是一件极其困难的事情。

118 这条龙或蛇就代表无意识的最初状态，因为，正如炼金术士们所说，这种动物喜欢住“在洞穴和黑暗的地方”。无意识不得不被牺牲；只有这样，一个人才能发现进入头部的入口，以及进入意识知识和理解的道路。英雄与龙的那种普遍的争斗又再次上演，而每一次在其胜利结束时，太阳就会升起：意识就开始出现，这被看作转换过程在太阳穴里发生，也就是在头部发生。它的确就是那个内部的人，在这里是作为一个霍蒙库鲁斯而表现出来的，他经历了那些把铜变成银和把银变成金的阶段，他由此而经历了一种价值的逐步提升。

119 在现代人听起来这是很奇怪的，那个内部的人及其精神的成长竟然会以金属作为象征。但是，历史的事实是不容置

1 *Theatr. chem.*, V（1660），p. 134. 最后，res simplex指的是上帝。它是“不易被察觉的”。灵魂是简单的，而且“除非把物质变成简单的，否则这件作品就是不完善的”（p. 116）。“这种理解就是简单灵魂”，而且“也知道什么比它更高级，那个唯一的上帝围绕着它，它不可能理解其本性”（p. 129）。“事物有其存在皆源于此，就是不可见的和不可移动的上帝，这种理解就是通过其意志而创造出来的。”（p. 129）

疑的，炼金术所特有的观念也是不容置疑的。例如，据说在查拉图斯特拉接受了来自善之神的那种无所不知的饮料之后，他就在梦中看见了一棵树，树上有金、银、钢和混合铁这四根树枝。[1]这棵树就相当于金属的炼金术之树，即哲学树（arbor philosophica），如果有什么意义的话，它象征着精神的成长和最高的精神启示。冰冷而无生命的金属当然看起来就是精神的直接对立物，但是，如果精神像铅一样是死的和沉重的呢？这时一个梦很可能会很轻易地告诉我们在铅或水银中去寻找它！大自然似乎想要激励人的意识朝向更大的扩展和变得更加清晰，而且由于这个原因而持续不断地利用人对金属，特别是对贵重金属的贪婪，驱使他把它们找出来并且研究它们的性质。这样一来或许会使他明白，在矿藏中发现的不仅是矿脉，而且还有柯宝[2]和小金属人，可能在铅中还隐藏着一个致命的恶魔或圣灵的鸽子。[3]

120 显而易见，有些炼金术士在一定程度上经历了这个领悟的过程，在那里只有一堵薄薄的墙把他们与心理的自我觉知隔离开来。克里斯蒂安·罗森克鲁茨仍然在这条分界线的这一边，而歌德却用《浮士德》表明他站在另一边，当以前曾经隐藏在

---

1 Reitzenstein and Schaeder, *Studien zum antiken synkretismus aus Iran und Griechenland*, p. 45.

2 柯宝（kobold），德国神话传说中的守护灵。——中译注

3 ［Cf. *Psychology and Alchemy*, par. 443.］

霍蒙库鲁斯中的内部的人或更伟大人格出现在意识之光中并且与以前的自我，即动物人相对抗时，歌德就能描述由此而产生的心理问题了。浮士德不止一次地暗示过靡菲斯特有这种金属般的冷淡，他最初是以狗（咬尾的蛇这个主题）的形象围绕着靡菲斯特。浮士德把他作为一种熟悉的精灵来对待，最后又借助于受欺骗的魔鬼这个主题把它祛除，但他还是声称相信靡菲斯特带给他的命运，也相信施加魔法的力量。歌德对这个问题的解决仍然是中世纪的，但它反映的仍然是一种无须教会的保护即可应对的精神态度。这并不适合于罗森克鲁茨的情况：他相当明智地待在这个魔法圈之外，在传统的限度之内生活。歌德比较现代，因而也更加轻率。尽管他自己的杰作以两种版本在他眼前展现了这个阴间地狱，但他从来没有真正地理解基督教教义予以防护的这种心灵的瓦尔普吉斯之夜有多么可怕。但是紧接着，一系列数量惊人的事情就可能发生在一位诗人身上，而又不会产生严重后果。这些事情只在100年之后就强烈发生了。无意识心理学必须像这样长时间地进行计算，因为它不太关注短暂的人格，而比较关注久远的过程，与这个过程相比较，个体只不过是转瞬即逝的地下根茎的花朵或果实。

3. 拟人化

121 我把它称为摘要的这个东西，就是我们一直在讨论的这一部分，佐西莫斯称之为προοίμιον，即导言。[1]因此，这并不是一种梦视觉；在这里佐西莫斯是用其艺术的意识语言来进行讲述的，是用其读者显然非常熟悉的术语来表达自己的观点的。那条龙、它的牺牲和肢解、用一块石头建造的庙宇、制造金子的奇迹、人类（anthroparia）的转变，在他那个时代的炼金术中全都是流行的概念。这就是为什么在我们看来这一部分似乎就是一种意识寓言，可以把它和那些本真的（authentic）幻象进行对比，那些本真的幻象是以一种非正统的和原创的方式来对待转变这个主题的，就像梦所能做的那样。在这里，金属的抽象精神就被描述为受苦的人类；整个过程就变得像是一种神秘的入会仪式，而且在相当大程度上是心理学化的。但是，佐西莫斯的意识仍然受到投射的强烈影响，以至于他在幻象中所能看到的只不过就是"水的构成成分"。人们会发现，在那些年代意识是怎样远离这个神秘过程而把注意力集中在物质过程之上的，以及投射是怎样使心灵转向物质的。因为物质世界还没有被发现。要是佐西莫斯早就认识到这种投射，他就会对这种神秘的思索感到困惑不解，甚至科学精神的发展会被延迟更长时间。对我们来说，物质是截然不同的。它就像是其幻象的神秘内容，这对我们来说格外重要，因为我们非常熟悉佐西莫斯想要研究的化学过程。因此，我们的立场就是，把它们与投

---

1 ［Supra，par. 87（III，i，6）.］

射分离开来，并认识到它们所包含的心理成分。这篇摘要也向我们提供了一个比较的标准，使我们能够辨别其表述风格与幻象风格之间的差异。这种差异支持我们的下述假设，即这些幻象更像是一场梦，而不是一种比喻，尽管我们几乎不可能从流传给我们的这份不完全的文本中重新建构这个梦。

122 我们有必要对人们所表现的“炼金术的神秘”过程做一点解释。把没有生命的事物拟人化是原始的和古代心理学的残余。它是由无意识的同一性（unconscious identity）[1]或列维—布吕尔所谓神秘参与（participation mystique）引起的。反之，无意识的同一性则是通过把无意识内容投射到一个物体中而引起的，这样一来，这些内容就可以作为该物体所特有的属性而被意识所接纳。任何使人感兴趣的物体都会引起大量的投射。在这个意义上说，原始心理学和现代心理学之间的差异首先是质的差异，其次才是程度的差异。在文明的人身上，意识是通过知识的积累、投射的撤销才发展起来的。它们作为心理内容而得到了承认，并且与心理重新整合在一起。炼金术士们实际上把他们全部最重要的观念都具体化或拟人化了，这些观念就是四个元素、器皿、石头、原初物质和颜色等。作为微观世界的人的观念，它的各个部分代表地球或宇宙，[2]就是在意识的

1 Cf. *Psychological Types*, Def. 25.

2 参见中世纪的人体占星学（Melothesia）。［定义请参见“Psychology and Alchemy,” p. 67, n. 5。——英编注］

衰落状态下反映出来的原始的心理同一性的残余。一段炼金术的文本[1]对此做了如下表述：

> 人被看作是一个小小的世界，在各个方面都可以把他与一个世界相比。其皮肤之下的骨骼就像是山脉，因为只有依靠它们身体才会有力量，甚至就像地球要依赖大石头一样，肉体被看作是土地，大血管被看作是大河，小血管被看作是流入大河的小溪。膀胱就是大海，大大小小的溪流都在那里汇聚起来。可以把头发比作正在发芽的草，手和脚上的指甲以及一切可以在人的内部和外部发现的东西，都可以根据其种类而与世界相比较。

123 炼金术的投射只是微观世界的观念所代表的思维方式的一个特例。以下是拟人化的另一个例子：[2]

> 现在说得更仔细点，最亲爱的人/你应该怎么办/你应该走到那座房子/在那里你将发现两个门/门是关闭的/你应该在门前站一会儿/直到有人出来/打开门/走到你的面前/

1 "Gloria Mundi," *Mus. herm.*, p. 270.

2 "Ein Philosophisches Werck und Gespräch, von dem Gelben und Rotten Mann Reverendissmi Domini Melchioris Cardinalis et Episcopi Brixiensis", 重印在*Aureum vellus*, pp. 177f中。在那个红色的人之后，他看见了渡鸦，白色的鸽子就是由此而来。

那是一个黄颜色的人/看起来并不好看/但你不应该因为他样子不好看/就害怕他/但他说的话很甜蜜/他会问你/亲爱的你到这里来找什么/我真的很久没有见到人/这么接近这座房子/这时你要回答他/我到这里来是想要寻找哲人石/还是这位黄颜色的人将回答你并且这样说/我亲爱的朋友既然你现在从这么远的地方走来/我会进一步告诉你/你应走进这座房子/直到一个流动的喷泉前/然后再往前走一会儿/一个红颜色的人会走到你跟前/他就是火焰红,长着红眼睛/不要因为他的丑陋而害怕他/因为他说话很温柔/他也会问你/我亲爱的朋友/你到这里来要做什么/对我来说你是一个陌生的客人/你应该回答他/我来寻找哲人石。……

124 把金属进行拟人化的说明在关于小魔鬼和小妖精的民间故事中特别常见,这些小魔鬼和小妖精经常在矿井里被发现。[1]我们在佐西莫斯那里[2]好几次都见到过金属人,还有一个黄铜做的鹰。[3]那个“白色的人”出现在拉丁文的炼金术中:“将那个白色的人带出容器。”(Accipe illum album hominem de vas)他是新郎和新娘结合的产物,[4]属于和经常被引用的“白色的女

1 参见Agricola, *De animantibus subterraneis* and Kircher, *Mundus subterraneus*, lib. VIII, cap. IV中一些有趣的例子。

2 *Alch. grecs*, III, xxxv.

3 *Alch. grecs*, III, xxix, 18f.

4 “Aenigma” VI, in *Art. autif*., I, p. 151.

人”与“红色的奴隶”相同的思想脉络，她们是《阿里斯莱的幻象》中贝亚和加布里库斯的同义词。这两个人物似乎已被乔叟所接纳：[1]

> 玛耳斯的塑像矗立在一乘战车上，
> 一身戎装，面貌凶恶像疯人一样，
> 他的头上闪耀着两颗星，
> 在权威性的古代典籍中被称为，
> 普厄拉与露白斯。

125　把玛耳斯和维纳斯的爱情故事等同于加布里库斯和贝亚（他们也被比拟为公狗和母狗）的爱情故事，没有什么事情能比这样做更容易的了，而且天文学的影响也很可能发挥过一部分作用。多亏了乔叟无意识地与此相认同，人和宇宙才会交互作用。以下这段话对炼金术心理学而言至关重要，我们应当在这个意义上进行理解：“由于人是由四种元素组成的，那么石头也是，而且它是从人那里［被挖］出来的，你是它的矿，意即通过采矿；它是从你那里抽象出来的，意即通过分割；在你身上它始终是不可分离的，意即通过科学。”[2]不仅事物是以人

1　*The Canterbury Tales*（ed. Robinson），p. 43（The Knight's Tale，2041—2045）.

2　“Rosinus ad Sarrat.，” *Art. autif.*，I，p. 311.

类的拟人化形象出现的，而且宏观世界也是作为人而拟人化地表现出来的。“整个大自然在人身上汇聚在一个中心里，一方参与到另一方之中，人类并没有不公正地得出结论认为，哲人石的材料随处可见。”[1]《智慧的结合》[2]说道：“四是组成哲人的本质。”“石头的元素是四，如果相互之间比例恰当，它们就会构成哲人，也就是人类完美的万应灵药（炼金药）。”“他们说，这石头就是一个人，因为除了理性和人类的知识之外，人不可能得到它。”[3]上文所说“你是它的矿”在科马里奥斯的文章里有一个相似的表述：[4]“在汝［克里奥帕特拉］身上隐藏着全部可怕而惊人的秘密。”对“身体”（即“物质”）也做过同样的表述：“在它们那里隐藏着全部的秘密。”[5]

4. 石头的象征作用

126 佐西莫斯把身体（这是指“肉体”意义上的身体）与精神的人进行了对比。[6]把精神的人区分开来的标志是，精神的人

1 “Orthelii epilogues,” *Theatr. chem.*, VI (1661), p. 438.

2 *Ars chemica*, pp. 247, 253, 254.

3 这本书上写着“ad Deum”（用来代替“ad eum”），这个词没有意义。诸如“我们的身体就是我们的石头”（“Authoris ignoti opusculum,” *Art. aurif.*, I, p. 392）这样的表述是值得怀疑的，因为“我们的身体”刚好也可以表示神秘物质的意思。

4 *Alch. grecs*, IV, xx, 8.

5 IV, xx, 16.

6 III, xlix, 4.

寻求自我认识和对上帝的认识。[1]世俗的和肉体的人则被称为透特或亚当。在他内部承载着精神的人，其名字叫光。第一个人，透特—亚当，是以四元素为象征的。精神的和肉体的人也被命名为普罗米修斯或厄毗米修斯。但是，“用寓言的语言来说”，他们“只不过是一个人，即灵魂与身体”。精神的人因受到诱惑而加上了身体的外表，并且因为“潘多拉”的缘故而受到它的约束，“希伯来人把潘多拉称为夏娃”。[2]因此，她发挥的是阿尼玛的作用，其功能是连接身体与灵魂，就像沙克蒂或玛雅把人的意识与世界纠缠在一起一样。在《克拉特斯书》中，那个精神的人说道：“你能够完全地认识你的灵魂吗？如果你认识它，就像你应该认识的那样，如果你知道什么可以使之更好，那么你就能够认识到，哲学家们给予它的那些古老的名字并不是其真实的姓名。”[3]这最后一句话是一个固定短语，可用于哲人石的名称。哲人石意味着内部的人，即人的精神，是炼金术士们想要予以释放的隐藏着的性质(natura abscondita)。在这个意义上，《曙光乍现》说，通过火的洗礼，“以前已经死去的人被制作成一个活的灵魂”。[4]

127 不易腐蚀性、永久性、神性、三位一体性等石头的属性受到

1 自我认识的重要性在炼金术的文本中很受重视。Cf. *Aion*, pp. 162ff.

2 对整个文本的翻译，see *Psychology and Alchemy*, par. 456。

3 Berthelot, *Moyen âge*, III, p. 50.

4 Cf. *Aurora consurgens*, ed. M.-L. von Franz, p. 87.

如此持续地强调，以至于人们忍不住会把它看作是物质中的隐藏的神（deus absconditus）。这很可能就是把哲人石与耶稣基督相类比的基础，这种类比早在佐西莫斯那里就出现过[1]（除非关于这个问题的文章是后来人做的篡改）。由于耶稣基督披上了“能够遭受痛苦的人体”并且给自己穿上了物质的服装，他便与哲人石相似，其物质性经常受到强调。哲人石的无处不在与耶稣基督的无所不知相对应。但是，其“廉价性”则与教义的观点相悖。耶稣基督的神性与人毫无关系，但是，起治疗作用的石头却是从人身上“抽取出来的”，每一个人都是其潜在的携带者和创造者。我们不难发现哲人石补偿的究竟是什么样的意识情境：绝不是**代表**耶稣基督，哲人石**补偿**的是那时关于耶稣基督这个人物的共同概念。[2]无意识本质的最终目的在于，当她产生关于哲人石的意象时，人们就能在下述观念中最清楚地看出来，哲人石起源于物质，也起源于人，它随处可见，对它的制造至少是人能够潜在地做到的。这些性质全都揭示了人们所感受到的那时在耶稣基督的意象中的缺陷：空气太稀薄了无法满足人的需要，太遥远了，成为人类心中留下的空白之地。人们感受到，那个属于每个人的“内在的”基督并不存在。耶稣基督的精神太高远了，而人的自然本性则太低下

1 *Alch. grecs*, III, xlix, 4.

2 Cf. infra, “The Spirit Mercurius,” pars. 289ff.

了。在墨丘利和哲人石的意象中"肉体"以其独特的方式美化自己；它不会把自己转换成精神，而是相反，把精神"固着"在石头中，认为石头具有这三个人的全部属性。这样就可以把哲人石理解为内在基督的象征，人心中的上帝的象征。我使用"象征"这个词是有目的的，因为虽然可以把哲人石比作耶稣基督，但这并不意味着要取代他。相反，在数百年的历史进程中，炼金术士们越来越倾向于把哲人石视为耶稣基督拯救活动的顶点。这是想要把耶稣基督这个人物同化到"上帝科学"的哲学之中。在16世纪昆拉斯第一次详细阐述了哲人石的"神学"地位：它是与"人之子"相反的宏观宇宙之子，而"人之子"则是微观世界之子。这个"伟大世界之子"的意象告诉我们，它是从什么起源派生而来的：它并非源自个体人的意识心灵，而是源自向宇宙物质的神秘性开放的精神的边界地区。在正确地认识到基督意象的精神的片面性之后，神学的思索很早就开始关注耶稣基督的身体，也就是关注其物质性，并且用身体复活的假设暂时地解决了这个问题。但是，由于这只是暂时性的，因而并不是完全满意的解答，这个问题便再一次在圣母升天中合乎逻辑地被提出来，首先指向圣母玛利亚无沾成胎（Immaculate Conception）的教义，最终指向圣母升天的教义。虽然这只是推延了对这个问题的真实解答，但是毕竟有了解答方式。正如在中世纪的插画中所描绘的那样，圣母玛利亚的升天和加冕为男性的三位一体增加了第四个原则，即女性原则。

其结果便成为四位一体，形成了一个真实的而不仅仅是假设的整体性象征。这个三位一体的整体性只是一个假设，因为在它外面还站着那个自主的和永恒的对手，以及他那由堕天使和地狱居民组成的唱诗班。出现在我们的梦和幻象中的整体性的自然象征，在东方采取的是曼陀罗的形式，都是四位一体的或四的倍数，或者是正方体的圆。

128 对物质的强调是把**石头**选作上帝意象的首要证据。我们在很早期的希腊炼金术中遇到过这种象征，但是我们完全有理由认为，石头的象征要比它在炼金术中的使用古老得多。作为诸神出生地的石头（例如，密特拉就是从石头蛋中生出来的）在关于石头诞生的原始传说中得到了证实，这些传说可以追溯到更古老的观念。例如，澳大利亚土著居民有这种观念，儿童的灵魂居住在一种被称为“儿童石”的特殊的石头中。可以通过用神圣之物（churinga）来摩擦儿童石而使它们迁移到子宫中。神圣之物可能是一些卵石，或者是一些人工雕刻和装饰的长椭圆形的石头，或者是以同样的方式装饰的长椭圆形的、扁平的木头。它们是在祭礼上使用的工具。澳大利亚人和美拉尼西亚人认为，这些神圣之物来自图腾祖先，它们是其身体的遗骸或者其活动的遗物，而且充满了阿龙奎塔或超自然力量。它们与祖先的灵魂结合在一起，与此后占有了它们的所有那些人的精神结合在一起。它们是禁忌，被埋葬在秘窖里或者被藏在岩石的裂缝里。为了给它们“充电”，就把它们埋葬在墓地里，这样它们就能吸收死者的超自然力量了。它们促进田间作物的生长，增加人和动物的繁殖能力，治愈伤口，治疗身体和灵魂的疾病。所以，当人的命脉全都与情绪纠结在一起时，澳大利亚的土著居民就会用一块神圣的石头给他的腹部一击。[1]这些用作仪式目的的神圣之物上涂抹着红赭色，涂抹着油脂，用树叶包裹着，人们使劲地往上面吐唾沫（唾沫=超自然力量）。[2]

129 关于魔石的这些观念不仅在澳大利亚和美拉尼西亚有发现，而且在印度和缅甸以及在欧洲本土也有发现。例如，俄瑞斯忒斯的疯病就是用拉哥尼亚的石头治好的。[3]宙斯通过坐在勒夫卡达岩石上，从爱的悲伤中得到了缓解。在印度，年轻的男子要踩在石头上以获得品格的坚定，新娘也必须做同样的事情以保证她的忠诚。根据萨克索·格拉玛提库斯的观点，国王的选举人要站在石头上，以使他们的选举是永久的。[4]阿伦岛上的绿色石头既可用来治疗也可用来发誓。[5]在巴塞尔附近博斯河的一个洞穴里发现了一个与神圣之物相似的“灵魂石”的

1 Spencer and Gillen, *The Northern Tribes of Central Australia*, pp. 257ff.

2 Hastings, *Encyclopaedia of Religion and Ethics*, XI, p. 874b, and Frazer, *Magic Art*, I, pp. 160ff. 在今天的印度如加尔各答的卡利捷仍然可以看到类似的用赭色喷涂的石头。

3 Pausanias, *Descriptio Graeciae* (ed. Spiro), I, p. 300.

4 古雅典的执政官宣誓时也是这样做的。

5 Frazer, *Magic Art*, I, p. 161.

秘藏处，而且在最近对索洛图恩州的博尔加西小湖上的树状住宅发掘中，一组大块的卵石被发现包裹在桦树皮中。关于石头魔力这个非常古老的概念在更高的文化层次上导致与宝石相似的重要性，人们把所有各种魔法的和医学的属性都归因于它。在历史上最负盛名的宝石甚至被认为应该为降临到其拥有者身上的悲剧负责。

130 亚利桑那州纳瓦霍印第安人的一个神话对原始人围绕石头所做的幻想进行了特别生动的说明。[1]在大黑暗时代，[2]英雄的祖先们看到天父降落下来，而大地母亲则升上去迎接他。他们结合了，这种结合就发生在山顶上，祖先们发现了一个用绿松石制作的小人。[3]这个小人变成了（或者另一种说法是诞生了）伊斯特纳斯拉斯，“那个使自己返老还童或者得到转换的女人”。她就是杀死古老怪兽的双子神的母亲，被称为诸神的母亲或祖母（yéi）。伊斯特纳斯拉斯是纳瓦霍母权制众神中最重要的人物。她不仅是“把自己进行了转换的女人”，而且她还有两种形象，因为她的孪生姐妹尤凯斯特撒恩[4]也具有类似的

1 Schevill, *Beautiful on the earth*, pp. 24ff and 38ff.

2 对澳大利亚的土著居民来说，这就是最古老的黄金时代（*alcheringa* time），意思是其中既有祖先的世界也有梦的世界。

3 参见Komarios的文章（Berthelot, *Alch. grecs*, IV, xx, 2）：“往上爬到树木茂密的山上最高的山洞里，在那里看到山顶上的一块大石头。而且从石头上拿走了那个男人。……”

4 尤凯斯特撒恩（Yolkaiestsan），纳瓦霍印第安人把她视为海洋女神。——中译注

力量。伊斯特纳斯拉斯是永生的，因为虽然她长成了一个形容枯槁的老妇人，但是她起床之后又变成了一个年轻的姑娘——一个真正的自然之神。从其身体的不同部位诞生了四个女儿，第五个是从她的精神中诞生出来的。太阳来自隐藏在其右胸部的绿松石串珠，而月亮则来自其左胸部的白壳串珠。她通过卷起其左胸部下面的一块皮而获得再生。她住在西方，在大海中的一个岛屿上。她的情人是野蛮而残忍的太阳运载者，他还有一个妻子；但是只有下雨的时候他才不得不和他的妻子一起待在家里。这位绿松石女神是如此神圣，以至于不可能制作成任何意象描绘她，甚至连诸神也不能看她的脸。当她的孪生儿子问她，他们的父亲是谁时，她就给他们一个错误的回答，显然是想保护他们以免受到像这位英雄那样危险的命运。

131 这个母权制的女神显然是一个同时象征自性的阿尼玛式的人物。因此她具有石头的性质，她是不朽的，她有四个从身体里生出来的女儿，再加上一个从精神中生出来的女儿，她具有太阳和月亮的二重性，她扮演情妇的角色，她还能够改变其形象。[1]一个生活在母权制社会的男人的自性仍然会沉浸在其无意识的女性气质当中，甚至在今天也能在男性的恋母情结的所有案例中看到。但是，这位绿松石女神也例证了母权制的女性心理学，作为一个阿尼玛式的人物，母权制的女性吸引了她

1 Cf. Rider Haggard' *She*.

周围所有男人的恋母情结，使他们全都丧失了独立性，就像翁法勒奴役赫拉克勒斯，或者瑟茜[1]把她的俘虏变成野兽般的无意识状态一样——更不用提贝诺伊特的阿特兰蒂达，她把她的情人们制作成一大批木乃伊。所有这一切之所以会发生，是因为阿尼玛包含着珍贵的石头的秘密，因为，正如尼采所说："一切快乐都追求永恒。"所以，传说中的奥斯坦尼斯在说到"哲学"的秘密时，对他的学生克里奥帕特拉说："在你身上藏匿着全部可怕而惊人的秘密。……请让我们知道，最高级的东西是怎样下降成为最低级的东西，最低级的东西是怎样上升到最高级的，而位于中间的是怎样拉近与最高级和最低级的距离，以便使它们成为一体的。"[2]这个"最中间的"东西就是石头，是把对立物结合在一起的介质。除非在深度心理学意义上来理解这些说法，否则它们是没有意义的。

132 就像石头诞生的主题得到广泛传播一样（参见杜卡里翁[3]和比拉的创造神话），美洲的传说似乎都特别重视石头身体或有生命的石头这个主题。[4]我们在易洛魁人（Iroquois）[5]的双生

1 瑟茜（Circe），古希腊神话中的女巫，有把人变成猪的把戏。——中译注

2 *Alch. grecs*，IV，xx，8.

3 杜卡里翁（Deucalion），古希腊神话传说中普罗米修斯的独生子，他和妻子比拉在大洪水过后走下平原时拾起地上的石头随手向后抛去，这些石头就变成了人。——中译注

4 我要感谢M.—L. 冯·弗朗茨博士提供的这份材料。

5 易洛魁人（Iroquois），北美印第安人的一个分支。——中译注

子兄弟的故事中遇到过这个主题。以不可思议的方式在一个处女的身体里成胎，一对双胞胎出生了，其中一个是以正常方式出生的，而另一个则找到了一个不正常的出口，从腋窝里出来，因而害死了他的母亲。这个从腋窝出生的双生子有一个由火石做成的身体。他邪恶而又残忍，一点也不像他那正常出生的哥哥。[1]按照苏人（Sioux）的说法，母亲是一只乌龟。在威奇塔人（Wichita）的神话中，救世主就是南方的那颗伟大的星，他是作为"火石人"而在地球上展开他的拯救活动的。他的儿子被称为"小火石"。在完成这项任务之后，他们两人便回到天上。[2]在这个神话中，就像在中世纪的炼金术中那样，拯救者与石头、星辰、"儿子"相一致，"儿子"就是"超级全能的流明[3]"。纳切斯（Natchez）印第安人的文化英雄是从太阳那里下降到大地上的，闪耀着令人难以忍受的光芒。若让他看一眼就必死无疑。为了缓解这种状况，也为了避免使他的身体在大地上腐烂，他便把自己变成了一个石头雕塑，纳切斯人担任神职的酋长就是这个雕塑的后裔。[4]在陶斯普韦布洛人（Taos Pueblos）当中，一个处女被美丽的石头弄得怀了孕，生下了一个英雄儿子，[5]

---

1 Krickeburg, *Indianermärchen aus Nordamerika*, pp. 92ff.

2 Van Deursen, *Der Heilbringer*, p. 227.

3 流明（lumina），物理学上的光通量单位。——中译注

4 Van Deursen, *Der Heilbringer*, p. 238.

5 参见，神圣之物的繁殖力意义。

由于西班牙的影响,他采纳了孩子基督的这个形象。[1]石头在阿兹特克人(Aztec)的传奇故事集中发挥着类似的作用。例如,羽蛇神[2]的母亲就是被一块绿宝石弄得怀了孕。[3]他本人的姓氏就是"宝石祭司",戴着一副由绿松石制作的面具。[4]这块绿宝石就是一个生命原则,它被放置在死者的口中。[5]人最原初的家就是这个"宝石碗"。[6]这种转化成为石头或化石的主题在秘鲁和哥伦比亚人的传说中很常见而且很可能与巨石崇拜相联系,[7]或许也和类似于神圣之物的灵魂石这种旧石器时代的崇拜有联系。这些类似的事物会是巨石器文化中的石柱,这种文化可以远远地追溯至太平洋群岛。起源于巨石器时代的尼罗河谷文明将其圣王们都变成了石头雕塑,其明确目的就是为了使国王的**灵魂**(ka)永恒。在萨满教中,水晶被认为是非常重要的,它扮演着救死扶伤的天使精灵的角色。[8]它们来自上帝的水晶宝座,或者来自天穹。它们指出世界上将要发生的事情以及病人灵魂正在发生的事情,它们还给人以飞升的力量。[9]

---

1 Van Deursen, p. 286.

2 羽蛇神(Quetzalcoatl),古代墨西哥的阿兹特克人与托尔特克人尊崇的重要神祇。——中译注

3 Krickeburg, *Märchen der Azteken, Inka, Maya und Muiska*, p. 36.

4 Ibid., p. 65.

5 P. 330.

6 P. 317.

7 P. 382.

8 Eliade, *Shamanism*, p. 52.

9 Ibid., pp. 363f.

133 哲人石与永生之间的关系很早就得到了证实。奥斯坦尼斯(可能是在公元前4世纪)就曾谈到过“有灵魂的尼罗河石头”。[1]哲人石是治百病的灵药,是万应灵药、解毒药,是把贱金属转变成为金子、把砾石转变成为宝石的酊剂。它可以带来财富、力量和健康;它可以治疗忧郁症,作为哲人石的真理(vivus lapis philosophicus),它是救世主、人类和永生的象征。它的不易腐蚀性也在以下这个古代的观念中表现出来:圣人的身体会变成石头。所以,《以利亚启示录》也说到过那些逃避来自反弥赛亚势力的迫害的人:[2]“主将要把他们的精神和灵魂置身于他的身上,他们的肉体将被制作成石头,任何野兽都不可能把他们吞食掉,直到大审判的最后一天。”在弗洛本尼乌斯报告过的一个巴苏陀人(Basuto)的传说中,[3]英雄被人追到河岸边而无路可走。他把自己变成了一块石头,追赶他的人就把他扔到河的彼岸。这就是转变(transitus)的主题:彼岸是和永恒相同的意思。

5. 水的象征作用

134 心理学研究已经表明,历史学的或文化人类学的象征与无

1 *Alch. grecs*, III, vi, 5, 12ff.

2 Steindorff, *Apokalypse des Elias*, 36, 17—37, 1, p. 97.

3 *Das Zeitalter des Sonnengottes*, p. 106.

意识自发产生的象征是完全相同的，而哲人石就代表超越性完整，这种完整性与分析心理学所谓的自性是一致的。从这种观点来看，我们就可以毫无困难地理解炼金术士们那种显然荒谬的说法了，即哲人石是由身体、灵魂和精神组成的，是一种活的存在，一个霍蒙库鲁斯或“人属”(homo)。它象征着人，或者毋宁说象征着内部的人，关于它的那些自相矛盾的说法实际上就是关于这个内部人的描述和定义。把哲人石与耶稣基督相对应就是建立在哲人石的这种内涵基础上的。在数不清的教会与炼金术的隐喻背后都可以发现用希腊语把它们汇合起来的语言，这种语言最初是两者通用的。下面这段摘自普罗西里安(公元4世纪诺斯替教和摩尼教的异教徒)的话，对炼金术士们一定非常有启发性：“独角的就是上帝，在我们看来基督是一块岩石，耶稣是奠基石，耶稣基督是人中之人。”[1]除非事情恰好相反，从自然哲学中摘取的这些隐喻能通过圣约翰的福音书而进入教会的语言中。

135 在佐西莫斯幻象中被拟人化的原则就是创造奇迹的水，它既是水也是灵魂，既杀戮又赋予人以生命。如果佐西莫斯从梦中醒来，立刻想到“水的组成成分”，这显然就是从炼金术观点中得出的结论。我们已经表明，人们长期寻求的水[2]就代表生

1 Tractatus I, *Corp. Script. Eccl. Lat.*, XVIII, p. 24.

2 See supra, par. 105.

与死的循环，由死亡和再生组成的每一个过程当然就是圣水的一种象征。

136 可以想象，我们在佐西莫斯身上有一个与《约翰福音》3中的尼哥底母[1]对话相类似的东西。在《约翰福音》写作的那个时代，每一个炼金术士都很熟悉圣水的观念。当耶稣说“若不是水和圣灵生的……”，那个时代的炼金术士立刻就会明白他说的是什么意思。耶稣对尼哥底母的无知感到很惊异，于是就问他：“你是以色列的先生，还不明白这事吗？”他显然想当然地认为，一个大师应该知道水和精神的秘密，也就是，知道死亡和再生的秘密。因此，他紧接着又说了一句在炼金术的论著中被重复了很多次的话：“我们所说的，是我们知道的；我们所见证的，是我们见过的。”炼金术士们并没有实际地引用这句话，但他们是以类似的方式进行思考的。他们谈论着，仿佛他们用自己的手触摸到了圣灵的奥秘或礼物，用自己的眼睛看到了圣水的杰作。[2]虽然这些说法来自后期，但是，从最早期时代到中世纪晚期炼金术的精神或多或少始终如一。

137 尼哥底母对话的结论涉及“人间和天上的一些事情”，这些结论也同样是自从德谟克利特写出“物质和神奇”（也被称为“有躯体和无躯体”）、“身体与精神”以来炼金术的共同

1 尼哥底母（Nicodemus），《圣经》中与耶稣谈话的法利赛人。——中译注

2 “……我用自己的眼睛看到的，用自己的双手触摸到的。”（*Rosarium*, in *Art. aurif.*, II, p. 205）

财产。[1]在耶稣的这些话之后紧接着就是上天和入地的主题。[2]在炼金术中这就代表灵魂从苦行的身体里上升，以及灵魂以复活的水珠的形式下降。[3]在下一节中，当耶稣说到在荒野中飞升起来的蛇并把它等同于他的自我牺牲时，一个“先生”必定会想到那个把自己杀死又把自己复活的咬尾蛇。此后紧跟着“永恒的生命”和万应灵药（信仰耶稣基督）这个主题。确实，这项工作的全部目的就是产生不会腐烂的身体、“不死的东西”、看不见的和宗教精神的石头，或有魔力的石头（lapis aetherius）。在这一节中，“神爱世人，甚至将他的独生子赐给

---

1 但是，一定要记住，除了使用当时炼金术中发现的那些术语之外，约翰还使用了其他术语：τὰ ἐπιγεια 和 τὰ ἐπιουράνια（在拉丁文圣经中是世俗和上天）。

2 这句话的出处是Hermes Trismegistus在“Tabula smaragdina”中所说：“它从大地上升到天国，又下降到大地上。……风在他的腹部把它生出来。”这段文本总是被解释为指的就是石头（cf. Hortulanus，“Commentariolum，” *Ars chemica*）。但是石头来自“水”。炼金术与基督教的这个奥秘相似的是下面这段摘自“Consilium coniugii”（ibid., p. 128）的话：“如果我赤身裸体地上升到天国，那么我就会穿着衣服来到大地，使所有的矿物质都变得完美。如果我们在金银泉中洗礼，我们身体的灵魂就会和父亲与儿子一起上升到天国，并再次降临大地，我们的灵魂将得到复活，我们的动物身体将保持白色。”“Liber de arte chymica”（*Art. aurif.*, I, pp. 612f）的无名氏作者以同样的方式说道：“当然，大地不可能上升，除非天国首先下降，因为据说大地被上升到天国时，在它自己的精神中溶化，而最后又结合起来。我将要用以下这个寓言使你感到满意：圣子下降到圣母玛利亚身上，在那里给肉体穿上衣服，作为男人而被生出来，他给我们指出使我们获得拯救的真理之路，为我们而遭受苦行而死去，在他复活之后又回到天国，在那里大地，即人类，被上升到世界的所有领域之上，被安置在最神圣的三位一体的理智天国中。当我死去的时候，借助于基督的恩惠和赏赐，我的灵魂也会以类似的方式回到它由此而下降的那个生命之源。身体回到大地，并且在世界的最后审判日，从天国下降的灵魂将带着它和她一起，纯净地达到无上荣光。”

3 上升和下降的主题部分基于作为一种自然现象（云、雨等）的水的移动。

他们……”，耶稣基督把自己与摩西的那条起治疗作用的蛇相认同；因为独一无二（Monogenes）是努斯的同义词，而这个词又是蛇这位拯救者或阿加托戴蒙的同义词。蛇也是圣水的同义词。这个对话也可以和《约翰福音》4：14中耶稣对撒玛利亚[1]的那个妇女说的话相比较：“……成为源泉，直涌到永生。”[2]这段话的意义非常大，水井旁的这次谈话形成了“神是个灵”这条教义的语境（《约翰福音》4：24）。[3]

138 尽管炼金术语言并非总是无意识的晦涩难解的文字，但不难发现，圣水或其象征，即咬尾蛇，除了表示隐藏的神，也就是隐藏在物质中的神，即下降到身体中来并且在她的拥抱下迷失了的神圣努斯之外，别的什么意思也没有。[4]“神变成身体”这个奥秘不仅构成了古典炼金术的基础，而且也是用古希腊语言

---

1 撒玛利亚（Samaria），古巴勒斯坦中部城市，现为以色列王国首都。——中译注

2 圣查斯丁说：“作为来自上帝的生命水之源……这个耶稣基督被喷涌出来。”（引自Preuschen, *Antilegomena*, p. 129）高登提乌斯（Sermo XIX）把基督的仁慈比作水（Migne, *P. L.*, vol. 20, col. 983）。Eucherius of Lyons（*Liber formularum spiritalis intelligentiae*）说，基督“把为我们所设想的肉体带到了天国”（ibid., vol. 50, col. 734）。这个观点与“Tab. Smaraga.”中的说法相一致，这个秘密“从大地上升到天国，又下降到大地，并且接受了天上和地下的力量”。

3 在炼金术中“精神”（spirit）的意思是任何挥发性的东西、所有易蒸发的物质、氧化物等，但作为一种被投射的心理内容，在“灵性身体”这个意义上，它也指一种奥体（corpus mysticum）。（Cf. Mead, *The Doctrine of the Subtle Body in the Western Tradition.*）正是在这个意义上，作为一种潮湿的精神和空气（spiritus humidus et aereus）的哲人石的定义应该可以理解了。也有迹象表明，可以把精神理解为“心灵”，可以通过“升华”（sublimation）而得到提炼。

4 参见Zosimos著作中“光人”的命运（*Psychology and Alchemy*, par. 456）。

研究宗教调和的许多其他宗教精神表现的基础。[1]

6. 幻象的起源

139 既然炼金术关心的是身体和精神的秘密，那么，这毫不奇怪，"水的构成"必然会在梦中显示在佐西莫斯面前。他的睡眠就是孵化的睡眠，他的梦就是"上帝送来的梦"。圣水就是这个过程的全部，被炼金术士们作为他们的欲求目标而竭力追求。因此，梦的出现是对这种水的性质的戏剧性解释。这种戏剧化以强有力的形象阐述了这个狂暴而又使人极度痛苦的转换过程，这个过程本身既是水的生产者又是水的产品，因而的确构成了其根本实质。这个戏剧变化表明，神圣的变化过程是怎样表现出来从而为我们人类所理解的，以及人类是怎样把它作为惩罚、痛苦、[2]死亡和净化而体验到它的。做梦者会描述，

---

1 在最古老的原始资料中这个秘密是以象征的术语来表述的。但是，从13世纪开始，有越来越多的文本揭示了这个奥秘的某些神秘方面。其中一个最好的例证就是德文的论著*Der Wasserstein der Weysen*，"一本化学小册子，在其中道路得到指明，材料得到命名，过程得到描述"。

2 遭受酷刑痛苦这个元素在佐西莫斯那里是如此显而易见，在炼金术的文献中也并非不常见。"杀死母亲，砍掉她的手和脚。"("Aenigma" VI，*Art. aurif.*，I，p. 151）Cf. *Turba*，Sermones XVIII，XLVII，LXIX."抓住一个人，剃掉他的胡须，把他拖到一个石头上……直到他的身体死去。""抓住一只公鸡，活活地把它的毛拔下来，然后把它的头放在一个玻璃器皿里。"("Alleg sup. lib. Turb.，" *Art. aurif.*，I，pp. 139ff.）在中世纪的炼金术中，物质遭受痛苦是基督激情的一种比喻（cf. *Der Wasserstein der Weysen*，p. 97）。

如果一个人被带入诸神的死亡和再生这个循环之中，他会怎样行动以及他将不得不遭受什么样的痛苦，如果一个终有一死的人想要成功地通过其“艺术”而把“精灵的卫士们”从其黑暗的住所释放出来，那么那些隐藏的神会发挥什么样的作用。文献中有迹象表明，这样做并非没有危险。[1]

140 与历史上发生的情况不同，炼金术的神秘方面本质上是一个心理学问题。显而易见，它是以被投射和象征的形式表现出来的自性化过程的具体化。即使在今天，这个过程也会产生与炼金术有最密切联系的象征。关于这一点，我必须请读者参照我更早期的著作，在那些著作中我已经从心理学视角讨论了这个问题，并且用一些实际的例子做了例证。

141 使这一过程开始运转的原因可能是某些病理状态（在大多数情况下是精神分裂症），它们会产生非常类似的象征。但是，最好的和最清晰的材料来自有健康心灵的人，他们受某种精神困苦的驱使，或者因为宗教、哲学或心理的原因，而格外关注他们的无意识。从中世纪回溯到罗马时代，天然的重点是放在人

---

1 “这门艺术的基础，许多人已经为此而死去了。”（*Turba*, sermo XV）佐西莫斯提到了Antimimos，即错误魔鬼（*Alch. grecs*, III, xlix, 9）。奥林匹奥德鲁斯引用佩塔西奥斯的话说，铅（原初物质）是如此的“不知羞耻和令人着魔”，以至于使行家里手都变得疯狂了（ibid., II, iv, 43）。在制作过程中魔鬼引起了不耐烦、怀疑和绝望（*Mus. herm.*, p. 461）。霍格兰德描述了魔鬼是怎样用幻觉欺骗了他和他的朋友（“De difficult. alchemy.,” *Theatr. chem*, I, 1659, pp. 152ff.）。威胁炼金术士的危险显然是心理的危险。Cf. infra., pars. 429ff.

的灵魂上的，而且只有随着科学的兴起，心理学评论才成为可能，内部因素才有可能更容易地以投射的形式到达意识。以下这段文本[1]可以用来例证中世纪的观点：

> 因为耶稣基督在《路加福音》11中说过：眼睛就是身体的灯，若你目光单纯，全身都光明；若你目光邪恶，全身就都黑暗。另外，他还在第17章里说道：因为神的国就在你们心里——由此清晰可见，关于人之光亮的知识首先是从内部产生的，不可能是从外部放进去的，《圣经》中的好几段话都证实了这一观点，就是说，（人们通常所称谓的）那种外部物体或者在我们虚弱的时候为了帮助我们而写出的符号，在《马太福音》24中只不过证明了这种恩赐的内部之光根植于内部并且通过上帝传递给我们。因此，说出的话也要注意听，并且只是作为这一点的一种标示、一种帮助或指南来进行考虑。我们不妨举个例子：一块白色的木板和一块黑色的木板放在你面前，问你哪一块是黑的，哪一块是白的。如果关于这两种不同颜色的知识以前并不在你的内心之中，你就绝不可能从这些根本就不会说话的物体或木板中对提出的问题做出回答，因为这种知识

1 *Der Wasserstein der Weysen*, pp. 73ff.［这段话的翻译，我要感谢R. T. 卢埃林博士。——英译注］

并不是来自这些木板本身(因为它们不会说话而且没有生命),而是起源于内部,从你每天都要锻炼的你的先天官能中流出来的。(早先所指的)这些物体确实对感官产生了刺激,使它们能得到理解,但它们根本就不可能提供知识。这种知识必然来自内部,来自理解者,关于这些颜色的知识必然是在某种理解行动中出现的。同样,当有人向你要一样物质的和外部的火或者用火石打出的火光(火或光亮是隐藏在其中的),你不能把这种隐藏的和秘密的光亮放进石头里,而是相反,你必须从这块石头中把隐藏着的火唤起、唤醒或拉出来,借助敲击那件必定在手边的不可缺少的钢铁工具使它昭然于天下。如果你不想使这种火再次熄灭或消失,就必须把它点燃并且使用为此准备好的火绒将它的勃勃生机引发起来。那么,过后你就会获得真正光芒四射的光,就像火一样闪闪发光,只要能使它得到照料和保护,你就能随心所欲地用它进行创造、工作和做事。在人的心灵深处也同样存在着这样一种天国的神圣之光,如前所述,它不可能来自身体外部,而必须从内部产生出来。

上帝把他身上最高贵的两个部位眼睛和耳朵安置在人类身上,这并非徒劳无益和毫无理由的,这样做的目的是为了表明,人必须学习并且注意到在他自己内部有一个双重的视觉和听觉,一个向内,一个向外,这样他就可以用向内的部位来判断精神的事物并且把精神的事物分配给精神(《哥林多前书》2),而且把他的一部分交给向外的部位来分管。

142 对佐西莫斯和有类似想法的那些人来说,这种圣水就是一种奥体。[1]诚然,人格心理学自然就会问:佐西莫斯是怎样开始寻找这个奥体的呢?答案将指向历史的状况:这是一个时代的问题。但是,鉴于奥体被炼金术士们视为圣灵的一个礼物,那么就可以在相当普遍的意义上把它理解为给予救赎的一种可见的恩赐的礼物。人们渴望救赎,这是个普世的真理,只有在例外的情况下,当它不是一种真实的现象而是一种对它的变态的滥用时,这种渴求才可能具有遥远的、人格主义的动机。歇斯底里的自欺欺人者,普通人也一样,一直懂得这门滥用一切的艺术,以便躲避生活的要求和责任,而且最主要的是为了逃避自己面对的责任。他们伪装成追寻上帝的人,为的是不必面对这个事实:他们是普通的利己主义者。在这些情况下就很值得询问:你们为什么要寻求圣水?

143 我们没有理由假设,所有的炼金术士都是这种自欺欺人的

1 该术语出现在炼金术中,例如:"用其奥体凝结[水银]。"("Consilium coniug.," *Theatr. chem.*, I, 1659, p. 137)

人。我们越是深入他们思维的晦涩难解之处，就越是要承认他们有权自称为“哲学家”。多少世纪以来，炼金术就是人类对得不到的东西的一种伟大探求。所以，如果我们任凭理性主义的偏见肆虐横行，至少就必须对它进行描述。但是，宗教的恩赐体验是一种非理性现象，不可能像“美”或“善”被讨论得那样多。既然如此，没有认真的追求是没有希望的。它是一种本能的东西，不可能像智力或音乐能力或任何其他天生倾向那样，被还原成个人的病因。因此我的观点是，如果我们根据当时人们思维的方式而成功地理解了佐西莫斯幻象的基本成分，并且阐明了其舞台调度（mise en scène）的意思和目的，那么我们的分析和解释就会对佐西莫斯的幻象做出公正的评判。当凯库勒做了那个成双成对跳舞的梦并且从中推演出苯环（benzol ring）的结构时，他就完成了佐西莫斯竭力想要做但没有做成的事情。他的“水的组成成分”并没有像苯环的碳和氢原子那样整齐地分成一种模式。炼金术把一种内部的、精神的体验投射到化学物质中，这些化学物质似乎提供了一些神秘的可能性，却证明它们限制了炼金术士的意图。

144 虽然化学并没有什么东西可从佐西莫斯的幻象中学习的，但是，它却是现代心理学发现的一个矿藏，如果不能求助于古代的精神体验的证据，那就会是一件非常令人遗憾的事情。这样一来，对佐西莫斯的幻象的表述就不会得到支持，犹如新鲜事物，却没有任何东西可与之比较，其价值便难以估算。但是，这些文献给研究者提供了一个指向他自己狭隘的研究领域之外的阿基米德支点，此外还提供了一个不可估量的机会，使研究者可以在表面看来混乱的个体事件中找到方向。

二、作为一种精神现象的帕拉赛尔苏斯

［最初这是一个题为《作为一种精神现象的帕拉赛尔苏斯》的讲座，经过修订和扩充，以《帕拉赛尔西卡：关于艺术与哲学之大炼金术士的讲座》（苏黎世，1942）为标题发表。

在本译文中，章节的标题是后来加上去的，旨在阐明本专著的解构。在荣格去世后发表的论文中发现了两个简短的声明，因为它们与本主题有关而作为脚注被附加在中译本第119页和第131页上。——英编注］

《帕拉塞尔西卡》的序言

这本小册子由今年在纪念帕拉赛尔苏斯逝世四百周年之际所做的两个讲座组成。[1]第一个讲座，《帕拉赛尔苏斯医生》[2]是1941年9月7日在巴塞尔举办的自然研究学会的年会上给苏黎世医学与自然科学史学会做的；第二个讲座，《作为一种精神现象的帕拉赛尔苏斯》，是1941年10月5日在艾恩西德伦举办的帕拉赛尔苏斯庆典上做的。第一个讲稿在付梓时除了几处细微的改动之外基本上没有变动。但是，这个主题的特殊性迫使我将第二篇讲稿脱离了其原初的框架，把它扩展成一篇适宜的论文。讲稿的风格形式和范围并不适合于描绘这个未知的、像谜一样令人费解的帕拉赛尔苏斯，他实际上隐藏于我

1 ［菲利普斯·奥雷奥鲁斯·泰奥弗拉斯托斯·邦巴斯图斯·冯·霍恩海姆，以帕拉赛尔苏斯这个名字而闻名，1493年在艾恩西德伦出生，1541年9月21日死于萨尔茨堡。——英编注］

2 ［In *Coll. Works*, vol. 15.——英编注］

们在其多产的医学、科学和神学作品中见到的这个形象之外或之后。只有把这些作品聚集在一起时，我们才能以此对这种矛盾但又如此重要的人格做出某种描述。

我意识到，这个讲座的题目多少有点太傲慢了。读者应简单地把它看作是我们关于帕拉赛尔苏斯的神秘哲学知识的一种贡献。我并不认为我已经对这个困难的主题做了最后的定论或结论，我只是非常痛苦地意识到一些裂痕和不适当之处。我的目的仅限于提供一些线索，如果可以这样说的话，这些线索可能会指明其哲学的根源和心理背景。除了所有其他身份之外，或许在最深刻的意义上说，帕拉赛尔苏斯是一个炼金术"哲学家"，其宗教观点使他与其时代的基督教信仰产生了某种无意识的冲突，其冲突的方式在我们看来似乎是无法解决的混乱。但是在这种混乱之中却可以发现一些哲学、心理学和宗教问题的端倪，这些问题在我们的时代有更清晰的形式。正因为如此，我才感觉到，在感激帕拉赛尔苏斯在其论著《长生不老》中为我们留下的那些先见之明的观点时，做出我可能的贡献，这几乎就是一种历史的责任。

C. G. J.

1941年10月

(一)

知识的两种起源：自然之光和启示之光

145 我们今天纪念的这个四百年前去世的人对后世产生过强有力的影响，一方面是通过其纯粹的人格力量，另一方面是通过他奇妙的著书立说活动。他的影响主要是在医学和自然科学领域中。哲学上，他不仅富有成效地激发了神秘思考，而且使得当时即将消失的哲学炼金术也获得了新生并享受复兴。从《浮士德》第二部分我们可以明显看出，歌德也感受到了帕拉赛尔苏斯强有力的精神的影响。这已经不是什么秘密了。

146 要想全面地看待这种精神现象并且对它做出真正全面的说明确非易事。由于帕拉赛尔苏斯在其他方面有许多明显的片面性，因此他有很多自相矛盾之处和混乱的多面性。首先，他是一个拥有其全部精神和灵魂之力量的医生，支撑他的基础就是一种坚定的宗教信仰。所以他在其《奇迹医粮》[1]中说："你必须用你全部的灵魂、心、灵和思想，以所有的爱和信任，对上帝有一种诚实的、忠诚的、强烈的、真正的信仰。在这种信仰和爱的基础上，上帝就不会把他的真理从你身上撤走，就会在你身上展现他的工作，可信、可见、令人舒畅。但是，如果你没有这样的信仰，你反对上帝，那么你就会在工作中走上歧路，就会失败，人们因此就不会信任你。"对帕拉赛尔苏斯而言，治疗的艺术及其标准就是最高标准。其生活中的一切就是致力于助人和治疗的目标。他所有的经验、知识和努力都围绕这个基本原则。只有当一个人被某种强有力的情绪驱动力所驱使时，被未受反思和批评阻止的、使其全部生活相形见绌的伟大激情所驱使时，这种情况才会发生。在帕拉赛尔苏斯背后的这种驱动力就是他的同情心(compassion)。他说道："同情心是一个医生的老师。"[2]他一定天生就有同情心。同情心曾经驱策了许多其他伟大人物，也激励了他研究，它也是帕拉赛尔苏斯命运的主宰者。

147 他用来服务于其伟大同情心的工具就是科学及其艺术，这是他从其父亲那里继承下来的。但是，在其工作背后的推动力，那种同情心本身，却一定是来自一切情感主要根源，即得

1 Ed. Strunz, p. 97. [在这一节的正文和脚注中对帕拉赛尔苏斯的直接引文的翻译，我要感谢R. T. 卢埃林博士。——英译注]

2 "De caducis," ed. Huser, I, p. 589.

自他母亲，他却从未提到过她。她死的时候还很年轻，很可能在儿子心里留下了大量未能得到满足的渴望，这些渴望如此之多，迄今为止就我们所知，还没有任何其他女人能与那种遥远的母亲意象相比，因此这种意象才是更加令人敬佩的。一个人的母亲越是遥远和不真实，儿子对她的渴望就越深深地抓住他的灵魂，唤醒那种原始的和永恒的母亲意象，从大学的母校（Alma Mater）到城市、国家、科学和理想的拟人化，所有具有拥抱、保护、抚养和帮助作用的事物都为此而表现出母亲的形式。当帕拉赛尔苏斯说，孩子的母亲是星球和星星时，这在最大限度上说的完全就是他自己。他终生都对以其最高形式而表现出来的母亲，即慈母教会（Mater Ecclesia）忠贞不贰，尽管他针对那个时代的基督教世界的弊端发出非常自由的批评。他也没有屈从于那个时代的巨人诱惑，即新教徒的宗派分裂，虽然他完全可以自己走向另一个阵营。冲突深深地植根于帕拉赛尔苏斯的本性之中；实际上也不得不如此，因为如果没有对立物的紧张，就不会有能量，每当就像他这样的一座火山喷发时，如果我们假设，水和火碰撞在一起了，这样的假设是不会错的。

148 尽管帕拉赛尔苏斯终生都把教会视为母亲，他却有两个母亲：另一个就是自然母亲。如果说前者是一个绝对的权威，那么后者也是。虽然他竭力掩饰这两个母亲的影响领域之间的冲突，他却非常诚实地承认其存在；对于这种两难困境究竟意味着什么，他似乎确实有一种非常好的理念。所以他说："我也承认，我写作起来就像个异教徒，但我是一个基督徒。"[1]相应地，他把其《五种疾病症状》(*Paramirum de quinque entibus morborum*)的前五节命名为"Pagoya"。"Pagoyum"是他最喜欢使用的新词之一，是由"paganum"和希伯来文字"goyim"组成的。他认为，关于疾病性质的知识就是异教的，因为这种知识来自"自然之光"，而不是来自启示。[2]他说，"魔法是医生的指导教师和导师"，[3]医生的知识是从自然之光那里得到的。对帕拉赛尔苏斯来说，自然之光无疑是知识的一个第二位的、独立的根源。他最亲近的学生亚当·冯·鲍登斯坦因这样说道："炼金术士(Spagyric)不是通过权威，而是通过

1 "因此基督教知识要比自然知识更好，先知或使徒要比天文学家或物理学家更好。……但是我必须补充一句，病人需要的是医生而不是使徒，正如预测需要的是天文学家而不是先知一样。"("Von Erkantnus des Gestirns," ed. Sudhoff, XII, pp. 496f.)

2 他在*Paramirum primum*(ed. Sudhoff, I, p. 215)的第四篇论文中，当谈到疾病的"灵性存在"(ens spirituale)时说道："如果我们想要谈论灵性存在，我们就忠告你要把你称之为神学的那种风格丢到一边。因为并非任何被称为神学的东西都是神圣的，也并非神学所论述的一切都是神圣的。另外，并非在神学中讨论的所有不理解的东西都是真实的。现在，虽然神学确实最强有力地描述了这种存在，但它并不是在我们的第四个异教的名义和文本之下这样做的。另外，它们还否认我们正在证明的一切。但是有一件事情你必须从我们身上弄懂，这就是，认识这个存在的能力并非来自基督教信仰，因为对我们来说基督教就是一个异教。不过，这并非和我们将要从这种生活中分离出来的信仰相反。因此你必须认识到，你根本就不可能通过说他们都是魔鬼，就把存在理解为精灵的存在，因为这样的话你就是在像魔鬼一样毫无意义地和愚蠢地讲话。"

3 Cf. "Labyrinthus medicorum," ed. Sudhoff, XI, pp. 207f.："正如像初生基督朝圣的东方三博士借助于这个符号在星辰中发现了耶稣基督一样，火也是在燧石中发现的。在自然中发现的艺术也是如此，而且发现后者要比寻找耶稣基督更容易。"

他自己的经验而拥有世界万物的。"[1]自然之光这个概念可能起源于阿格里帕·冯·奈特夏姆的《神秘哲学》(1533),他曾谈到过甚至扩展到四足野兽并且能使它们预见到未来的自然感觉之光(luminositas sensus naturae)。[2]因此帕拉赛尔苏斯说道:

> 因此,人们也都知道,鸟的预兆是由这些天生的精神引起的,正如公鸡可以预见未来的天气,孔雀可以预见其主人的死亡,以及其他以鸣叫来进行预见的诸如此类的生物。所有这一切都来自先天的精神,这就是自然之光。正如它会出现在动物身上并且是自然的,所以它也居住在人

1 *De vita longa*(1562), p. 56.在"Caput de morbis somnii"(ed. Sudhoff, IX, p. 360)中,帕拉赛尔苏斯说到了自然之光:"看看亚当和摩西以及其他人吧。他们在自己身上寻找人身上的东西,并且把它和所有的卡巴拉教的艺术全都揭示出来,他们知道,没有一个与人格格不入的东西既非来自魔鬼也非来自精灵,而他们的知识是从自然之光中得到的。这一点他们是在自己身上培养出来的……它来自自然。自然在其内部包含着其活动方式。它在睡眠期间很活跃,因此在休眠期和不清醒的时候,必须对这些事情加以利用——对这类艺术来说睡眠就是醒觉——因为万物都有一种精神,他们在睡眠时很活跃。现在撒旦以其智慧表明他确实是一个卡巴拉教徒而且是一个强有力的人。在人身上的这些天生的精神也是如此……因为在睡眠期间发挥作用的正是自然之光,它是不可见的身体,但在出生时却像是可见的和自然的身体。但是有待于认识的不仅仅是肉体,因为可见的东西正是来自这个天生的精神……作为人的良师益友的自然之光就居住在这个天生的精神之中。"帕拉赛尔苏斯还说,虽然人会死,但这个良师益友却继续授业教诲(*Astronomia magna*, ed. Sudhoff, XII, p. 23;"De podagricis," ed. Huser, I, p. 566)。

2 *Occulta philosophia*, p. 1xviii. 自然之光在迈斯特·埃克哈特的著作中也发挥过某种重要的作用。

> 的内部，人把它与自己一起带到这个世界上来。纯洁的人就是一个好的预言家，像鸟一样自然，鸟的预言并非与自然相反，而是与自然有关。因此，每一个预言都是根据他自己的状态得出的。鸟所宣布的这些事情也可以在睡眠中得到预示，因为它是幻想的精神，这个精神是不可见的自然的身体。[1]人们应该知道，当一个人发出预言时，他讲的话不是发自魔鬼，不是发自撒旦，也不是发自圣灵，而是发自具有不可见身体的先天的精神，这个精神教授魔法（Magiam），男巫（Magus）就起源于此。[2]

自然之光源自星辰（Astrum）："除非通过自然之光赋予人类，否则人就一无所有，在自然之光中的一切都是由星辰带来的。"[3]异教徒们仍然占有自然之光，"因为在自然之光中采取行动并且在其中进行欢庆是神圣的，尽管也是致命的"。在耶稣基督降临俗世之前，世界也拥有自然之光，但是和耶稣基督相比，这种光是"更加微不足道的光"。"因此我们应该知道我们必须根据自然的精神来解释自然，根据上帝的精神来解释上帝

1 参见在"Fragmenta medica"（ed. Huser, I, p. 141）中的绝妙语句："他是多么伟大啊，他的梦是对的，就是说，他在这个卡巴拉教的先天的精神中和谐地居住和运动。"

2 "Caput de morbis somnii," ed. Sudhoff, IX, p. 361.

3 *Astronomia magna*, ed. Sudhoof, XII, p. 23; also "Lab. Med.," ed. Sudhoff, ch. II, and "De pestilitate," Tract. I（ed. Huser, I, p. 327）. 星辰理论在阿格里帕的*Occulta philosophia*中已有征兆，帕拉赛尔苏斯对他充满感激。

之道，也要根据魔鬼的精神来解释魔鬼。”“对这些事情一无所知的人是一头饱食终日的猪，他将不会接受教诲，也学不到经验。”自然之光是第五元素（quinta essentia），是上帝自己从四种元素中提取出来的，它就居住“在我们的心中”。[1]它是被圣灵激发起来的。[2]自然之光是对事实的一种本能的理解，是一种启示。[3]它有两个根源：一个是必死的，一个是不朽的，帕拉赛尔苏斯称之为“天使”。[4]他说道：“人也是一个天使，而且具有后者的所有性质。”他有一种自然之光，但也有一种位于自然之光之外的光，他可以据此搜寻出超自然的事物来。[5]不过，这种超自然之光与启示之光之间的关系还不明朗。在这一点上帕拉赛尔苏斯似乎持有一种独特的三分法观点。

149 一个人自己的自然经验的本真性与传统的权威针锋相对，这是帕拉赛尔苏斯思想的一个基本主题。他对医学学派的攻击就建立在这条原则基础上，而他的学生[6]则通过攻击亚里士多德哲学而把这场革命更推进了一步。它是一种态度，开辟了对自然进行科学研究的道路并且有助于把自然科学从传统权威的手里解放出来。虽然这种解放运动产生了最丰富的成

1 *Astronomia magna*, ed. Sudhoff, XII, pp. 36 and 304.

2 *Paramirum*, pp. 35f.

3 “Lab. Med.,” ed. Sudhoff, ch. VIII.

4 “De podagricis,” ed. Huser, I, p. 566.

5 “De nymphis,” prologue (ed. Sudhoff, XIV, p. 115).

6 例如，亚当·冯·鲍登斯坦因和杰拉德·多恩。

果，但它也导致了知识与信仰之间的冲突，尤其使19世纪的精神氛围受其毒害。帕拉赛尔苏斯当然对这些后来发生的反响的可能性一无所知。作为一个中世纪的基督徒，他仍然生活在一个单一的世界里，并没有感受到知识的两种起源，即神圣的起源和自然起源，就像没有感受到后来导致的冲突那样。正如他在其《智慧的哲学》中所说："因此，在这个世界上有两种知识：一种是永恒的，一种是暂时的。永恒的知识直接源自圣灵之光，但另一种知识则直接源自自然之光。"按照他的观点，后一种知识是矛盾的：既好又不好。他说，这种知识"不是来自肉体和血液，而是来自肉体和血液中的星辰。那是宝藏，是自然的尽善尽美"。人是具有两面性的，"一面是暂时的，另一面是永恒的，每一面都从上帝那里采光，暂时的一面和永恒的一面皆然，没有什么东西不是从上帝那里起源的。那么，为什么上帝之光会被视为异教的，而我也被认为和被谴责为异教徒呢"？圣父"从下往上提升"创造了人，但圣子却"从上往下降落"创造人。所以帕拉赛尔苏斯问道："如果圣父和圣子是一体的，那么，我怎么可能有幸得到这两种光呢？我会被谴责为一个盲目崇拜者：但是那个头号人物（number one）却保护了我。如果我喜爱他们两个并且把其光亮让与他们，就像上帝为每一个人下达命令一样，那么我怎么可能是一个异教徒呢？"

150 由此我们可以清楚地看到，他的态度针对的是知识的两种起源问题：这两种光都派生于上帝这个统一体。不过，他为什么把“异教”这个名称赋予他在自然之光中写作的东西呢？他是在玩弄文字游戏呢，还是说，这是一种不由自主地坦率承认，一种在世界和灵魂中的二元性的模糊预感呢？难道帕拉赛尔苏斯真的没有受到那个时代分裂精神的影响吗？难道他对权威的攻击真的仅限于盖伦、阿维森纳、拉西斯、阿纳尔都斯·德维拉诺瓦吗？

1. 魔 法

151 帕拉赛尔苏斯的怀疑态度和反叛在教会那里戛然而止，但是他也在炼金术、占星术和魔法面前把这种怀疑态度和反叛控制住，他就像在神圣的启示中那样强烈地相信这些东西，因为在他看来它们是从自然之光的权威中产生出来的。而且，当他谈到医生的神圣办公室时，他大声地说道：“我在上帝之下，上帝在我之下，在我的办公室外面时我在他之下，在他的办公室外面时他在我之下。”[1]这些话向我们说明了一种什么精神呢？难道他们没有回忆起后来安格鲁斯·西莱西乌斯说的话吗？

我就像上帝一样伟大，
而他则像我一样渺小；

1 “De caducis,” ed. Sudhoff, VIII, p. 267.

他不可能在我之上，
而我也不能使他置身于下。

152 不可否认，人类自我与上帝的密切关系在这里发出了一种可以听到的、同样也可以被认识到的不同的声音。那就是文艺复兴的精神——除了上帝之外，在人的强大、理智力量和美中给人提供了一个可见的位置。上帝和人（Deus et Homo）产生了一种新的前所未有的感觉！阿格里帕·冯·奈特夏姆，这位比帕拉赛尔苏斯年长的同时代人和神秘哲学的权威，他在其持有怀疑论和反抗性的书《论科学的不确定性和自负》[1]中宣称：

阿格里帕不宽恕任何人。
他蔑视、知道、不知道、悲叹、嘲笑、恼怒，
辱骂、抱怨所有的一切；
他本人是个哲学家、恶魔、英雄、上帝，
和所有的一切。

可以肯定地说，帕拉赛尔苏斯还没有上升到那么不幸的现代性高度。他觉得自己与上帝是一体的，与他自己是一体的。全身心地而又不懈地致力于治疗这门实践艺术，他繁忙的心灵并

1 我使用的是1584年的版本，“是作者的最终修订版”。

没有把时间浪费在抽象的问题上，他那非理性的、直觉的本性从未如此深远地追寻逻辑思考，致使它们产生了一些破坏性的洞见。

153 帕拉赛尔苏斯有个父亲，他对父亲非常爱戴和尊重，但是，正如我们已经说过的，和每一个真正的英雄一样，他有两个母亲，一个是天国的母亲，另一个是地上的母亲，即教会的母亲和自然的母亲。一个人能兼顾两个母亲吗？而且，像帕拉赛尔苏斯那样，即便他觉得自己是上帝创造出来的医生，那么，迫使上帝走进医生的办公室来听命于他，这难道没有什么令人怀疑之处吗？人们可能会很容易地反对说，帕拉赛尔苏斯没有说过诸如此类的话，即便说过也不过是顺口说说而已，不要那么严肃地看待这件事。如果把这个人的话说给帕拉赛尔苏斯听，帕拉赛尔苏斯自己很可能会感到惊奇和气愤。从他的笔下写出的话语并不是源自深刻的反思，而是源自他生活的那个时代的精神。谁也不可能宣称自己不受时代精神的影响，或者对此完全了解。无论我们有什么样的意识信念，我们全都概莫能外，因为我们就是大千世界中的物质微粒，遭受着在大千世界中到处游荡的精神的损耗和破坏。我们的自由只能扩展到我们的意识所能达到的地方。若超出这个界限，我们就要屈服于环境的无意识的影响。虽然从逻辑的意义上说我们可能并不清楚我们的话语和行动的最深刻意义，但这些意义却存在而且会产生心理影响。无论我们是否知晓，在我们每个人身上都有大量的紧张，这种紧张是为上帝**服务**的人和**命令**上帝服从的人之间的紧张。

154 但是这种紧张越大，潜能也就越大。巨大的能量源自一个同样很大的对立物的紧张。帕拉赛尔苏斯把他近乎魔鬼般的能量归因于在他内心深处聚集着的那些最强有力的对立物，这种能量并不是上帝的纯粹礼物，而与他那狂暴的、好争吵的脾气密切关联，与他的急躁、不耐心、不满足和傲慢自大密切关联。把帕拉赛尔苏斯作为浮士德的原型不是没有道理的，雅各布·伯克哈特曾称浮士德为每一个德国人灵魂中的"一个伟大的原始意象"。这条思路可以从浮士德那里直接指向尼采，如果有人能称得上是浮士德式的人物的话，尼采就应该算一个。仍然保持帕拉赛尔苏斯和安格鲁斯·西莱西乌斯平衡的东西——"我在上帝之下和上帝在我之下"——在20世纪丢失了，天平在自我的重量之下越来越向下沉降，而自我则幻想越来越像神一样。帕拉赛尔苏斯和安格鲁斯·西莱西乌斯一起分享了他的内心虔诚和感触，但没有分享他与上帝关系的那种危险的单纯。不过，除了这种精神性之外，一种对抗的阴暗的精神却让它到了使人觉得有点害怕的程度：帕拉赛尔苏斯曾经亲身实践过或推荐给他人各种形式的占卜和魔法。无论一个人认为自己受到多么大的启示，涉猎这些艺术都不会没有心理危险。魔法过去一直是而且现在仍然是人们迷恋的一个来源。诚然，在帕拉赛尔苏斯时代，世界上充满了奇迹：人人都意识到自然的黑暗势力的直接存在。天文学和占星术尚未分离开。开普勒仍然以占星术来算命。没有化学而只有炼金术。用来治愈伤口和疾病的护身符、辟邪物、咒语被当作理所当然的东西。一个像帕拉赛尔苏斯那样如此渴求知识的人不可避免地会对所有这些事情进行彻查，结果却发现，那些奇怪而明显的影响源自对它们的使用。但是就我所知，他从未就魔法对行家里手的精神危险发出过清晰的警告。[1]他甚至嘲笑医生，因为他们根本不懂魔法。不过，他从未提到，他们是出于某种相当情有可原的恐惧才远离魔法的。再者，我们从苏黎世的康拉德·格斯纳的证据中获悉，正是帕拉赛尔苏斯攻击的那些医生们以宗教为借口避开魔法，并且指责他和他的学生使用巫术。在写给克拉托·冯·克拉富泰姆的信中，格斯纳在谈到帕拉赛尔苏斯的学生亚当·冯·鲍登斯坦因[2]的时候说："我知道，这种人大多数都是阿里乌教派的人，他们否认基督的神圣性。……曾经是泰奥弗拉斯托斯[3]的学生及其私人助手[至交]住在巴塞尔的奥珀林，曾报告过一些奇怪的故事，这些故事是关于泰奥弗拉斯托斯与魔鬼交往的。他们掌握了那些毫无意

1　然而，他确实曾经说过，他已经发现了其他人寻求"对他们自己造成伤害"的那块石头。不过很多其他炼金术士也说过同样的话。

2　[斐迪南一世的私人医生。Cf. Jung, "Paracelsus the Physician," pars. 21f. ——英编注]

3　泰奥弗拉斯托斯（Theophrastus，约公元前371—前287），古希腊哲学家，被誉为植物学之父。——中译注

义的占星术、泥土占卜、招亡魂问卜的巫术和其他被禁止的艺术。我猜想他们就是最后的德鲁伊特[1]，那些古代的克尔特人曾在地下的某些地方被魔鬼教授了好几年。当然，就是在今天这样的事情在西班牙的萨拉曼卡也同样发生着。从这个学派中也产生了一些漫游各国的学者，人们通常称之为流浪学者（wandering scholars）。这些人当中最著名的就是不久前死去的浮士德。”在同一封信的其他地方格斯纳写道：“泰奥弗拉斯托斯确实是一个不敬神的人和魔法师［男巫］，而且曾经和魔鬼交往过。”[2]

155 虽然这种判断部分地基于奥珀林那个并不可靠的证据，而且基本上是不公平的或者实际上是错误的证据，但它表明，根据当代一些著名医生的观点，帕拉赛尔苏斯竟然专注于魔法，这是多么不合时宜。我们已经说过，他本人并没有这样的顾虑。他对待魔法就像对待其他值得认识的事物一样，把魔法纳入他的研究范围，想要为了病人的利益而从医学上利用它，没有受到魔法可能会对他产生的影响，也不介意从宗教立场来看这意味着什么。在他看来，魔法和自然的智慧是有神秘魔法的天神，他们在神授的秩序之内有其位置，因此对他来说，在半个世界已经陷入其中的这个鸿沟上架设桥梁并非难事。[3]他并没

1 德鲁伊特，古时克尔特人中的巫师、占卜者等。——中译注

2 *Epistolarum medicinalium Conradi Gessneri*, fol. 1V.

3 “我还没有奋斗到自由的天地： （转下页）

有体验到在他身上有什么冲突，而是在过去的一些伟大的医学权威那里，以及在许多学界的医生们那里发现了其最主要的外部敌人，他就像曾经对待瑞士的外国雇佣兵那样对他们进行猛烈攻击。他因对手的抵抗而非常愤怒，而且他还到处树敌。他的作品就像他的生活和流浪一样混乱。他的写作风格相当地浮夸矫饰。他似乎总是胡搅蛮缠地对别人讲话——别人很不情愿地听着，或者即便是最好的论点也因其厚颜无耻而被当成耳旁风。他对某一主题的讲解很少有系统性可言，甚至前后很不一致。这种讲解经常被用微妙或粗俗的语调对深受道德聋哑折磨的不可见的听众的告诫所打断。帕拉赛尔苏斯有点太自信地认为，他的敌人就在他的面前，但他没有注意到，这个敌人就在他自己心中。他由两个人组成，这两个人却从未真正地相互面对。他在哪里都不会表现出丝毫的怀疑，他可能与他自己并非一体。他觉得自己是未分割的一体，所有那些使他经常受挫折的事情当然就是他的外部敌人。他不得不去征服他们并且向他们证明，他就是“君主”(Monarcha)，是最高统治者。

（接上页）唯愿我从此同魔术断了来往，
把所有咒语统统忘掉。
自然啊，快让我站在你面前只是一个男子，
才不枉辛辛苦苦做人一场。”

（*Faust*：*Part Two*, trans. Wayne, pp. 263f.）浮士德那姗姗来迟的顿悟却从未被帕拉赛尔苏斯所理解。

这个神秘的连他自己都不知道的事情是，他并不是什么君主和最高统治者。他根本就没有意识到在他内心深处的冲突，即他从未注意到，在他自己的房子里还有第二个统治者与他作对，在他想要得到的所有事情上都与他针锋相对。但是，每一种无意识的冲突都是像这样表现出来的：一个人阻挡并且暗中破坏他自己。帕拉赛尔苏斯并没有发现，教会的真理和基督教的立场是绝对不可能与所有炼金术中内隐的"上帝在我之下"这一思想友好相处的。当一个人无意识地同他自己对抗时，其结果就是焦躁不安、易怒，以及采取任何手段使其对手倒下的无能为力的渴望。通常会出现某些症状，其中一种就是对语言的独特使用：一个人想要强制性地讲话，为的是压制其对手，这样他就可以使用一种充满了独特的"夸夸其谈的"风格的新词，这种新词可以被描述为"强力话语"(power-words)。[1]这种症状不仅在精神病诊所里可以观察到，而且在某些现代哲学家身上也能观察到。最重要的是，每当人们不得不坚持任何不值得相信的事情，而同时又在内心予以抵抗时：语言就会膨胀，变得夸张过火，说出一些怪诞荒唐的话语，只有通过那些毫无必要的错综复杂的事物才能分辨出来。话语中充斥着用老实的手段所无法完成的任务。它是古老的文字魔法，有时可

1 这种表达方式实际上曾被一个神经错乱的病人使用过，用来描述他自己胡乱生造的词。[See "The Psychology of Dementia Praecox," pars. 155, 208.——英编注]

能会退化成一种常规的疾病。帕拉赛尔苏斯深受这种疾病折磨，以至于就连他最亲密的学生都不得不汇编“专有名称”（词汇表）并且发表一些评论。粗心大意的读者仍继续被这些新词引入歧途，最初感到非常困惑，因为就像经常发生的那样，即便是当这个词是一个hapax legomenon（只出现过一次的词）的时候，帕拉赛尔苏斯也绝不会费心去做任何解释。只有通过经常地对许多段话进行比较，人们才能大概了解其意义。但是，也有一些使之得到缓解的情境：即便是最普通的事情，医生们也总是喜欢使用魔法所无法理解的行话。它是医学人格面具的一部分。但是，奇怪的是以用德语教学和写作而自豪的帕拉赛尔苏斯，竟然是从拉丁文、希腊文、意大利文、希伯来文，甚至可能还有阿拉伯文里来编造最难以理解的新词。

156 魔法是隐伏的，那里隐藏着危险。一度在帕拉赛尔苏斯讨论巫术的时候，他实际上是在使用魔法的巫术语言，而一点都没有做出解释。例如，他不说“Swirnfaden”（麻线），而是说“Swindafnerz”，他不说“Nadel”（缝衣针），而说“Dallen”，他用“Chely”来代替“Leiche”（尸体），用“Daphne”来代替“Faden”（纱线），等等。[1]在魔法的仪式中，把字母倒转过来书写，旨在服务于邪恶的目的，旨在把神圣的秩序转化成地狱般

1 他把这个程序也称为一个“异教徒”。“De pestilitate,” Tract. IV. ch. II（ed. Huser, I, p. 353）.

的紊乱。显然，帕拉赛尔苏斯是多么漫不经心而又未加思考地接受了这些用魔法扭曲了的词语，而只是让读者尽其所能地去理解它们。这表明，帕拉赛尔苏斯必定已经受到最低层次的民间信仰和流行迷信的彻底浸染了，人们想要寻找他对这些低劣事物表现出来的厌恶，那只是白费力气，尽管在他这种情况下，没有表现出厌恶当然不应归咎于他没有感情，而应归咎于某种自然的无知和幼稚。因此他自己曾建议，如果有人生病，可以对蜡制的人体模型使用魔法，[1]他似乎还设计和使用过护身符和蜡封。[2]他相信，医生应该对魔法艺术有某种理解，如果这样做对病人有利，就不应该回避魔法。但是这种民间的魔法并不是基督教的，它显然是异教的——一言以蔽之，是一个“异教徒”。

2. 炼金术

157　除了他与民间迷信有多种多样的联系之外，还有另一个更值得尊重的“异教”传说的根源曾对帕拉赛尔苏斯产生过很大影响。这就是他所拥有的炼金术的知识和他对炼金术的强烈关注，他不仅把炼金术用在药物学和制药学上，而且用作“哲学的”目的。从最远古的时代起，炼金术就包含着，

1　例如，St. Vitus的暴力行为就是“把誓言插入蜡制的人体模型而得以治愈的”。“De morbis amentium,” Tract. II, ch. III (ed. Huser, I, p. 501); also *Paramirum*, ch.V.

2　“Archidoxis magicae,” ed. Huser, II, p. 546.

或者实际上就是一种神秘的教义。随着在君士坦丁大帝统治下基督教的胜利，旧有的异教观念并没有消失，而是在哲学炼金术这个奇怪的神秘术语掩护下继续存在着。其主要人物是赫尔墨斯或墨丘利，他具有水银和世界灵魂的双重意义，与其相伴随的人物是太阳神(=金)和月亮神(=银)。炼金术的操作主要在于把原初物质，即所谓的混沌分离成为积极原则(灵魂)和消极原则(身体)，然后再以拟人化的形式在化合或“化学婚姻”中重新结合起来。换句话说，化合被用寓言的方式叙述为神圣婚姻[1]，是以仪式的形式表现金和银的共存。从这种结合中产生出智慧之子或哲人之子，即转换的墨丘利，作为其全面完善的象征，他被认为是雌雄同体的［参见图B2］。

158 炼金工作尽管有一些化学方面的因素，但通常被理解为是在经历了神圣工作之后举行的一种仪式。由于这个原因，梅尔基奥尔·西必能西斯在16世纪初仍然能够以弥撒的形式来表现它，[2]因为早在此前很久，哲人之子或哲人石就已经被视为耶稣基督的象征。[3]在帕拉赛尔苏斯那里，许多事情就必须

---

1 神圣婚姻，指古希腊神话传说中神与女神结婚的性仪式，在炼金术中是一种象征的表现形式。——中译注

2 *Theatrum chemicum*, III (1659), pp. 758ff. Cf. *Psychology and Alchemy*, pars. 480ff.; *Aurora Consurgens* (ed. von Franz), p. 43:“因为［科学］是上帝的礼物和圣餐，是一件神圣的事情。”

3 Cf. *Psychology and Alchemy*, Part III, ch. 5, “The Lapis-Christ Parallel.”

根据这个传统来理解，否则它们仍然是无法理解的。实际上，我们在其中发现其全部哲学的起源。到目前为止它并不是一种犹太神秘哲学教义，从其作品中显而易见，他有非常丰富的炼金术文献的知识。[1]和所有中世纪的炼金术士一样，他似乎并没有意识到炼金术的真实本质，虽然在16世纪末巴塞尔的印刷商康拉德·沃尔德克奇拒绝印刷出版《曙光乍现》(一本被错误地认为是圣·托马斯·阿奎那的炼金术专著)的第一部分，因为这本书具有"亵渎神灵的性质"[2]，这种拒绝表明，即便对于一个外行来说，炼金术可疑的性质也是昭然若揭的。在我看来似乎可以肯定，帕拉赛尔苏斯对这些事情一无所知，而只关注病人的健康，他使用炼金术主要是为了其实用价值，而没有考虑其模棱两可的背景。在意识层面上，炼金术对他来说就意味着是一种药物学(materia medica)知识，以及一种为制药做准备的炼金的过程，尤其是那些广受欢迎的秘方，即神秘的治疗方法。他也相信，一个人能够制造黄金，也能够制成霍蒙库鲁斯。[3]他的这种观点占据如此重要的支配地位，以至于人们很可能忘记，炼金术对他来说除此之外还意味着更多其他的事情。我们是从《奇迹医粮》中一句简短的话语中知道这件事

1　他提到赫尔墨斯、阿基莱斯、摩利努斯、卢利、阿纳尔德斯、阿尔伯图斯·马格纳斯、赫利亚·阿提斯塔、鲁珀西撒以及其他一些人。

2　*Artis auriferae*(1593), I, p. 185.

3　"De natura rerum," ed. Sudhoff, XI, p. 313.

的,在这本书中他说道,作为医生,他本人是在这门艺术的影响下“成熟起来”的。[1]这话听起来仿佛是说,炼金术的成熟应当与医生的成熟携手并进。如果我们对这个假设没有理解错的话,我们就必然进一步得出结论,帕拉赛尔苏斯不仅熟悉炼金术的神秘教义,而且坚信其正确性。如果没有详细的调查,当然是不可能证明这一假设的,因为在其全部作品中表达的对炼金术的尊重,可能最终指的只不过就是其化学方面。他的这种特殊的偏爱使他成为现代化学医学的先驱者和开拓者。即便他相信金属变化、相信哲人石(这是他和许多其他人共同的信念),也不能证明,这与产金术(ars aurifera)的神秘背景有某种更深刻的密切联系。不过,这种密切联系也是非常有可能的,因为在炼金术的医生当中曾发现过他最亲密的追随者。[2]

3. 神秘教义

159 我们在探究过程中将不得不更仔细地审阅炼金术的神秘教义,这对我们理解帕拉赛尔苏斯的宗教精神非常重要。我必须提前请读者原谅我让他的注意力和耐心经受这样严肃的考

---

1 *Das Buch paragranum*, ed. Strunz, p. 13.

2 他在炼金术方法的任何基本改变的影响并不像在深刻的哲学阐述中那样强烈地表现出来。这些哲学炼金术士们当中最重要的就是美因河畔法兰克福的杰拉德·多恩医生。他对帕拉赛尔苏斯那本罕见的拉丁文专著《长生不老》写过一篇详细的评论。See infra, pars. 213ff.

验。这个主题深奥难解，而且隐藏在晦涩模糊之中，但它构成了帕拉赛尔苏斯精神的一个基本方面并且对歌德产生过如此深刻的影响，以至于他在莱比锡生活时获得的印象甚至在他老年时仍继续吸引着他：确实，《浮士德》的原型就是由此形成的。

160 当人们阅读帕拉赛尔苏斯的著作时，似乎表现出神秘暗示的主要是一些技术新词的使用。但是，当人们试图确定其词源及意义时，往往会以走进死胡同而告终。例如，一个人可能会猜想，“Iliaster”或“Yliastrum”在词源学上是由ὕλη（物质）和ἀστήρ（星辰）组成的，它的意思和古典炼金术的生命精神（spiritus vitae）大致相同，或者“自然的分离不统一状态”（Cagastrum）与κακὸς（坏）和ἀστήρ相联系，或者“花朵”（Anthos）和“花药”（Anthera）就是对炼金术升华（flores）的美化。甚至他的哲学概念，例如关于星辰的教义只会导致我们回到已知的炼金术和占星术的传统，由此可见，他关于星体（corpus astrale）的概念并不是一个新的发现。我们已在古老的经典作品《论亚里士多德》中发现了这个观点，文中说到，“人心中的星球”比天体有更强大的影响；[1]当帕拉赛尔苏斯

1 “Nam Planetae Sphaerae et elementa in homine per revolutionem sui Zodiaci verius et virtuosius operantur, quam aliena corpora seu signa superiora corporalia.”（因为行星、星球和人身上的元素通过其黄道带的革命而比外部实体或更高级的身体符号发挥更真实和更强有力的作用。）*Theatr. chem.*，V（1660），p. 790.

说，这种药是在星辰中发现的，我们在同一篇文章中看到这样一句话，“在以上帝的形象制造出来的人身上，可以看到原因和医药”。

161 但是，帕拉赛尔苏斯教义的另一个要点，即他对自然之光的相信，使我们推测，有某些联系可以阐明其作为医生的宗教信仰（religio medica）的含糊意义。隐藏在自然之中特别是人类本性之中的光同样也属于古代炼金术思想之一。所以《论亚里士多德》说道：“因此你瞧，汝身上之光并非黑暗矣。”自然之光在炼金术中确实非常重要。根据帕拉赛尔苏斯的观点，正如它启发了人去发挥自然的作用，使人能够“通过cagastric魔法”（per magiam cagastricam）[1]来理解自然的事物一样，炼金术的目的就是以哲人之子的形式产生出这种光。一个被认为是赫尔墨斯[2]的同样是古代阿拉伯起源的著作《论黄金》说道（墨丘利说）：“我的光优于所有其他的光，我的善比所有其他的善都高级。我把光产生出来，但是黑暗也具有我的性质。没有什么比我自己和我的儿子的结合更好或更值得崇拜的东西能够在这个世界上得到实现的了。”[3]在《贝利尼格言》（贝利尼是假冒的提亚纳的阿波罗尼乌斯）中，墨丘利说：“我启蒙了我所有

1 “Liber Azoth,” ed. Huser, II, p. 522. Cagastrum是一种更低劣或“坏”形式的Yliastrum。正是这种开启了人们理解力的“Cagastric”魔术才是值得注意的。

2 赫尔墨斯是一个经常被帕拉斯塞尔苏斯引用的权威。

3 引自*De alchimia*（1550）p. 133的*Rosarium philosophorum*, vol. II中的版本。在*Bibliotheca chemica curiosa*, II, pp. 87ff中重印。

的一切，我在我父亲萨杜恩的旅途中使光表现出来。”[1]“我使世界的时日永恒，我用我的光照亮所有的光。”[2]另一位作者说到了“化学婚姻”，哲人之子就是从这种婚姻中产生的：“他们拥抱了，新的光便从中产生出来，它完全不同于整个世界上所有其他的光。”[3]

162 和其他炼金术士一样，对帕拉赛尔苏斯来说，这种关于光的观点与智慧（Sapientia）和知识（Scientia）的概念相一致。我们完全可以把这种光称为哲学炼金术的核心秘密。它几乎总是被拟人化为儿子，或者至少作为其杰出的属性之一而被提及。它是一个纯洁而简单的魔鬼。这些文本指的往往是对一种熟悉的精神的需要，这种精神会帮助这个行家里手从事其研究。魔法纸莎草书甚至毫不犹豫地利用了主神的服务。[4]这个儿子一直处在行家里手的权利范围之内。所以，阿拉伯国王哈利的论著说道：“而那个儿子……将要在这一世以及下一世在

1 这个光起源于萨杜恩的黑暗。

2 引自*Art. aurif.*, II, pp. 379 and 381中的*Rosarium*版本。*Rosarium*的原始版本（1550）基于一个可追溯到大约15世纪中叶的文本。

3 Mylius, *Philosophia reformata*, p. 244.（Mylius是最伟大的炼金术的编撰者，从无数的古代文本中做了许多摘录，大多数都没有命名其来源。）有意义的是，中国最古老的炼丹术士、大约生于公元140年的魏伯阳就很熟悉这种观点。他说：“大凡能恰当培育其内在本性者，将见到黄芽如期闪烁。”（Lu-Ch'iang Wu and T. L. Davis, "An Ancient Chinese Treatise on Alchemy," p. 262.）

4 Preisendanz, *Papyri Graecae Magicae*, I, p. 137, Pap.IV, line 2081，与paredros的获得有关。

你的这座房子里为你服务。”[1]我已经说过，早在帕拉赛尔苏斯之前，这个儿子就相当于耶稣基督。这种相似性在16世纪深受帕拉赛尔苏斯影响的德国炼金术士中非常清晰地表现出来。例如，海因里希·坤拉斯说：“这个[哲人之子]宏观宇宙之子就是上帝和造物主……[耶稣基督]是上帝的儿子，即上帝和人；一个是在宏观世界的子宫中怀胎的，而另一个则是在微观世界的子宫里怀胎的，而且两个子宫都是处女的子宫。……我这样说并没有亵渎神明的意思：在自然之书里或者在自然之镜里，哲人石，即宏观世界的保护者，就是被钉死在十字架上的耶稣基督的象征，就是整个人类物种的救世主，也就是微观世界的救世主。从这块石头上你将会以自然的方式认识耶稣基督，从耶稣基督身上你将会认识这块石头。”[2]

163 在我看来似乎可以确定，帕拉赛尔苏斯和坤拉斯一样没有意识到这些教义的全部内涵，后者也相信他所说的“并没有亵渎神明之意”。但是，尽管有这种无意识，但他们却都了解哲

1 引自 *Rosarium*（*Art. aurif.*, II, p. 248）。Cf. Preisendanz, II, p. 45—46, line 48：“我认识你，赫尔墨斯，而你也认识我。我是你，你也是我，你应该在所有的事情上为我服务。”

2 *Amphitheatrum sapientiae aeternae*, p. 197：“Hic, filius mundi maioris, Deus et creatura...ille（scl. Christus）filius Dei, h. e. Deus et homo：Unus in utero mundi maioris; alter in utero mundi manoris, uterque Virgineo, conceptus....Absque blasphemia dico：Christi crucifixi, salvatoris totius generis humani, i. e. mundi manoris, in Naturae libro, et ceu Speculo, typus est Lapis Philosophorum servator mundi maioris. Ex lapide Christum naturaliter cognoscito et ex Christo lapidem.”

学炼金术的本质，[1]凡是实践过炼金术的人都曾在这些教义的气氛中思考、生活和活动过，一个人越是天真地和不加批评地臣服于它们，或许这些教义就越会产生所有隐伏的影响。"人的自然之光"或"人身上的星星"听起来是相当无害的，因此这些作者都没有注意到潜伏在其内部的冲突的可能性。不过，那道光或哲人之子被公开地命名为所有的光当中最伟大和取得最终胜利的光，并且与耶稣基督一起被视为世界的救世主和保护者！鉴于在基督身上上帝本人成为人，哲人之子是通过人类艺术从物质中抽取出来的，并且借助于该作品，使之成为一个新的光明使者。在前一种情况下，人获得拯救这个奇迹是通过上帝完成的；在后一种情况下，宇宙获得拯救或宇宙的变形（transfiguration）则是通过人的心灵而完成的——正如作者们不失时机地补充的，这是"对上帝的服从"（Deo concedente）。在某种情况下人忏悔说："我在上帝之下。"而在另一种情况下他却宣称："上帝在我之下。"人占据了造物主的位置。中世纪的炼金术为人类曾试图对神圣世界秩序的最伟大干预铺平了道路：当科学精神这个恶魔迫使自然力量在史无前例的程度上为人类服务的时候，炼金术便成为科学时代的肇始。歌德正是从炼金术的精神中才写出"超人"浮士德这个人物的，而这个超人则使尼采的查拉图斯特拉宣称上帝死了，并且宣布

1 米利乌斯（*Phil. ref.*，p. 97）在谈到火之子时说："这就是我们哲学的全部。"

意志将使这个超人诞生，“从你的七个魔鬼中为你自己创造出一个神”。[1]在这里我们发现了使当今世界上发挥作用的力量得以生发出来的真实根源和深藏在心灵深处的准备过程。科学和技术确实征服了世界，但是心灵是否有任何收获则另当别论。

164 帕拉赛尔苏斯对炼金术的专注影响了他宗教精神的发展。在从事炼金术研究的志向背后的内在驱动力是这样一种假定，一方面不应该低估其超凡神通的壮观，另一方面也不应低估其精神的危险。[2]与帕拉赛尔苏斯对基督教的真正谦卑形成奇怪对照的许多专横的骄傲和傲慢的自尊就源自此。在阿格里帕·冯·奈特夏姆的“他自己就是魔鬼、英雄和上帝”这句话中像火山一样爆发出来的东西，和帕拉赛尔苏斯一起潜藏在基督教的意识阈限之下，只有在夸张的要求和愤怒的骄横中才间接地表现出来，这使他无论走到哪里都会成为公敌。我们凭经验知道，这种症状应归咎于未受接纳的自卑感，就是说，应归咎于

---

1 *Thus Spake Zarathustra*（trans. Kaufmann），p. 176：“孤独者，你走通向你自己的路吧！你的道路从你自己这儿经过，也经过你的七个魔鬼。…… 你必须在你的火焰里烧毁自己；如果你没有变成灰，你，你怎么可能想要得到新生呢！孤独者，你走的是创造者的道路，你要从你的七个魔鬼中为你自己创造一个神灵。” Cf. “Consilium coniugii,” *Ars chemica*, p. 237：“我们的石头用自己的飞镖杀死它自己”；焚化（incineratio）和不死鸟（phoenix）在炼金术士中的作用。这个魔鬼就是世界灵魂的一种讥讽的形式。

2 这些内容是从最早期的时代起就已经被炼金术士们所熟知了。例如，Olympiodorus说，在铅（萨杜恩）中有一个不知羞耻的魔鬼（精灵墨丘利），他使人疯狂。（Berthelot, *Alchimistes grecs*, II, iv, 43.）

一个人通常没有意识到的真正弱点。在我们每个人心中都有一个无情的判官，即便我们没有意识到做过什么错事，它也会使我们产生罪恶感。虽然我们并不知道它是什么，但又似曾在某处相识过。帕拉赛尔苏斯想要不惜一切代价地帮助病人，这毫无疑问是非常纯洁和真诚的。但是，他所使用的魔法手段，尤其是炼金术的神秘内容，却与基督教的精神正好相反。无论帕拉赛尔苏斯是否意识到这一点，事情一直就是这样的。从主观上讲他并非没有责任，但那个无情的判官迫使他产生了自卑感，这给他的生活蒙上了阴影。

4. 原始人

165 这个至关重要的观点，即哲学家们的那个不可思议的儿子的神秘教义，受到了康拉德·格斯纳不友好但非常敏锐的批评。关于帕拉赛尔苏斯的一名学生亚历山大·阿·萨奇腾[1]的作品，格斯纳写信给克拉托："但是你瞧，他向我们揭示的这个上帝的儿子究竟是谁呢，其实只不过就是世界和自然的精神而已，也是居住在我们身体中的同一人（奇怪的是，他并没有加上牛和驴的精神！）。这种精神可以通过泰奥弗拉斯托斯学派的技术程序而从物质中分离出来或者从元素体中分离出来。

1 生于16世纪初的但泽，在巴塞尔学习。

如果有人相信他说的是真话，他就会说，他只不过是说出了哲学家的一条原则而已，而不是他自己的意见。不过，他之所以重述此事，是为了表示他同意这种观点。而且我知道泰奥弗拉斯托斯学派的其他人也以他们的作品对这些事情进行诋毁，人们可以很容易地从中得出结论认为，他们否认耶稣基督的神圣性。我完全相信，泰奥弗拉斯托斯是一个阿里乌教派的信徒（Arian）。他们力图说服我们：耶稣基督是一个相当平凡的人，他身上的灵性并不比我们身上的多。”[1]

166 格斯纳对泰奥弗拉斯托斯学派以及这位大师本人的指责可适用于普遍意义上对炼金术的指责。把世界灵魂从物质中抽取出来并不是帕拉赛尔苏斯学派的炼金术所独有的。但是指责他是阿里乌教派的信徒是不公正的。这显然是受那个众所周知的把哲人之子和耶稣基督进行的类比所驱使，然而就我所知，这种观点在帕拉赛尔苏斯作品中的任何地方都没有出现过。另一方面，在许泽写给帕拉赛尔苏斯的一篇被称为《炼金术的启示》（“Apokalypsis Hermetics”）的论文中，有一种完全是炼金术对信仰的忏悔，这给格斯纳的指责提供了某些依据。帕拉赛尔苏斯在那里说到了“第五本质的精神”（spirit of the fifth essence）：“这就是真理的精神，如果没有圣灵的灵感，没

1 *Epistolarum medicinalium Conradi Gessneri*, Lib. I, fol. 2r.

有那些认识他的人的教诲，世界就不可能理解他。”[1]“他是世界的灵魂”，使万物运动而又使万物得到保护。在其原初的世俗形式中（就是说，在其原始的阴冷的黑暗中）他是不干净的，但是，他在上升过程中通过他的水、气和火的形式而使他自己逐渐得到净化。最后，在第五本质中，他以“受到净化的身体”的形式出现。[2]“这种精神是自从事物初始以来就一直隐藏着的秘密。”

167 在这里，帕拉赛尔苏斯是以真正的炼金术士的身份讲话的。和他的学生一样，他把犹太教神秘哲学引入其炼金术思考的领域，这种神秘哲学是通过皮科·德拉·米兰德拉[3]和阿格里帕而被全世界所了解的。“所有那些受你的宗教引领来预言未来事件和向人们解释过去和现在的人们，那些放眼国外和阅读隐藏的文字和尘封的书籍的人们，那些在地下和墙里寻找被埋藏之物的人们，那些学习伟大的智慧和艺术的人们，一定要牢记，如果你们想要使所有这一切都得到应用，就必须信奉贾巴尔教并且行走在它的光影中，因为贾巴尔有很牢固的基础。询问，你就会得到承认，敲击，你的声音就会被听见，门就会为你打开。从这种承认和开发中将会流出你想要得到的东西。你

1 这是在炼金术的文献中经常出现的一个惯用语句。

2 其他作者称之为受到赞美崇拜的身体（corpus glorificationis）。

3 皮科·德拉·米兰德拉（Pico della Mirandola，1463—1494），意大利文艺复兴时期的哲学家。——中译注

将会窥见地球最深处的东西，窥见地狱的深处，窥见第三天国。你就会获得比所罗门更多的智慧，和摩西及艾伦相比，你就会与上帝有更多的沟通交流。”[1]

168 正如犹太教神秘哲学的智慧与炼金术的智慧相一致一样，亚当·卡德蒙[2]这个人物与哲学之子相等同。最初，这个人物可能是人类之光，被囚禁在亚当体内的那个“光明的人”(man of light)，我们在帕诺波利斯的佐西莫斯（公元3世纪）那里遇到过他。[3]但是，光明的人是耶稣诞生之前的原始人教义的一种反响。在马西里奥·斐西诺[4]和皮科·德拉·米兰德拉的影响下，这些观点以及其他新柏拉图主义的观点在15世纪已经广为流传，几乎每一个受过教育的人都知晓。在炼金术中，他们与经典传统的残余观念站在一起。此外还有犹太教神秘哲学的观点，这些观点在哲学上曾受到过皮科的

1 “De religione perpetua,” ed. Sudhoff, Part 2, I, pp. 100f. 一种同样傲慢的观点是在“De podagricis”（ed. Huser, I, p. 565）中表达出来的：“于是人就从天国获得了天使的性质并且是神圣的。凡知道天使者皆知道星星，凡知道星星和占星者皆知道整个世界，并且知道怎样把人与天使结合在一起。”[这段话以及上述文本中的那段话是由R. T. 卢埃林博士翻译的。——英译注]

2 在犹太教神秘哲学的宗教作品中，亚当·卡德蒙（Adam Kadmon）这个名字指的是原始人。——中译注

3 在佐西莫斯那里“光明的人”（φώς=人，φως=光明）只是被称为φως。他是一个穿着亚当身体的精神的人。耶稣基督让亚当走向前来，接受他到伊甸园里来（Berthelot, *Alch. grecs*, III, xlix, 5—10）。Cf. *Psychology and Alchemy*, par. 456.

4 马西里奥·斐西诺（1433—1499），意大利文艺复兴时期最有影响的人文主义哲学家之一。——中译注

评价。[1]他和阿格里帕[2]很有可能就是帕拉赛尔苏斯对犹太教神秘哲学的那种一知半解的知识的来源。对帕拉赛尔苏斯来说，原始人就等同于"有魂魄的"(astral)人："真正的人就是我们内部的星辰。"[3]"星辰想要驱使人获得大智慧。"[4]在他的《奇迹医粮》这本书里他说道："因为天国是人，人就是天国，而且所有的人都是一个天国，天国只是一个人。"[5]人处在一个儿子与内在天国之间的关系之中，[6]这个内在的天国就是上帝，帕拉赛尔苏斯称之为最大化的人(homo maximus)[7]或阿德奇[8]，是由亚当派生而来的一个神秘的名字。在其他地方他被称为阿切乌斯："因此他和人相似，是由四种元素组成的，是一个阿切乌斯，他由四个部分组成；所以说，他就是那个伟大的宇宙。"[9]毫无疑问，这就是那个原始人，因为帕拉赛尔苏斯说："在整个月中日中只有一个人，同样的人是从原初

---

1 "De arte cabalistica," *Opera omnia*, I.

2 *Occulta philosophia*.

3 *Astronomia magna*, ed. Sudhoff, XII, p. 55.

4 Ibid., p. 62.

5 Ed. Strunz, p. 56; also "Von der Astronomey," ed. Huser, I, p. 215.

6 Strunz, p. 55.

7 Pico della Mirandola也在*Haptaplus*, I, ch. VII(*Opera omnia*, I, p. 59)中使用过这个术语。

8 *De vita longa*(ed. Dorn), pp. 169ff. 阿德奇是一个"内在的人"，很有可能和阿尼亚德斯及Edochinum相等同(see infra)。关于最大化的人参见*Paragranum*, pp. 45, 59。多恩把阿德奇称为"看不见的最大化的人"。

9 "Von den dreyen ersten essentiis," ch. IX, ed. Huser, I, p. 325. 原始人由四个部分组成这个观点在诺斯替教中也有发现(芭碧罗="上帝是四")。

物质[1]中提取的，就是原人（Protoplast）。”月中日是“所有创造物必经之门”，是把人从中创造出来的“小球（globule）或物质”。[2]这个原始人的其他神秘名字还有爱德克特拉姆[3]和普罗托索玛。[4]仅名字的数量就表明帕拉赛尔苏斯对这个观念是多么关注。关于原人（Anthropos）或原始人的古代教义宣称，上帝或创造世界的原则是以“第一个被创造出来的人”（protoplastus）的形式表现出来的，通常像宇宙那么大。在印度他就是生主或普鲁莎，他也“像拇指一样大”，居住在每一个人的心中，就像帕拉赛尔苏斯的伊利亚斯特。在波斯他就是迦约马特（gayó-maretan，即“终有一死的生命”），是一位混沌初开的炫目洁白的青年，也被称为炼金术的墨丘利。在《光辉之书》（*Zohar*）中他就是大天使梅塔特隆，是和光一道被创造出来的。他就是我们在丹尼尔、以斯拉和以诺的幻象中，以及在菲洛·朱达乌斯的幻象中遇到的那个天上的人

1　原初物质（Iliastrum或伊利亚斯特）很像是生命精神或炼金术士们的精灵墨丘利。这就是水银中的那种神秘介质，它是以永恒之水的形式被抽取出来的，以高度自相矛盾的方式，旨在把那种神秘介质阿尼玛（灵魂）从身体（或物质）中分离出来。这种矛盾件归咎于如下事实：墨丘利是一个自我转换的存在，以龙作为代表，从尾部把自己吞食（咬尾蛇=吃尾巴者），或者以两条相互咬噬的龙为代表。伊利亚斯特的功能也同样是自相矛盾的：它本身就是一个被创造出来的东西，但它把所有的创造物从观念世界的潜在存在状态产生出来（可能就是帕拉赛尔苏斯的新柏拉图主义的“月中日”的意思），带入真实的存在之中。[see also infra, pars. 170ff.]

2　“De tartaro：Fragmenta anatomiae，” ed. Sudhoff，III，p. 462.

3　Ibid.，p. 465：“他是第一个人、第一棵树，是所有被创造出来的万物中的第一个。”

4　=“第一个托马斯”，即第一个无宗教信仰者和怀疑者。

(celestial man)。他是诺斯替教中的主要人物之一，在诺斯替教中他通常都与创造和赎救的问题联系着。[1]这就是帕拉赛尔苏斯所面对的境况。

1 Bousset, *Hauptprobleme der Gnosis*, pp. 16ff.

（二）

《长生不老》：神秘教义的阐述

169 《长生不老》这本专著，[1]在某种程度上是很难理解的，却给我们提供了这一方面的某些信息，虽然我们不得不努力地把它从深埋于其中的神秘术语中分辨出来。这本书是少数以拉丁文撰写的著作之一；这种风格非常奇怪，但它仍然包含着如此多的重要暗示，值得我们更仔细地去研究。本书的编辑亚当·冯·鲍登斯坦因在呈献给巴登韦勒州州长路德维希·沃尔夫冈·冯·哈普斯伯格的一封信[2]中写道，它是"根据帕拉赛尔苏斯口述记录下来并经过仔细修订的"。其明显推论就是，这本书是以帕拉赛尔苏斯演讲的笔记为依据的，而不是一个原始

1 Ed. Sudhoff, III.

2 第一版的d2ʳ之后（1562）。

的文本。鲍登斯坦因的拉丁文写作流畅而易懂，和这本书的拉丁文大不相同，我们必须假定，他并没有特别注意它，也没有努力把它变成更容易理解的形式，否则就会在其中融入他自己的风格。他很可能想使这些演讲保持原初状态，这一点在最后尤其明显。也有可能他并不太理解这些演讲的含义，更不用说那个假设的译者奥珀林了。这并不奇怪，因为在讨论这些复杂问题时，就连这位大师本人也经常没有进行必要的澄清。在这些情况下我们就很难说有多少应归因于不理解，又有多少应归因于未受过训练的思维。也不应排除在手抄本中可能存在的实际错误。[1]因此，按照我们的解释，我们从一开始就处在不确定的情境中，许多事情都必须作为猜测。但是，就帕拉赛尔苏斯的起源而言，因为他深受炼金术思维的影响，所以掌握早期和当代炼金术著作的知识，理解其学生和追随者的作品，对解释某些概念和填补某些罅隙大有裨益。因此，要对这本专著进行评注和解释并不是完全没有希望，尽管有很多公认的困难。

1　只提供一个例子：有一段话说“在斯卡约拉中并没有必死性这种事情”，而另一段话则说“斯卡约拉的死亡和生命”（infra, pars. 207, 214）。因此不要过多地依赖鲍登斯坦因的“修订”。和我的观点相反，《长生不老》是由一些讲座的笔记组成的，我们必须考虑这个事实，有一些用德文撰写的原始的片段（ed. Sudhoff, III, pp. 295ff.）。这可能是帕拉赛尔苏斯用德文写的草稿。《长生不老》这本书的写作日期或许是1526年。帕拉赛尔苏斯的原稿没有得到保留（ibid., pp. xxxiiff.）。

1. 伊利亚斯特

170 这本专著关注的主要是获得长寿的条件，按照帕拉赛尔苏斯的观点，寿命可以延长到一千年或更长。下文我将主要提供一些与神秘教义有关并且有助于对它进行解释的片段。[1]帕拉赛尔苏斯一开始先给生命下了定义："根据赫拉克勒斯的观点，生命无非就是一种经过防腐香料处理的木米亚（Mumia），它能借助一种混合的盐溶液防止尸体被尸虫吞噬，防止其腐烂。"[2]木米亚在中世纪作为一种药物而为人们所熟知，它是用真正的埃及木乃伊的粉末制作而成的，对此的贸易曾经相当繁荣。帕拉赛尔苏斯把这种不可腐败性归因于一种被称为"香脂"（balsam）的独特功效或介质。这有点像是一种天然的长生不老药，用这种药可以使身体长生不老，或者即便是死了也不会腐烂。[3]按照相同的逻辑，蝎子或毒蛇身上必定有某种解毒剂，

1 以下的讨论并不是想要对这本专著进行整体的评价，因为这个原因我认为马西里奥·斐西诺的《生命三书》并没有在这一方面做出重大贡献。

2 在拉丁文中，aestphara这个词可能源自阿拉伯文。多恩把它翻译成corruptio。另一个可能的派生词是φάρω，意即"使之看不见"、"杀死"，和αἰστόω，意即"分裂"、"肢解"。腐败或腐烂包含着分解，因而意味着以前形式的消失。"Nihil mehercle vita est aliud, nisi Mummia quaedum Balsamita, conservance mortale corpus a mortalibus vermibus et aestphara, cum impressa liquoris sallium commistura."

3 Ruland, *A Lexicon of Alchemy*, p. 69（s.v. *Balsamum s. Balsamus*）："最小心翼翼而又天然地防止身体腐烂的正是那种用内部的盐制成的液体。……这个词用德文表示［就是］Baldzamen［'很快一起'］，即迅速地结合在一起［celeriter coniunctum：（转下页）

即解毒药，否则它就会被自己身上的毒给毒死。

171 既然疾病会缩短寿命，而且最重要的是必须把它们治好，于是帕拉赛尔苏斯继续讨论了很多神秘药物。在这些药物中最主要的是金子和珍珠，后者可以转换成为第五元素。其独特药效应归功于黄桂竹香（Cheyri），[1]它极大地增强了微观身体的力量，以至于它“必定会通过对四种元素的普遍解剖而使之继续处在其保护之中”。[2]因此，医生务必要使这四种元素的“解剖（= 结构）收缩成一种微观结构，这不是从身体中产生的，而是从保护身体的东西中产生的”。这就是香脂，它甚至比通常把四种元素结合在一起的第五元素的地位还要高。它“甚至超过了大自然之母”，因为它是通过一种“身体的操作”

（接上页）因此是一种促进化合的手段，参见下文］。涂在这些元素外部的香脂就是用外部的汞制成的液体……是天空的存在本质，即第五元素。”因此，B. internus是一种水银内部液体（liquor Mercurii interni）。

1 Cheyri是黄桂竹香［Cheiranthus cheiri］，在Tabernaemontanus的Herbal中被［错误地写成］Viola petraea lutea［山上的三色堇花］；它是堕胎药，也是一种补药。这种植物开的是有四个花瓣的黄色花朵。Galen（*De simplicium medicamentorum facultatibus*, Lib. VII）说，它具有开胸顺气和暖胃作用。在Ruland（*Lexicon*, p. 98）看来，Cheiri Paracelsicum在应用于矿物时，指的是水银；Flos cheiri是银质的白色长生不老药，也是金子的本质。“还有些人说它是可以饮用的金子”，因此它是有助于实现炼金术之哲学目的的一个秘方。帕拉赛尔苏斯曾提到过它的四重性质：“……正如桂竹香这种花所表明的，炼金的过程就是从四种［元素］中制造出适度的存在物。”“Fragmenta medica,” ed. Sudhoff, III, p. 301.

2 “Quod per universam quatuor elementorum anatomiam perdurare in sure conservatione debet.”（Lib. IV, ch. I）在德文版的《长生不老》一书的片段中帕拉赛尔苏斯说：“因为桂竹香要多于维纳斯，迷迭香多于战神玛耳斯。”

而产生出来的。[1]这种艺术能够制造出某种比自然更高级的东西来，这种观点是典型的炼金术的观点。香脂就是生命原则，是精灵墨丘利，它或多或少地都与帕拉塞尔苏斯关于伊利亚斯特的概念相一致。后者的地位比四种元素更高，决定着生命的长度。因此它大体上与香脂相同，或者人们也可以说，香脂就是伊利亚斯特的药物或化学的方面。[2]伊利亚斯特有三种形式：不可变的物质（Iliaster sanctitus[3]）、通过祈祷获得的物质

1 很可能是通过一种提取过程。

2 ［以下这段话是对一个名为“The Concept of Mercurius in Hermetic Philosophy”的笔记所做的一个稍稍压缩的版本，是Einsiedeln于1942年10月11日记载的，在荣格死后出版的论文中发现的。

“这个概念——如果我们可以对它这样称谓的话——不仅有大量丰富的意义，而且以各种不同的形式出现，例如Iliastrum，Iliastes，Iliadus，Yleides，Yleidus等。对帕拉赛尔苏斯在词源学倾向上的这种强化表明，一个有多种名称的概念是格外重要的。有时候，伊利亚斯特就是原则、原初物质、混沌、原始构成，它由汞、硫黄和盐三种基本物质组成；有时候它是元素或苍穹，‘人身上真正的精神，渗透在他的四肢之中’；有时候它是‘大自然神秘的美德，万物由此而得以增长、养育、繁殖和激励’，就像帕拉赛尔苏斯的一个学生鲁兰所界定的那样（*Lexicon*，p. 181）；有时候它是生命精神，其实无非就是王水（vis Mercurii）。因此它与墨丘利的精神是一致的，从最古老的时代到17世纪的全盛期，它是炼金术的一个核心概念。和哲学家墨丘利一样，帕拉赛尔苏斯的墨丘利是太阳和月亮的一个孩子，是在硫黄和盐的帮助下降生的，就像歌德称呼靡菲斯特那样，是‘混沌的奇怪的儿子’。帕拉赛尔苏斯称之为‘omne fumosum et humidum in quovis corpore’，即居住在所有身体中的那个潮湿的、有呼吸的、雾状的灵魂。在其最高形式中伊利亚斯特代表通往另一个世界的心灵或灵魂，就像在以诺、伊莱亚斯和其他人身上发生的那样（Ruland，*Lexicon*，p. 181. Cf. Ezek. 1：13 and Luke 10：18.）。它不仅是生命的赋予者，它也是神秘转换中无意识与意识领域之间的普绪科蓬波斯，引领通向不腐烂或不朽之路。‘伊利亚斯特精神的种子’就是上帝自己的精神，上面铭刻着‘上帝的肖像’。”——英编注］

3 Sanctitus源自sancire，“使之不可改变或不可违反”；sanctitus=affirmatus，“使之坚固”。Ruland（*Lexicon*，p. 181）：“第一个或被植入的［伊利亚斯特］就是生命周期。”

(paratetus[1])和伟大的物质(magnus)。他们服从于人(“微观宇宙问题”),而且可以变成“一种有性结合”。既然帕拉赛尔苏斯把一种特殊的“结合之力”归因于伊利亚斯特,那么我们就必须把这种令人费解的有性结合(γάμος=婚姻,ὄνομα=姓名)解释成一种化学的婚礼,换言之,一种不可分离的雌雄同体的结合。[2]有多少人,就有多少伊利亚斯特;就是说,在每个人心中都有一个伊利亚斯特,它把每一个体的独特性质结合在一起。[3]因此,它似乎就是一种普遍的形成原则和自性化原则。

2. 阿夸斯特

172 伊利亚斯特是为长寿做神秘准备的起点。“我们将解释在这个关于伊利亚斯特的过程中最需要的是什么。首先,不纯净的生命体必须通过元素的分离而得到净化,这是通过你对此进行沉思而做到的;这是要肯定你的心灵超越了所有身体的和

1 很可能派生于παραιτέομαι,即“通过祈祷而获得”、“恳求”。鲁兰:“第二个伊利亚斯特,准备好的伊利亚斯特。”

2 太阳(炼金术的金)和月亮(炼金术的银)的产物被表现为一个雌雄同体的两性人。

3 *De vita longa*, Lib. IV, cap. IV:“Elius ultra mille sunt species...potius iuxta hoc, ut quilibet microcosmus peculiarem suam, atque adeo perfectam coniunctionem habeat, quilibet, inquam, utringque perfectam suam ac propriam virtutem.”(有一千多个物种……所以每一个微观世界可能都有其自己独特的甚至完善的结合,我认为,每一个都有其自己完善而独特的美德。)

机械的运作。”[1]一种“新的形式”就是以这种方式“被铭刻在”不纯净的身体上的。

173 在这里我把想象(imaginatio)这个词翻译成“沉思”(meditating)。在帕拉赛尔苏斯学派的传统中，想象是星辰(星)的积极力量或corpus coeleste sive supracoeleste(鲁兰)，意即，内部更高级的人的积极力量。在这里我们遇到了炼金术中的精神因素：工匠在从事其化学工作的同时进行以想象为方式的精神活动。其目的是净化不纯净的混合物，同时也产生了一种心灵的“肯定”。帕拉赛尔苏斯使用的这个新词“肯定”(confirmamentum)很可能参照“苍穹”(firmament)这个词。在从事这项工作的过程中，人的“心灵得到了提升，这样一来他就变得和以诺戴安尼(那些像以诺一样享有非比寻常的长寿的人)一样了”。[2]因此他的“内部结构”必须被加热到

---

1 Lib. IV, cap. VI:“Quod maxime necessarium est in hoc processu erga iliastrum, describamus: Principio ut impurum animatum depuretur citra separationem elementorum, quod fit per tuam ipsius imaginationem, cum ca in animi tui confirmamento consistit, praeter omnem corporalem ac mechanicum laborem.”

2 Cf. Gen. 5: 23—24:“以诺共活了三百六十五岁。以诺与神同行，神将他取去，他就不在世了。”根据年表编制者Scaliger的观点(*Animadversiones in chronologia Eusebii*)以诺应为年代的划分负责。以诺还被认为是耶稣基督的预兆，就像默基色德那样。Cf. Pico della Mirandolla (“De arte cabalistica,” *Opera omnia*, I, p. 3020):“Denuo Simon ait, pater noster Adam, rursus ex Seth nepotem suscepit, memor eius Cabalae, quam sibi Raziel tradiderat, quod ex sua propogatione nasceretur homo futurus salvator. Quare vocatus est Enos, id est, homo.”(西蒙又说道，我们的父亲亚当收下了赛斯的另一个孙子，一定要牢记，拉齐尔亲手交给他的神秘教义，即关于其子孙后裔的神秘教义，应该生出一个会成为拯救者的人来。因此他被称为以诺，即人。)

最高的程度。[1]只有用这种方式才能使那些不纯净的东西被耗尽，只留下那些固体，即“没有锈”的东西。当工匠在火炉里对这些化学物质进行加热时，他本人在道德上也正经历着同样剧烈的痛苦和净化。[2]通过把他自己投射到化学物质中，他在无意识中变得与之相认同并且遭受着相同的过程。帕拉赛尔苏斯不失时机地向他的读者指出，这火和炉子里的火并不一样。他说，这火包含着的并不是“火蛇的本质或梅露西娜的阿瑞斯”，而是相反，是“从核心之中进行蒸馏净化，超越了所有的炭火”。既然梅露西娜是一种像水一样的创造物，那么“梅露西娜的阿瑞斯”[3]指的就是所谓阿夸斯特（水星），[4]代表伊利亚斯特水的方面，就是说，伊利亚斯特使身体中的液体富有生命力和得到保留。毫无疑问，伊利亚斯特就是一种不可见的精神的原则，虽然有时它也是一个像原初物质那样的东西，但是，在炼金术的用途中它绝非相当于我们所理解的物质。对炼金术

1 Lib. IV, ch. VI：“Quare microcosmum in sua interiore anatomia reverberari oportet in supremam usque reverberationum.”（因此，在其内部结构中的微观世界一定会在最高级的反射炉中有所反映。）这种情况是在reverberatorium即煅烧炉中发生的。“反射炉是个发火装置，能在烈火的影响下，借助于反射和反冲，把物质还原成很好的矿灰。”（Ruland, p. 276）

2 “Tractatus aureus”（ch. IV）说：“用大火燃烧空气，将会使你深受你所要寻找的恩惠的浸染。”（*Ars chemica*, p. 24）

3 阿瑞斯有时候也是男性。

4 源自水（aqua）和星（astrum）=“水星”。

士来说，原初物质就是强烈的潮湿，[1]就是水，[2]就是水的精神[3]和地球的蒸汽；[4]它也被称为物质的"灵魂"、[5]世界的种子（sperma mundi）、[6]亚当在天国的那棵开了很多花的树（这棵树长在大海上）、[7]从中间长出的圆形的身体、[8]亚当和被诅咒的人、[9]雌雄同体的怪物、[10]太一（the One）和它自己的根、[11]万（the All），[12]等等。原初物质的象征名称全都指向世界灵魂、柏拉图的原初人（Primodial Man）、原人和神秘的亚当，他被描述为一个球体（=整体），由四部分（把它自己的不同方面结合起来）、雌雄同体（不能用性别来区分）和湿气（即灵魂）组成。这就是对自性描绘的一幅画像，是难以形容的人的整体性。

---

1 Albertus Magnus, "De mineralibus et rebus metallicis"（Borgnet, vol . V, Tract. I. ch. 2）.

2 Rupescissa in Hoghelande, "De alchemiae difficultatibus," *Theatr. chem.*, I.（1659）, p. 172.

3 Mylius, *Phil. ref.*, p. 16.

4 Ibid.

5 Synesios和Dioskoros之间的对话，in Berthelot, *Alch. grecs*, II, iii。

6 *Turba Philosophorum*（ed. Ruska）, Sermo XIII, p. 122; Hoghelande, in *Theatr. chem.*, I,（1659）, p. 150. 这是源自Senior的一段语录。

7 Abu'l Qāsim, *Kitāb al-'ilm al-muktasab*, ed. Holmyard, p. 23.

8 Dorn, "Physica genesis," *Theatr. chem.*, I（1659）, p. 349. Dorn进而说道："在中心位置上面有终点，任何笔都不可能正确地描画其力量及其秘密的无限深渊。"

9 Olympiodorus in Berthelot, *Alch. grecs*, II, iv, 32. 可在同一本书（第52页）中发现θεοκατάρακτος的神话。

10 Hoghelande, "De alch. diff.," p. 159.

11 *Rosarium philosophorum*, in *Art. aurif.*, II, p. 369.

12 "Liber Platonis quartorum," *Theatr. chem.*, V（1660）, p. 118.

174 阿夸斯特也是一条宗教精神的原则，例如，它指出了行家里手“可以凭借这种方法寻找出神圣魔法”。行家里手本人就是一个“阿夸斯特魔术师”。具有“更高级心理功能的(scayolic)[1]阿夸斯特”在Trarames(幽灵)的帮助下向他展示了这个“很大的原因”。耶稣基督从天上的阿夸斯特那里得到了他的身体，而玛利亚的身体则是“通灵的”[2]和“水样的”(aquastric)。玛利亚“来自原初物质中的水星”。在此，帕拉赛尔苏斯强调指出，她站在月亮上(月亮总是和水有关)。耶稣基督是在天上的水星里诞生的。在人的颅骨上有一个“水样的裂纹”(aquastric fissure)，在男人身上这个裂纹就在前额，而在女人身上则在头的后部。通过这个裂纹，女人就很容易在其“生病的”阿夸斯特中受到一大群恶魔般的精灵的入侵；但是，男人则通过这个裂纹，“不是病态地而是通灵地”诞生出“通灵的微观宇宙生命的灵魂或精神，即心中原初的生命精神”。在“心脏的中央居住着真正的灵魂，即上帝的呼吸”。[3]

175 从这些引文中人们很容易发现阿夸斯特的意思是什么。虽然伊利亚斯特似乎是一种动态的精神原则，能同时表达善与恶，但是阿夸斯特由于其水的性质，则更是一个具有准物质属

---

1 斯卡约拉是一种像更高级心理功能的东西，在心理学上可以比作原型，See infra，pars. 206ff。

2 “通灵的”(necrocomic)与necrocomica这个领域有关，即可以预示未来的通灵现象或事件。鲁兰(*Lexicon*，p. 238)把它们描述为“从天堂掉到地上的神迹”。

3 “Liber Azoth，” pp. 521ff.

性的“精神”原则（因为耶稣基督和玛利亚的身体参与其中）。但是它在心理上表现出来的功能则是一种与精神世界有关的“通灵的”（即心灵感应的）力量，是生命精神的诞生之地。因此，在帕拉赛尔苏斯的所有概念中，这个阿夸斯特与现代无意识概念最为接近。这样我们就可以明白为什么帕拉赛尔苏斯把它人格化为霍蒙库鲁斯并把灵魂描述为天上的阿夸斯特。和真正的炼金术士一样，他认为阿夸斯特和伊利亚斯特都会向上和向下延伸：它们表现为一种精神的或天堂的形式，也表现为一种准物质或世俗的形式。这和源自《翠玉录》的公理保持一致：“下面的东西和上面的东西一样，一件东西的奇迹就可能得以完成。”这一件东西就是哲人石或哲人之子。[1]因为原初物质的定义和名称非常清晰明白，炼金术中的物质既是物质的也是精神的，而精神既是精神的也是物质的。只是，在第一种情况下物质是未加工的、含混不清的、粗加工的、粗糙的、稠密的，而在第二种情况下它则是精细的（subtilis）。这也是帕拉赛尔苏斯的观点。

3. 阿瑞斯

176 亚当·冯·鲍登斯坦因非常表面地把“阿瑞斯”想象为

1 Hortulanus, “Commentarius,” *De alchemia*, pp. 363ff.

"决定其形式和种类的事物的主要性质"。[1]鲁兰把它和伊利亚斯特与阿切乌斯混为一谈。但是,虽然伊利亚斯特通常是生命的本质("大部分物质种属"),而阿切乌斯则被赋予了"自然的药剂师"(naturae dispensator)和"传授者"(initiator)的角色。不过,阿瑞斯是"分配者,他把独特的性质扩展到每一个物种身上,并赋予个体的形式"。[2]因此可以在严格的意义上把它看作是自性化原则。它是从复活身体(supracelestial bodies)中产生出来的,因为"这是复活身体的财富和性质,它们直接从无中产生出一种物质的想象[imaginationem corporalem],从而被认为是一种固体。这其中就有阿瑞斯,这样,当一个人想到狼的时候,狼就会出现。[3]这个世界就像是由

1 *Onomasticon*, pp. 18f.

2 Ruland, *Lexicon*, p. 38.

3 阿瑞斯=玛耳斯。关于狼的文献支持这种解释,因为狼是玛耳斯的动物。帕拉赛尔苏斯的同时代人Johannes Braceschus of Brixen在其"Lignum vitae"(*Bibl. chem.*, I, pp. 911ff.)中指出,延长生命的药物的原则就是玛耳斯,他认为雷希斯的这句话起源于玛耳斯:"Accipe petram post ingressum Solis in arietem(当太阳进入白羊宫后拿起那块石头)。" Braceschus继续说道:"这个东西[玛耳斯]是人,他的性格易怒。……这个暴躁而易怒的人是铁……它之所以被称为人,是因为它有灵魂、身体和精神。……虽然它是由所有的星球和行星产生的,但那个金属却是由被称为大熊星座的那个最高级和最强大的北极星在地球上特别产生出来的。" 玛耳斯也被称为Daemogorgon,即"非犹太人的所有神灵的祖先"。"四周被浓云和黑暗包围着,他在地球的最深处行走,而且就藏在那里……他不是由任何东西产生的,而是永恒的,是万物之父。" 他是一个"没有定型的怪物"。人们把Daemogorgon解释为"地球之神,或可怕的神和铁"。(我们已经知道,对帕拉赛尔苏斯来说,被火所净化的身体与铁有关,以至于剩下的残渣都"没有铁锈"。)"古人认为他具有永恒和混乱的双重性质:永恒与制成的水银,都是……永恒的液体。" 他是蛇,是水银之水(aqua mercurialis)。"Daemogorgon的第一个儿子是Litigius, (转下页)

四种元素组成的创造物。从这些元素中产生出来的东西丝毫也不像它们原来的样子，但是阿瑞斯把他们全都承载在自己身上”。[1]

177 因此，对于前意识的、创造性的和成长中的原则来说，阿瑞斯是一个直觉概念，这条原则能赋予个体生命。因此，它是一个比伊利亚斯特更独特的自性化原则，并且在用火使自然人变得纯净和把他转换成一个“Enochdianus”方面同样地发挥重要作用。我们已经知道，对他进行加热的火并不是平常的火，因为它既没有包含着“梅露西娜的阿瑞斯”，也不具备“耐高温的火精的本质”（Salamandrine Essence）。火精象征着炼金术士们的火。它本身具有火的性质，具有一种火的本质。根

（接上页）也就是被称为玛耳斯的硫黄。”“混乱就是那个被称为萨杜恩的尘世的盐，因为它是物质，在其中任何东西都是无形的。”所有活物和死的东西都包含在里面，或者由此而生发出来。因此，Daemogorgon或玛耳斯与帕拉赛尔苏斯的阿瑞斯是相对应的。珀尼提（*Dictionnaire mytho-hermétique*）把“Daimorgon”界定为“地球的天才”、“加快自然进程的火，尤其是圣哲们那天生的和赋予生命的地球精神之火，它在这个伟大工程的全部运作过程中始终发挥着作用”。珀尼提还提到“Damorgon”和一篇由雷蒙德·卢利撰写的同名的论文。Ferguson的*Bibieotheca chemica*（1906）中并没有提到这篇论文，但它也可能是Braceschus的“Lignum vitae”的一篇参考文献，它是卢利和一个学生之间的对话。Roscher（*Lexicon*，I，col. 987）把Daemogorgon界定为“一个不可思议的神。可能是从δημιουργός这个希腊语派生而来”。从占星术的观点来看，玛耳斯使人具有了本能和情感的性质。这种性质征服和转变似乎就是炼金术工作的主题。值得注意的是，科罗纳的《寻爱绮梦》一开始就是把狼作为首创动物的；在但丁《神曲》的第一部《地狱篇》的第一诗章中，玛耳斯也有这层意思，在书中他是以一个三位一体的动物形象出现的。这个低级的三位一体（triad）与高级的三位一体是相对应的；因此在Canto XXXIV中，我们再次遇到它，那就是作为三头的魔鬼撒旦。

1 Bodenstein，*De vita longa*，Lib. I，ch. VII，p. 21.

据帕拉赛尔苏斯的观点，萨拉曼德里尼和萨尔帝尼是人或者火的精灵、火的存在物。这是一个古老的传说，由于它们证明其在火中不易腐蚀，因此这些创造物的寿命特别长。火精也是“不会燃烧的硫黄”，这是神秘物质的另一个名称，哲人石或儿子（filius）就是从这个物质中产生的。给这件工艺品加热的火包含着的无非就是火精的性质，这是儿子的一种不成熟的、转变中的形式，是一种不易腐蚀的存在，其象征就代表自性。

178 帕拉赛尔苏斯使阿瑞斯具有了“梅露西娜的”属性。因为梅露西娜无疑属于水的王国，即居于山林水泽的仙女们的王国，这种属性把水的特点输入阿瑞斯的概念中，而它本身就是精神的。这样阿瑞斯便和更低级、更密集的区域建立了联系并且与身体建立了密切关系。其结果，阿瑞斯变得和阿夸斯特如此相像，以至于人们几乎不可能从概念上把他们区分开来。这正是帕拉赛尔苏斯学派思维和一般意义上炼金术的特点，就是说，根本就没有明确划分的概念，这样，一个概念就可以永远取代另一个概念。同时，每一个概念都以本质的形式表现出来，仿佛它是一种物质，而这是一种不可能同时成为另一种物质的物质。这种原始现象也在印度哲学中有所发现，那里充满了本质。这方面的例子就是关于诸神的神话，和在希腊及埃及神话中一样，这些神话往往对同一个神灵做出完全矛盾的说明。但是，尽管它们是有矛盾的，这些神话却仍然相伴存在，不会相互干扰。

4. 梅露西娜

179　因为我们在解释过程中将要多次遇到梅露西娜，因此必须更仔细地考察这个寓言人物的本质，尤其是她对于帕拉赛尔苏斯的作用。我们知道，她属于阿夸斯特的领域，是一个有着鱼尾或蛇尾的水中仙女。在最古老的法国传奇中她是作为"母亲露西娜"(mère Lusine)出现的，是吕希尼昂的伯爵们的女性祖先。她只是在周六才不得不戴上鱼尾，有一次，当她的丈夫对她的鱼尾感到惊讶时，她的秘密暴露了，于是她被迫再次消失到水的王国之中。她时不时地仅仅作为灾难的预兆再出现。

180　梅露西娜作为居住在水中王国[1]中的仙女或迷人的女人的形象出现。在《血红》("De sanguine")[2]这篇论文中，这个仙女具体指的是Schröttli，即"梦魇"。另一方面，梅露西娜居住在血液中。[3]在《火神》("De pygmaeis")[4]中，帕拉赛尔苏斯告诉我们，梅露西娜最初是一个水神仙女，她受恶魔别西卜[5]引诱

---

1 "Das buch Meteorum"(ed. Huser), p. 79. 在Book of Enoch 19：2中，堕落的大使们的妻子变成了女海妖。

2 P. 271.

3 Ibid., p. 4; "Philosophia ad Athenienses," Lib. I, ch. XIII.

4 Ed. Huser, II, p. 189.

5 别西卜(Beelzebub)，《圣经》中的鬼王，在《失乐园》中是一个地位仅(转下页)

成为一个行使巫术的人。她是鲸的后裔，先知约拿在鲸的肚子里看见了一些非常神秘的事物。这种派生关系非常重要：梅露西娜的出生地就是这些神秘事物的发源地，显然就是我们今天要称之为无意识的东西。这些美人鱼没有生殖器，[1]这个事实表明她们是天国的生灵，因为亚当和夏娃在天国时也没有生殖器。[2]另外，当时的天国就在水下"而且现在仍然如此"。[3]当魔鬼悄悄地走进天国的树中的时候，那棵树非常"哀痛"，夏娃受到了"地狱的蛇怪"的引诱。[4]亚当和夏娃"受了蛇的骗"，变成了"怪物"，就是说，他们所犯的与蛇交往的错误使他们有了生殖器。[5]但是，美人鱼们仍然作为水生物种待在天国里，而且继续生活在人的血液中。由于血液是灵魂的原始象征，[6]我们就可以把梅露西娜解释为一种精神，或者至少解释为某种精神现象。杰拉德·多恩在对《长生不老》所做的评论中证实了这一点，在这本书中他说道，梅露西娜是一个"在心灵中出现的幻象"。[7]对于任何一个熟悉无意识精神转化过程的人来说，梅露西娜显然是一个阿尼玛式的人物。她作为一个水银蛇的

(接上页)次于撒旦的堕落天使。——中译注

1 "Liber Azoth," p. 534.

2 Ibid., pp. 523, 537.

3 P. 542.

4 P. 539.

5 Pp. 539, 541.

6 Crawley, *The idea of the Soul*, pp. 19 and 237.

7 P. 178. See infra, par. 214.

变体而出现，有时候借助于墨丘利的那种怪异、双重的性质而以蛇身女人的形式表现出来。[1]这种怪异的赎救被描述为圣母玛利亚的升天和加冕。[2]

1　As in Reusner's *Pandora*（1588）中一样，Codex Germanicus Alchemicus Vadiensis（St. Gall，16 the cent.）and Codex Rhenoviensis（Zurich，15 the cent.）。[Cf. Figs. B 3—5.]

[以下对*Pandora*所做的（未标明日期的）注释是在荣格去世后发表的论文中发现的：

"*Pandora*是最早对炼金术做出概括说明的书之一，而且它或许是第一本用德文撰写的书。它最初是由昂里克·彼得里于1588年在巴塞尔出版的。从序言中显而易见，作者是希罗尼穆斯·罗伊斯纳医生，但是，他以笔名弗兰希斯克斯·埃皮米西乌斯为掩护，据说这本书就是由他'制作'的。罗伊斯纳把这本书题献给鲁兰医生，即*Lexicon alchemiae sive Dictionarium alchemisticum*的著名编撰者（Frankfurt a. M.，1612）。*Pandora*的文本是以*Rosarium philosophorum*（1550）的方式编纂而成的，这本书被人们大量地引用。但是，除此之外还有其他资源得到过使用，例如，'Tractatus aureus Hermetis'。罗伊斯纳是帕拉赛尔苏斯的学生。他的书是用德文书写的，这是对由帕拉赛尔苏斯发起的医学德语化的一个贡献，正如序言所示，也是对帕拉赛尔苏斯复兴炼金术的精神倾向的贡献。真实的文本一直没有受到这些改革的影响，而是沿着传统的路线前进。它所包含的内容无一不在更早期作者们当中有所发现，虽然有一长串的同义词最终尤其应该提到。这包括许多阿拉伯文和准阿拉伯文的术语，看起来这些术语在16世纪得到了成倍地增加。但是，*Pandora*的主要价值在于这本书末尾的连续18幅象征图画。和通常一样，它们并没有对文本做出解释，或者只是非常间接地做了解释，但是它们最使人感兴趣的是关于炼金术的神秘内容。有些图画的时间可追溯到15世纪，是从*Dreifoltigkeitsbuch*（Codex Germanicus 598，1420，Staatsbibliothek，Munich）中摘下来的，但大多数可追溯到16世纪。主要来源很可能是巴塞尔的Universitätsbibliothek中的'Alchymistisches Manuscript'。其中一幅图画（墨丘利的针鼹鼠象征）可能源自大约16世纪的圣高尔。"——英编注]

2　See *Psychology and Alchemy*，Figs. 224 and 232.

5. 作为神秘物质的王子
（迈克尔·梅耶）

181 我的意图并不是要更仔细地探讨帕拉赛尔苏斯的美人鱼和墨丘利的蛇之间的关系。我只是想要指出，炼金术的原型可能曾对帕拉赛尔苏斯有所影响，而且我认为，梅露西娜渴求灵魂和渴望得到拯救就相当于隐藏在大海中的皇家宝藏迫切需要被发掘出来一样。关于这位王子（filius regius），迈克尔·梅耶说道：[1]“他居住在心灵深处并且从内心发出呼喊：[2]是谁要把我从水中解救出来，把我领到干燥的土地上？虽然很多人都可以听见这种呼喊，却没有一个人被怜悯所感动，挺身而出来寻找国王。他们说，因为谁愿意跳到水中去呢？谁愿意为了解除另一个人的危险而危及自己的生命呢？只有少数人相信他很悲痛，而且愿意相信他们听见了斯库拉岩礁（Scylla）和卡律布狄斯大漩涡（Charybdis）的撞击声和呼啸声。因此他们 直慵懒地坐在家里，而根本就没有思考这件皇家宝藏，也没有思考他们自己的拯救。”

182 我们知道，梅耶不可能读过希波吕托斯的《哲学沉思》一书，据说这本书早已失传，但它却完全可以作为对国王悲

---

1 *Symbola aureae mensae*，p. 380.

2 Psalm 129：1（DV）：“耶和华啊，我从深处向汝求告。”

痛之情的一个典范而为他所用。在论述纳塞内派[1]的奥秘时，希波吕托斯说："但是，那个来自上天的、没有任何特点的［ἀχαρακτηρίστου（无法形容）］的形式是什么，没有人知道。它是在大地的泥土中被发现的，不过却没有人把它认出来。但是，那就是居住在大洪水中的神。[2]在《诗篇》中他从大水中呼喊出来。[3]他们说，这些大水就是众多终有一死的人，他从那里冲着那个没有任何特点的人类大声地呼喊着：[4]把我的独生子（Only-Begotten）[5]从狮子口中解救出来吧。"[6]而且他听到了回音［《以赛亚书》43：1及以下］："但是现在，雅各啊，创造你的耶和华；以色列啊，造成你的那位，现在如此说：你不要害怕，因为我救赎了你，我曾提你的名召你，你是属我的。你从水中经过，我必与你同在；你蹚过江河，水必不漫过你；你从火中经过，必不被烧；火焰也不着在你身上。"希波吕托斯继续引用《诗篇》（杜埃版）23：7及以下，认为它指的是亚当的上升或再生："众城门哪，你们要抬起来，永久的门，你们要被举起，

1 纳塞内派（Naasenes），叙利亚诺斯替教的一个教派。——中译注

2 Psalm 29：10（AV）："洪水泛滥之时，耶和华坐着为王。耶和华坐着为王，直到永远。"

3 Psalm 28：3（DV）："耶和华的声音在水上；荣耀的神打雷；耶和华打雷在大水之上。"

4 这是在θεός ἄνθρωπος的意义上说的。

5 这个女性的"独生子"似乎指的是一个女儿，或者指灵魂，正如Psalm 34：17（DV）所断言的："把我的灵魂从他们的怨恨中拯救出来吧：把我唯一的灵魂从狮口中拯救出来吧。"

6 Psalm 21：22（DV）："把我从狮子口中解救出来吧。……"

那荣耀的王将要进来。荣耀的王是谁呢？就是有力有能的耶和华，在战场上有能的耶和华。……但是，纳赛内派说，这个荣耀的王是谁呢？是一条小虫而不是人，被众人羞辱，被百姓藐视。”[1]

183 我们不难理解迈克尔·梅耶的意思。在他看来，从未在这里引用的文本中的一段话可显而易见，王子或大海之王（Rex marinus）的意思是锑，[2]虽然在他使用时它只有和化学成分一样的名称。实际上，从最高的地方降落到物质的最黑暗的深处，在那里等待着解救的，恰恰就是这种神秘的转换中的物质。但是没有人愿意潜入最深处，通过他自己在黑暗中的转换和通过火的痛苦折磨，来营救他的国王。他们听不到国王的声音，反而认为这是带有破坏性的混乱咆哮。炼金术士们的大海（我们的海）就是他们自己的黑暗，即无意识。埃皮法尼乌斯[3]以这种方式把“深邃的泥潭”（limus profundi）正确地解释为“从

---

1 Hippolytus, *Elenchos*, V, 8. 这位拯救者的出身极其低下，甚至在炼金术中都被更加强烈地表述：那块石头被“扔在粪堆上”，“是在污秽中被发现的”，等等。“Tractatus Aristotelis”（*Theatr. chem.*, V, 1660, p. 787）说：“Lapidem animalem esse, qui tanquam serpens ex corruptione perfectissimae naturae humanae de industria inter duos montes emissus gignirur, scinditur et prolabitur, et in fossa cavernae clauditur.”（那块经过勤奋劳动而产生出来的有生命的石头，是从最完善的人类本性的腐败中产生的两座山之间的一条蛇，它被撕裂开来并向前滑去，被关闭在一个空的山洞里。）σκώληξ连同έξουδένημα以及“被遗弃者”，都可以因此被解释为肠子里的一条小虫。

2 来自ανθεμωνιον，即金属盐起了盐霜。Cf. Lippmann, *Entstehung und Ausbreitung der Alchemie*, II, p. 40.

3 *Panarium*（ed. Holl）, Haer. 36, cap. 4（II, pp. 47ff）.

心灵中诞生出来的物质，是对罪孽的黑暗的反思和混乱的思考”。因此，大卫在遭受折磨时曾经说过（《诗篇》68：3，杜埃版）：“我牢牢地陷入在深深的泥潭之中。”在这位教会神父看来，这些黑暗的深潭只能是邪恶本身，如果一位国王深陷其中，那只能是因为他自己作恶多端。炼金术士们采纳了一种比较乐观的观点：灵魂的黑暗背景包含着的不仅有邪恶，而且有一个需要和能够得到拯救的国王，关于国王，《哲学玫瑰园》说：“在这项工作结束之际，国王将向你走去，他头戴王冠，像太阳一样光芒四射，像红宝玉一样闪闪发光……在火中永恒。”[1]而对于没有价值的原初物质，他们则说：“不要藐视灰烬，因为它是汝心中的王冠和不朽事物的灰烬。”[2]

184 这些引文给人们提供了关于神秘光环的观念，这种神秘光环环绕在王子这个人物周围，我认为让人们注意那个遥远的时代并不是多余的，当时哲学炼金术的核心观念受到诺斯替教派的自由讨论。或许正是希波吕托斯才使我们全面地洞察到他们的类比思维，这种思维与炼金术士们的思维是相似的。任何一位与16世纪上半叶的炼金术有过接触的人，都能感受到诺斯替教的这些观念的魅力。虽然梅耶生活和写作的年代要比帕拉赛尔苏斯晚70多年，但我们没有理由认为帕拉赛尔苏

1 *Art. aurif.*，II，p. 329，引文摘自Lilius。参见“从大海之中浮现出来的人”的幻象（II Esdras 13：25 and 51）。

2 *Rosarium philosophorum*（*De alchimia*，1550），fol. L3^{v}.

斯熟悉这些信奉异端邪说的人（heresiologist），他关于炼金术论著的知识，尤其是他经常引用的关于赫尔墨斯［图B6］的知识，足以使他对王子这个人物以及对受到普遍赞美的自然之母（一个与基督教观点并不完全一致的人物）产生深刻印象。因此，《论炼金术之黄金》说："最万能的自然万物啊，她包含并分隔万物的核心，她随着光明一起到来，是和光明一起诞生的，她又诞生了薄雾笼罩的黑暗，她就是万物之母啊！"[1]这篇祷文反映了人们对大自然的典型的感受，其写作风格使人联想起那些最古老的炼金术论著，例如那些假冒的德谟克利特论著，以及那些古希腊的魔法纸莎草文献。还是在这篇论著中，我们遇到了戴着王冠的国王（Rex coronatus）和成为国王的儿子（filius noster rex genitus），在谈到他时说："因为儿子是祈神赐福所得而且拥有智慧。到这里来吧，智慧的儿子们啊，让我们高兴和欢喜吧，因为死亡已被克服，儿子登上了王位；他身穿红色的衣服，还穿上了紫袍［chermes］。"他是从"我们的火"中生活的，大自然"养育了他，他将"和一股"小火"一起"永存"。当儿子因这场火而获得生命时，他就变成了"勇士之火"或者"火的斗士"。[2]

1 *Ars chemica*, p. 21. "Tractatus aueus"起源于阿拉伯国家，但其内容可追溯到更为久远的根源。这可能是由和伦学派传播的。

2 勇士之火是含糊不清的。chermes=阿拉伯kermes="紫色"，L. carmesinus=意大利chermisi，由此F. 深红，E. 胭脂红，绯红。Cf. Du Cange, *Glossarium*, s.v. "carmesinus."

6. 通过蒸馏而导致太一或中心的产生

185 在讨论了炼金术的某些基本概念之后，我们不妨再回过头来看一看帕拉赛尔苏斯学派关于转换伊利亚斯特的过程。帕拉赛尔苏斯把这个过程称为干馏釜蒸馏（retorta distillatio）。在炼金术中蒸馏的目的是把那种易挥发的物质或精神从不纯净的身体中提取出来。这个过程是一种精神的和物理的体验。干馏釜蒸馏并不是一个已知的技术术语，它的意思很可能是指以某种方式又返回到它自己身上的一种蒸馏过程。这个过程可能是在被称为鹈鹕［图B7］的容器中发生的，馏出物从那里又流回到干馏釜的内部。这就是炼金术士们非常喜欢的“循环蒸馏”。经过“数千次的蒸馏”，他们希望获得一个经过特殊“精炼的”结果。[1]帕拉赛尔苏斯在心中曾经有过类似的想法，这并非没有可能，因为他的目的是想要使人体纯净到这样的程度，以至于最终能够把那个有内在精神的人（maior homo）结合起来，使他得以长寿。正如我们已经说过的，这并不是一种普通的化学操作，而主要是一种心理过程。使用的火是一种象征的火，而且这种蒸馏必须从“核心的正中”开始。

186 这种核心的增强又是炼金术中的一个基本观念。根据迈

1 Rupescissa，*La Vertu et propriété de la quinte essence de toutes choses*，p. 26.

克尔·梅耶的观点，核心包含着“不可分割的点”，它是简单的、不可毁灭的和永恒的。其物理的对应物就是金子，因此金子才是永恒的象征。[1]在基督徒（Christianos）中，这个核心被比作天国及其四条河。这些是对哲学液体的象征，而哲学液体就是从核心发散出来的。[2]“七个行星在地球的核心扎根，在那里留下了他们的美德，这样在地球上才有了一种开始生长的水。”《曙光乍现》这样说道。[3]本尼迪克特·菲古鲁斯[4]写道：

> 拜访地球的核心，
> 在那里你将发现球形的火。
> 把所有的脏东西都精馏出来，
> 用爱和怒火把它驱赶出来。……

他把这个核心称作“火之屋”或“以诺”，显然后面这个术语就是从帕拉赛尔苏斯那里借用的。多恩说，没有什么东西比这个核心更像上帝的了，因为它不占有空间，不可能被抓住、被看见和被测量。这也是上帝和精神的本性。因此，这个核心就是

---

1 *De circulo physico quodrato*, pp. 27ff.

2 Berthelot, *Alch. grecs*, VI, I, 2.

3 Ed. von Franz, p. 125.

4 *Rosarium novum olympicum*, Pars. I, p. 71. 以诺是“人类之子”（Book of Enoch, in Charles, *Apocrypha and Pseudepigrapha*, II, p. 237）。

"神秘事物的无限深渊"。[1]起源于核心的火把所有的一切都往上带去，但是，当它冷却下来，一切都再次掉回到这个核心。"物理化学家把这种运动称为循环，他们在其运作中予以模仿。"在达到顶点的那一刻，就在下降之前，这些元素"都怀上了群星的男性种子"，它们在下降过程中进入元素的母质（即非升华的元素）之中。因此所有被创造出来的事物都有四个父亲和四个母亲。种子的概念源自太阳和月亮的"作用与影响"（influxum et impressionem），因此它发挥的是自然神的作用，虽然多恩对这个问题说得并不是那么清楚。[2]

---

1 "Nam ut ipsa [Divinitus] incomprehensibilis, invisibilis, non mensurabilis, infinita, indeterminate, et siquid ultra dici potest, omnia similiter in centro quadrare convenireque certum est. Hoc enim quia locum non occupant ob quantitatis carentiam, comprehendi non potest, videri nec mensurari. Tum etiam cum ea de causa infinitum sit, et absque terminis, locum non occupant, nec depingi potest, vel imitatione fingi. Nihilominus omnia quae locum etiam non implant ob carentiam corpulentiae, ut sunt spiritus omnes, centro comprehendi possunt, quod utraque sint imcomprehensibilia."（因为这是肯定的，它[上帝]是不可理解的、不可见的、不可测量的、无限的、不可确定的，如果可以说得更多，它调整一切事物并且把它们都聚集到这个核心之中。之所以这样做，是因为它不占有空间，没有数量，不可能被理解、被看见或者被测量。它还因为这个原因，是无限的和没有边界的。它不占有空间，不可能被描述，也不可能造出任何与它相似的东西。但是，就像所有的精神一样，由于它们都没有身体，因而同样不占有空间的世间万物，却可以在这个核心得到理解，因为这两者都是不可理解的。因此，正如这个核心没有终点一样，任何笔墨也不可能正确地描述其力量及其神秘事物的无限深渊。）（"Physica genesis," *Theatr. chem.*, I, 1659, pp. 339f.）

2 Ibid., p. 39. 多恩在"Physica Trismegisti"（ibid., p. 375）中说："[Sol] primus post Deum pater ac parens omnium vocatus est, cum in eo quorumvis seminaria virtus atque formalis delitescit."（太阳在上帝之后被称为万物之父或父母，因为在其中隐藏着世间万物的那种有潜在发展可能性的和形式的美德。）P. 376："Lunam esse matrem （转下页）

187 元素的创造以及它们通过火的力量上升到天国，可以看作是炼金术（spagyric）过程的一个例子。清除了其黑暗的低处的河水，一定会通过对火的仔细调控而与天上的水分离开来。“最终这个尘世的、炼金术的胎儿通过其上升给自己穿上了天国性质的外衣，然后又通过其明显地下降添加上地球核心的性质，然而它通过上升而获得的天国核心的性质则被秘密地保留下来了。”[1]炼金术的诞生（spagirica toetura）不是别的，就是哲人之子，即在外壳里面的那个内在的、永恒的人，也就是终有一死的人。这个儿子不仅是治疗所有身体疾病的一种万应灵药，而且它还能治疗“人类心灵的那种微妙的精神疾病”。多恩说[2]：“因为在一中是一，但又不是一；它很简单而其是由四这个数组成的。当它受到太阳中的火的净化，[3]纯净的水[4]油然而生，

（接上页）et uxorem solis, quae foetum spagiricum a sol conceptum in sua matrice uteroque, vento gestat in aere.”（月亮是太阳的母亲和妻子，她在其天空的子宫里生出了从太阳那里怀上的炼金术的胎儿。）由此显而易见，这个儿子是自然之神以非基督教的方式诞生的。

1 “Physica genesis,” *Theatr. chem.*, I（1659）, p. 363.

2 “Physica Trithemii,” *Theatr. chem.*, I（1659）, p. 391.

3 上文提到，太阳是“精神之火”的诞生之地。光明的象征在心理学上指的必然是意识或者是正在变成意识的某种内容。

4 纯净的水是拉丁和阿拉伯炼金术士们的永恒之水和古希腊的ὕδωρ θεῖον。它是以水的形式表现出来的精灵墨丘利，反过来它又用来把物质的“灵魂”提取出来。这个精灵墨丘利与精神之火相对应，因此水＝火。虽然对这些术语的使用是未加区别的，但它们并不相同，因为火是活跃的、精神的、情绪的、与意识联系紧密的，而水是被动的、物质的、冷静的并具有无意识的性质。对炼金过程来说两者都是必要的，因为这与对立物的统一有关。Cf. *Psychology and Alchemy*, Fig. 4.

并且回到简单时，[1]它[作为统一体的四位一体]就会使行家里手看到那些神秘事物的圆满成就。这就是自然智慧的核心，封闭在其自身之中，其圆周便组成一个圆圈：一种达到无限的不可测量的秩序。”“这里是数字四，在其限度之内是数字三，连同数字二，一起结合成为太一，使万物得以实现，它是以超自然的智慧而做到的。”多恩说，“所有知识与神秘艺术的顶点，以及这个核心的绝对可靠的中点（infallibile medii centrum）”[2]都是在四、三、二和一之间的这些关系中发现的。太一是这个圆圈的中点，三位一体的核心，它也是“第九个胎儿”（foetus novenarius），意即，它是八神会的第九个神，或者是四位一体的第五元素。[3]

188 这个核心的中点就是火。最简单和最完善的形式就是仿照它而成，这就是圆圈。这个观点与光的性质最为接近，[4]而光则是一个模拟的神（Simulacrum Dei）。[5]正如苍穹是在天国之

---

1 Khunrath（*Von hylealischen Chaos*, p .203）说，“通过四位一体的圆周旋转或者以圆周的形式进行哲学旋转”而得到净化的三位一体“……被带回到最高级和最纯净的简单性之中……过去完成时的天主教的单子。……通过神秘仪式的表现和对表现的掩蔽，不纯净的、粗糙的一就变成了一个格外纯净和微妙的一”。

2 “Physica Trithemii,” p. 391.

3 Dorn, “Duellum animi cum corpore,” *Theatr. chem.*, I（1659）, p. 482. 这种数字的象征指的是圣母玛利亚的公理：“一变二，二变三，从三中出来的一就是四。”（Berthelot, *Alch. grecs*, VI, v, 6）这个公理贯穿在整个炼金术之中，并非与基督教关于三位一体的思索没有关联。Cf. my “Psychology and Religion,” p. 60, and “A Psychological Approach to the Dogma of the Trinity,” pp. 164ff.

4 Steeb, *Coelum Sephiroticum*, p. 19.

5 Ibid., p. 38.

上和之下的水中被创造出来的那样，在人身上也有一个闪光的身体，非常潮湿，它来自天国之水的领域。[1]这个身体是“恒星的香脂”，它保持着动物的热度。超天国（supracelestial）之水的精神在脑中有其位置，它在那里控制着感觉器官。在微观世界，香脂位于心脏之中，[2]就像太阳在宏观世界中一样。闪光的身体是星体（corpus astrale），即人心中的“苍穹”或“星辰”。和天国中的太阳一样，心脏中的香脂是一个燃烧的、光芒四射的核心。我们在《哲人集》中遇到过这种太阳光点，[3]在那里它表示“鸡蛋的胚芽，位于蛋黄中，胚芽在母鸡的温暖之下开始动起来”。《智慧的结合》说，在鸡蛋中有四种成分和“位于核心的红色太阳点，这就是小鸡”。[4]米利乌斯把这个小鸡解释为赫尔墨斯的鸟，[5]这是水银蛇的另一个同义词。

189 从这种脉络中我们可以看出，这个在核心的正中进行的干馏釜蒸馏导致了精神中心的激活和发展，这在心理学上与自性的概念是相一致。

1 P. 42.

2 P. 117.

3 Ed. Ruska, p. 94. Cf. Codex Berolinensis 532, fol. 154^v:“……那个太阳点，它是鸡蛋的胚芽，位于蛋黄之中。”

4 *Ars chemica*. “Consilium coniugii” 可追溯到13世纪。

5 *Phil. ref.*, p. 131.

7. 在泉水中化合

190 帕拉赛尔苏斯说，在这个过程结束之际，将会出现一道“自然的闪电”，“萨杜恩的闪电”将与太阳的闪电分离开来，在这道闪电中出现的东西与“长寿”有关，“毫无疑问也与伟大的伊利亚斯特”[1]有关。这个过程并没有从体重中拿走任何东西，而只是从其“骚动”中并且“借助于这些清澈的色彩”而拿走了一些东西。[2]作为这项工作之目标的“心灵的平静”[3]也受到其他炼金术士们的强调。对于身体，帕拉赛尔苏斯并没有说什么好话。它“很坏很堕落”。它在活着的时候，只靠“木米亚”而活。其“持续不断的努力”就是腐烂并变回到污秽。借助于木米亚，这个“奇妙的微观世界”(流浪的微观世界)控制着物理的身体，为此就需要有秘方。[4]在这里帕拉赛尔苏斯特别强

---

1 只要有一道闪电就能把萨杜恩的黑暗变成朱庇特的光明。Ruland(*Lexicon*, p. 135)说:“金属的爆炸是用更高级的金属进行的净化过程。……爆炸是通过煮沸(excoction)把纯净的部分引出来而进行的一种金属的演化，完善就是通过放射出光彩而表现出来的。”

2 这些颜色指的是孔雀的尾巴，它就是在这项工作完成之前出现的。

3 Cf. infra, pars. 201f.

4 因为“从终有一死的人身上是不可能导致产生长寿的任何事物的，因为长寿是在身体之外的”。“Fragmenta medica,” ed. Sudhoff, III, p. 291.

调Thereniabin[1]和Nostoch[2](就像以前对黄桂竹香的强调一样),而且强调梅丽莎"惊人的力量"。之所以把梅丽莎挑选出来给予特殊的荣誉,是因为在古代医学它被认为是引发幸福的一种手段,而且被当作一种治疗忧郁症的方法来使用,还用作清洗身体中"黑色的、被烧过的血液"的一种方法。[3]它在自己身上把"超天国化合"的力量结合起来,而这就是"来自真正的阿尼亚德斯的伊洛克"。正如帕拉赛尔苏斯恰好就在说到之前Nostoch,他亲眼看见伊利亚斯特变成了伊洛克。这种现在已经现身的阿尼亚德斯成了伊洛克的本质,即化合的本质。但是这种化合指的究竟是什么呢?在此之前帕拉赛尔苏斯曾讲过,这是萨杜恩和太阳的分离。铅是冰冷、黑暗、沉重和不纯净的成分,而金子则恰好相反。当这种分离完成时,身体便被梅丽莎净化了,从萨杜恩的忧郁症中解脱出来,此时化合就能和那个长寿的内在人物

1 Thereniabin是帕拉赛尔苏斯最喜欢的一种秘方。它是吗哪的脂肪或油,即通常人们熟知的蜜露——一种黏性的、粘在叶子上的、有点甜味的东西。帕拉赛尔苏斯说,这种蜜露从天上落下来。作为一种天国的食物,它有助于升华。他还称之为"五月朝露"(maydew)。[因为在麦角酿制的五月朝露和柯勒律治在"忽必烈汗"中的意象之间可能有联系,see Todd,"Coleridge and Paracelsus,Honeydew and LSD"。——英编注]

2 Nostoch并非像鲍登斯坦因设想的那样是火的一个种类,而是在连续不断地下雨之后出现的一种凝胶状的水藻。在现代植物学中这些水藻仍然以念珠藻属植物而为人们所熟知。在早些时候人们设想,念珠藻属植物是从天空掉下来的,或从星辰上掉下来的。(它们也被称为葛仙米和橙黄银耳。)Ruland(*Lexicon*, p. 240)将其界定为"某颗星的一束光或发光,或者是扔到地上的它的废弃物、多余物等"。因此,和thereniabin一样,它是一种升华的秘方,因为它来自天国。

3 Tabnaemontanus, *Herbal*, s.v. "Melissa."

或灵魂人物一起发生了，[1]"Enochdianus"就是从这种融合中产生的。伊洛克或阿尼亚德斯看起来就像是不朽之人的美德或力量。这个"伟大的工作"是通过"两个世界的上升"而发生的，而且"在真正的五月，当阿尼亚达的上升开始的时候，这些就应该被收集起来了"。在这里帕拉赛尔苏斯再一次在朦胧中超越了他自己，但是以下这一点至少是非常明显的，即阿尼亚德斯表示一种春天的条件，就像多恩所界定的那样，是"事物的功效"。

191 我们曾在我早期的一篇希腊文的文本中遇到过这个主题，题目是"科马里奥斯大主教对克里奥帕特拉的教诲"(Instruction of Cleopatra by the Archpriest Komarios)，[2]在其中奥斯坦尼斯[3]及其同伴对克里奥帕特拉说：

> 让我们知道最高级的东西是怎样下降成为最低级的东西，最低级的东西是怎样上升成为最高级的东西，而位于中间的是怎样拉近与最高级和最低级的距离，以便使它们成为一体的；[4]圣水是怎样从上而降以唤醒那些横七竖八地躺在冥府

1 由于这个原因，化合被描述为两个有翅膀的生物的拥抱，就像在《哲学玫瑰园》中那样。Cf. *Psychology and Alchemy*, Fig. 268.

2 这个文本可以确定是公元1世纪发表的。Berthelot, *Alch. grecs*, IV, xx, 8.

3 一个或许在公元前4世纪就已经是传奇人物的(波斯)炼金术士。

4 我在贝特洛的文本中插入了关于MS. Paris 2250的那篇读物(低层)，这样可以使意义更好理解。

之中、被铁链锁在黑暗之中的死人的；是怎样把生命的万应灵药给他们服下并把他们唤醒，使他们从沉睡中醒来。……

192 克里奥帕特拉回答说：

> 当圣水进来时，它们唤醒了被囚禁和无力的身体与精神。……他们逐渐地使自己振作起来、站起身来、给自己穿上色彩斑斓的衣服，[1]就像春天的花朵一样壮丽。春天为他们披上了开花成熟的盛装而感到高兴。

193 鲁兰把阿尼亚达[2]定义为“乐园和天国的果实与力量；它们也是基督教的圣餐……这些东西通过思想、判断和想象而促使我们获得长寿”。[3]因此它们似乎是一些赋予永久生命的力量，是一种甚至比黄桂竹香、Thereniabin、Nostoch和梅丽莎更强有力的φάρμακον ἀθανασìας。它们相当于科马里奥斯的圣水，也显然相当于圣餐物质。在春天所有的生命力量都处在欢乐兴奋的状态，炼金工作也应该在春天开始[4]（在白羊座那个月

---

1 拉丁炼金术士的孔雀尾巴。

2 与aniadorum相对应的主格复数形式可能是aniada，而不是aniadi。

3 *Lexicon*, p. 30.

4 在意思上与aniadus这个术语最接近的一个派生词就是来自ἀνύειν，即“完善、完成”。Anyadei这种形式，被Ruland（*Lexicon*, p. 32）界定为“永恒的春天、新世界、即将到来的乐园”，就是为支持这种论点所做的论证。

一场鱼宴，伴随着雌雄同体的雕塑。虽然这幅画无疑是世俗的，却包含着早期基督教主题的一些回应。我并不知晓雌雄同体在这个脉络中的意义。大英博物馆，MS. Add. 15268（13世纪）。

图B1

以雌雄同体的形式表现出来的儿子或国王。圣母玛利亚的公理以1+3条蛇为代表：儿子作为中介者，把一和三结合起来。从特点上看，它长着蝙蝠的翅膀。右边是鹈鹕，是循环蒸馏的象征，左边是开着金花的哲学树；在最下边是阴间的三组合，是一条长着三个头的蛇。摘自 *Rosarium philosophorum* (1550), fol. X, iii[v]。

图 B2

画谜：摘自“Book of the Holy Trinity and Description of the Secret of the Transformation of Metal”（1420），in the Codex Germanicus 598（Staatsbibliothek，Munich），fol. 105v。这个插图可以作为*Rosarium*（pl. B2）中雌雄同体的一个示范。

图B3

梅露西娜是永恒的水，她用朗基努斯的长矛打开了儿子的侧面（基督教的一个寓言）。中间的那个人是夏娃（地球），她在化合中与亚当（耶稣基督）重新结合在一起。从他们的结合中诞生了雌雄同体的人，即具象化的原始人。右边是炼金术浸煮炉（火炉），容器在中间，哲人石（雌雄同体的人）将从其中产生出来。两边的容器包含着太阳和月亮。该木版画来自Reusner的*Pandora: Das ist, die edelst Gab Gottes, oder der werde und heilsame Stein der Weysen*（Basel，1588），p. 249。

图B4

作为梅露西娜的阿尼玛拥抱着一个从大海(=无意识)中升上来的男子:阿尼玛与人体的一种融合(a coniunction animae cum corpore)。那些小矮人就是以妖精(精灵)的形式表现出来的星辰的精灵。大英博物馆,MS. Sloane 5025,Ripley *Scrowle*(1588)的一种变体。

图 B5

国王之子和神秘主义宗教信条的传播者赫尔墨斯在一座山上，显然暗指那种诱惑(Luke, ch. 4)。与之相关的文本说："印度的另一座山在容器中，它们是作为儿子和向导的精神与灵魂而一起攀登上来的。"之所以把这两者称为精神和灵魂，是因为它们代表在原初物质加热过程中升上来的易挥发物质。摘自 Lambspringk, "De lapide philosophico," fig. XII, in *Musaeum hermeticum*(Frankfurt a. M., 1678), p. 365。

图 B6

Sed si simplicium partes spirituosæ essentiæ crassamentis, & terrenis fæcibus immersæ, ut tenuiores, & puriores evadant, & crassis illis, & impuris exonerentur, & in fecibus relinquant, velut medicis usibus ineptæ, oportet multiplicatis viribus, in se ipsas resolvantur, & reducantur, ut assiduo motu circumgyratæ nobiliorem vim, & magis egregiam sortiantur. Vas excogitatum est, quod Pelicanũ vocant, quod ad avis Pelicani figuram adumbratum est, in quo simplicium partes magis tenues per collum eductæ, & per rostrum in apertũ pectus infixum quasi in ventum super feces regerantur, iterumque per collum sublatæ indefatigabili motu aquositatem, crassitiem recipientem paulatim exhauriant, & simplicia assidua rotatione non solum depurentur: sed etiam altius virtutes exaltentur. Vas, E, litera insignitur.

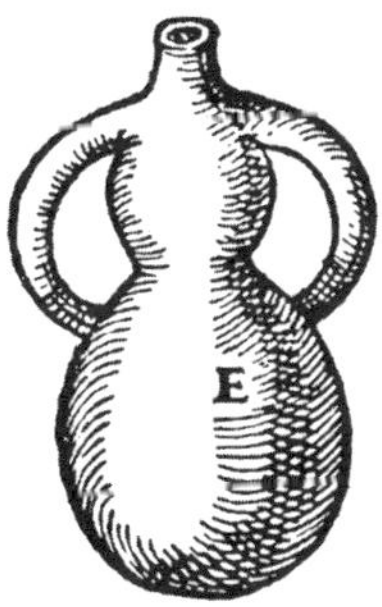

Alii verò alio modo effingunt. Duo vasa capiunt, quod alteri alter innectatur & quod unum recipit alteri reddit, utrumque alterius altero alvo rostro infigitur. H

鹈鹕图，在里面发生循环蒸馏的容器。本页摘自Rhenanus, *Solis e puteo emergentis sive dissertationis chymotechnicae libri tres*（Frankfurt, a. M., 1613）。

图B7

已经开始了，其统治者是战神玛耳斯）。在那时应当“采集”阿尼业达，仿佛它们是治病的药草。这里有一种含义不明确的解释：它的意思也可以是，为了伟大转换而把所有力量都聚集在一起。普利菲洛的神圣婚姻也同样发生在五月，[1]就是说，与灵魂的结合，后者包含着诸神的世界。在这种婚姻中人与神成为一体；正如帕拉赛尔苏斯所说，这是“两个世界的兴奋”。他颇有深意地补充说：“而且荨麻的兴奋也会燃烧，小火焰的色彩[2]闪闪发光。”之所以把荨麻用作医学目的（准备荨麻水）并且在五月份采集，是因为在它们幼小时，它们的刺最强。因此荨麻是年轻的象征，“最容易成为不良欲望的火焰”。[3]这种暗指有刺的荨麻和小火焰（flammula）是一种慎重的提醒，不仅圣母玛利亚而且维纳斯也是在五月取得统治地位的。在下一句话中帕拉赛尔苏斯说，这种力量“还能够变成别的东西”。他说，有一些比荨麻的力量强大得多的兴奋，意即阿尼亚达，这些并不

1 金牛宫，五月的黄道宫，是维纳斯的宫位。在希腊和埃及的黄道十二宫图中公牛携带着日轮（sun-disk），它就在镰刀状的弯月中（维纳斯之船），是化合的一种意象。（Cf. Budge，*Amulets and Superstitions*，p. 410.）金牛宫是由带有月钩的日轮组成的：♉。参见炼金术的类比，载Dee，“Monas hieroglyphica，” *Theatr. chem.*，II（1659），pp. 200ff。

2 我已经对“nitetque ac splendet flammulae color”做了一个字面的翻译。但是，既然帕拉赛尔苏斯熟悉Agrippa的*De occulta philosophia*，他可能指的是，或者引用的是摘自这本著作的一个片段。在Book I，ch. XXVII中，我们可以看到，树木和植物“浑身长满了尖硬的刺，只要一触碰到它们，就会把皮肤烧灼、刺痛或割伤，例如大蓟蓟（thistle）、荨麻和小火焰”。在这里小火焰是各种毛茛（ranunculus）的名称，曾被用作腐蚀剂和发疱剂，在Dioscorides（*Medica materia*，p. 295）中也是这样提的。

3 Picinellus，*Mundus symbolicus*，s.v. “urtica.”

是在基质中发现的，就是说，不是在物理元素中，而是在天国的元素中发现的。如果月中日不能产生更大的事物，它就什么都不是。因为当天国的花朵盛开时，它已经造出了另一个五月。此时就必须把阿纳奇姆斯[1]提取出来并加以保存，甚至作为“放在香盒[2]中的麝香和鸦片酊[3]中金子的美德”。只有当一个人收集了阿纳奇姆斯的力量时，他才能享受长寿。据我所知，还没有办法把阿纳奇姆斯和阿尼亚德斯区分开来。

1 阿纳奇姆斯（Anachmus）是和斯卡约拉（Scaiolae）一起被提到的，see infra，par. 207。

2 香盒（Pomander）= pomambra = pomum ambrae。琥珀是锅鱼或抹香鲸的一种难以消化的肠胃结石，因为其香气（龙涎香）而深受人们珍视。这些以及其他芳香剂曾被用作“瘟疫球”，以祛除病房中的恶臭蒸汽。在Dioscorides（*Medica materia*，p. 42）中，苔藓是作为一种芳香剂而被提到的。在Agrippa（*Occult. phil.*，I，p. xxxiv）中，这种属于维纳斯的芳香剂包括“劳丹脂，琥珀苔藓”。在我们的文本中，“苔藓在香盒中”，紧接着的是“鸦片酊”。根据Dioscorides（*Med. mat.*，p. 106）的观点，劳丹脂是一种外来植物的汁液，它的叶子可以“在春天取得某一种脂肪……由此可以制成所谓的劳丹脂”。Tabernaemontanus说，这种汁液就是芳香剂。

3 鸦片酊（Laudanum）是帕拉赛尔苏斯的一种神秘药物。它和鸦片（opium）毫无关系，虽然它可能是从上述的劳丹脂（ladanum）派生而来。鲍登斯坦因（*De vita longa*，p. 98）提到过帕拉赛尔苏斯的两种鸦片酊处方。

（二）

自然转换的秘密

194　　被鲍登斯坦因和多恩解释为“事物的效能”的阿尼亚德斯（或阿尼亚德姆）却被鲁兰定义为“在我们心中再生的精神的人，是圣灵通过最神圣的圣餐而植根到我们基督徒中的天体”。这种解释对于阿尼亚德斯在帕拉赛尔苏斯作品中所发挥的作用是非常恰当的。虽然这显然与圣餐有关，尤其是与领受圣餐有关，同样显而易见的是，在基督教的意义上把人的灵魂（the inner man）唤醒或植入是毫无疑问的，但借助于医学性质的神秘技术把自然人与精神的人“科学地”结合在一起却是有问题的。帕拉赛尔苏斯小心地避免使用教会的术语，而是使用一种特别难以译解的神秘语言，因为其目的显然是要把“自然的”转换秘密与宗教秘密分离开来，并把它有效地藏匿起来不会被人窥见。否则这篇论文中那些混乱的神秘术语就无法解释了。一个人不可避免地会留下这种印象，这个秘密在某种意义上与宗教秘密相反：正如“荨麻”和小火焰所示，爱欲的暧昧不明也包含在其中。[1]正如《寻爱绮梦》所证明的，它和古代异教徒的关系要比和基督教奥秘的关系密切得多。也没有任何理由假设，帕拉赛尔苏斯发现了一些肮脏的秘密；一种更有说服力的动机是他作为医生的经验，他不得不应对像他一样的人，应对他不会成为的那种人，还有在生物学上讲绝不可能成为的那种人。许多问题都向一个医生提出来，他无法用“应该怎样”来做出诚实的回答，而只能凭借他关于自然的知识和经验来回答。在这些关于自然奥秘的片段中，我们不可能认为这是帕拉赛尔苏斯的一种错位的好奇心或不合情理的兴趣；相反，它们见证了一个医生想要对心理学问题做出满意回答所付出的巨大努力，教会的诡辩家则倾向于按照自己的喜好来扭曲这些问题。

195 这个自然的奥秘确实与教会的观点很不一致——尽管有表面的类似性，匈牙利炼金术士尼古拉斯·媚儿基奥尔·塞拜尼，[2]拉蒂斯劳二世（1471—1516）的宫廷占星学家，曾经大胆地

1 关于这个论点的证据可以在炼金术士和神秘家约翰·波德基（John Pordage，1607—1681）的著作中发现，“Ein Philosophisches Send-Schreiben vom Stein der Weissheit”，印刷自Roth-Scholtz, *Deutsches Theatrum chemicum*, I, pp. 557—596。至于文本，请参见我的“Psychology of the Transference”，pars. 507ff。

2 在斐迪南一世统治时期被判处死刑并于1531年5月2日被处死。See *Psychology and Alchemy*, par. 480 and n.

想要以弥撒的形式呈现炼金工作。[1]很难证明炼金术士们是否意识到以及在多大程度上意识到他们是与教会相冲突的。通常他们并没有表现出洞察到他们的所作所为。这也同样适合于帕拉赛尔苏斯——除了关于"异教"的少数提示之外。比较可以理解的是，他们不可能做任何真正的自我批评，因为他们真的相信，他们是在遵循"quod natura relinquit imperfectum, ars perficit"（自然遗留下的不完善，由艺术来完善）的原则做一件使上帝高兴的事情。帕拉赛尔苏斯本人对其作为医生这个专业完全充满了虔诚感，什么也不可能使他的基督教信仰受到忧虑和干扰。他理所当然地认为，他的工作是对上帝之手的补充，他就是把一切都托付给他的那个天才的忠实管家。而且实际上他也是正确的，因为人类的灵魂并不是从大自然中切割下来的东西。和任何其他事物一样，这也是一种自然现象，它的问题和身体的疾病所表现出来的问题和谜一样重要。另外，很少有心理因素不在其中发挥作用的身体疾病，就像在许多精神疾病中必须考虑身体因素一样。帕拉赛尔苏斯充分认识到这一点。他以其独特方式把精神现象考虑在内，这或许是在他之前或之后任何伟大的医生都无法比拟的。虽然在我们这些所谓现代人看来，他的霍蒙库鲁斯、幽灵、Durdales、仙女、梅露

1 "我要首先对教皇尼古拉斯和匈牙利与波希米亚国王用弥撒的形式补充和进行"，*Theatr. chem.*，III（1659），pp. 758ff。

西娜等都是最粗俗的迷信，但对于帕拉赛尔苏斯那个时代的人来说，它们却绝对不是那种迷信。在那些时代，这些人物可都是活生生的和有效的力量。它们当然是一些投射；但是，帕拉赛尔苏斯对此也略有所知，因为从其作品的很多片段中显而易见，他已经意识到，那些霍蒙库鲁斯以及诸如此类的东西都是想象的创造物。他的更原始的性情曾把某种现实归因于这些投射，而且这个现实要比我们理性主义假设的被投射内容的绝对非现实性更适合于他们的心理效应。无论他们的现实可能是什么，在功能上他们的行为却无论如何都像是现实。我们不应当因为当代理性主义对迷信的恐惧而受其蒙蔽，以至于我们完全看不到那些超越我们当前科学理解的鲜为人知的心理现象。虽然帕拉赛尔苏斯当时并没有心理学的概念，但正是由于其"蒙昧的迷信"，他可以深刻地洞察到那些心理事件，而最新的心理学只是在现在才努力想要对此重新进行调研。尽管神话学可能不像数学法则或物理实验意义上那样"真实"，但它仍然是一个严肃的研究主题，包含着像自然科学一样丰富的真理；只不过，它们放在一个不同的平台上。一个人完全可以对神话学采取科学态度，因为它就像植物、动物或化学成分那样，是一种很好的自然产物。

196 即便心理是意志的产物，它仍然不会置身于自然之外。毫无疑问，如果帕拉赛尔苏斯能够在一个人们曾怀疑心理是科学研究主题的时代提出他的自然哲学，那就会是一个更大的成就。实际上,他只是把一些已经存在的、并非一定要重新证明其存在的东西包含在他的研究范畴之中。即便如此,他的成就仍然非常大,尽管我们现代人仍然发现难以正确地评估他的观点的全部心理学内涵。最后,人们在一千多年的时间里竟然相信金属转化以及与此同时工匠的心理也会发生转换这种"谬论",我们对促使人们相信这种"谬论"的原因和动机知道些什么呢?我们从未严肃地考虑过这个事实:对中世纪的研究者来说,世界得到上帝之子的拯救和圣餐成分的变体并不是关于人及其灵魂的许多奥秘的最后定论,也不是对此的最后解答。如果炼金工作宣称与弥撒的神圣工作等量齐观,那么这样说的理由并不是出于荒谬的推测,而是出于下述事实:被教会的永恒真理所忽视的广袤、未知的大自然正迫切需要得到认可和接受。帕拉赛尔苏斯早在现代之前就已经知道,这个大自然不仅是化学的和物理的,而且也是精神的。尽管他的幽灵和不可名状的东西无法在试管中得到证明,但它们在他的世界上有它们自己的地位。而且,即便和他们所有的其他人一样,他从未生产过任何金子,但他仍然处在精神转换过程的轨道上,对个体的幸福而言,这要比获得那种红色酊剂具有更加无可比拟的重要性。

1. 黑暗之光

197 所以,当我们试图阐明《长生不老》之谜语的时候,我们是在追随心理过程的踪迹，这是所有追求真理者的极其重要的秘密。并非预期能解决所有问题的神赐的恩惠都能得到恩准，也不可能使所有的人都满足于享受揭示了真理的阳光。通过圣灵的优雅而在心中点亮的光，那种相同的自然之光，无论它可能有多么微弱，对他们来说，都要比在黑暗中照耀的以及黑暗不可理解的伟大的光更为重要。他们发现，在大自然的黑暗之中隐藏着一个光亮，一个小小的火花，若没有它，黑暗就不成为黑暗。[1]帕拉赛尔苏斯就是这些人中的一位。他是一个善意的、谦卑的基督徒。他的道德及其声称的信仰是基督教的，但他最隐秘的、最深刻的激情，他的全部创造性渴望，却都属于自然之光，它是埋藏在黑暗之中的神圣火花，即便上帝之子的拯救也无法唤醒他的死亡之睡眠。来自上空的光使黑暗仍然更加黑暗；但这种自然之光却是黑暗本身的光，它把自己的黑暗照亮，这是黑暗可以理解的光。因此，它把黑暗变成了光明，把"所有多余的东西"烧得一干二净，留下来的除了"faccem et scoriam et terram damnatam"（渣滓和熔渣以及废弃的泥土）之外，什么也没有。

198 和所有的哲学炼金术士一样，帕拉赛尔苏斯寻求的是使他能够掌控黑暗、能够克服人的身体的有限性、能够掌控灵魂的

1 "Pharmaco ignito spolianda densi est corporis umbra."（被点燃的药物，致密体的阴影就可以被去掉了。）Maier, *Symbola aureae mensae*, p. 90.

东西，这个灵魂与世界和物质无形地交织在一起，以一些奇怪的、魔鬼人物的可怕形式表现出来，而且似乎是那种缩短生命的疾病的神秘根源。教会可以驱除妖魔并把它们赶走，但那样做只会使人与自己的本性疏离，其本身则无意识地使自己披上了这些鬼怪形式的伪装。炼金术的目标并不是与自然和本性相分离，而是与自然和本性结合在一起。从德谟克利特时代起其主题就一直是："自然享有本性，自然征服本性，自然统治着本性。"[1]这条原则不相信感情，是自然崇拜的一种表达方式。自然不仅包含着转换的过程，它本身就是转换。它并非力求分离而是力求结合，寻求在死亡和再生之后的婚宴。帕拉赛尔苏斯的"五月提升"就是这种婚姻，即"相反的对立物之间的婚姻"（gamonymus），或者光明与黑暗以太阳和月亮的形象举行的神圣婚姻。在这里相对立的东西把上天的光明予以严格区分的东西都结合在一起了。这并不完全是要回归古代，继续坚持那种与基督教信仰如此相悖的对待自然的宗教感，这在《巴黎大魔法纸莎草书》（"Great Magic Papyrus of Paris"）[2]的《神秘铭文》中得到了最美妙的表述：

欢迎你啊，全部的空中精灵，欢迎你啊，从天国进入

1 Berthelot, *Alch. grecs*, II, I, 3.

2 Preisendanz, *Papyri Graecae Magicae*, I, p. 111.

大地，以及从处在宇宙之中的大地进入深渊之极限的精灵，欢迎你啊，进入我心中、给我震撼，并且根据上帝的意志善意地与我分离的精灵；欢迎你啊，不可移动的大自然的开始与结束，欢迎你啊，使不知疲倦地提供服务的元素一再出现的你，欢迎你啊，闪闪发光的太阳，你的光辉赋予了世界，欢迎你啊，以光辉多变的月轮照亮了夜晚的月亮，欢迎你啊，所有空中魔鬼们的精灵，欢迎你啊，把赞美的问候送给兄弟和姐妹、虔诚的男人和女人吧！哦，伟大的、最伟大的、不可理解的、以圆圈形成的世界结构！天国的精灵啊，居住在天国之中，天上的精灵啊，居住在以太之中，具有水的形式、土的形式、火的形式、风的形式、光明的形式、黑暗的形式，星光闪烁、潮湿—暴躁—冰冷的精灵。我赞美你啊，诸神的上帝，你缔造了世界，你在其牢固基础的无形支持下建立了深奥，你把天国与大地分开，用金色、永恒的翅膀把天空包围住，并在永恒的基础上建立了大地，你把以太高高地悬挂在大地之上，你用自我移动的风把空气吹散，你把水洒向四面八方，你引起狂风暴雨、电闪雷鸣、大雨倾盆：生物的毁灭者、产生者，伊雍的上帝，伟大的艺术，主啊，上帝，万物的统治者！

199 正当我们在铭刻着魔法符号的弥撒中进行这种祷告时，自然之光也从一个有小精灵和其他黑暗创造物的世界中升起来，蒙在魔咒的面纱里，差一点在一个神秘化的困境中毁灭。自然这个词当然是个多义词，如果帕拉赛尔苏斯和炼金术士们焦虑地意识到他们的责任，小心翼翼地用寓言表达他们的观点，那么我们就既不能责备帕拉赛尔苏斯，也不能责备炼金术士们。这个程序确实是这些情况下比较适合的程序。在光明和黑暗之间发生的事情，把对立物结合起来的事物，在双方各有一份，既可以从左边进行判断，也可以从右边进行判断，不会使我们变得更加聪明：确实，我们只能重新开始对立。在这里只有象征能提供帮助，因为，根据其自相矛盾的性质，它代表的是在逻辑上并不存在，但现实中却是活的真理的"中间状态"（tertium）。所以我们不应该因为帕拉赛尔苏斯和炼金术士们使用其神秘的语言而抱怨他们：对精神发展问题的更深刻洞见很快便教导我们，保留判断而不是不成熟地向每一个人宣布事情的真相是一件多么好的事情。当然，我们都有一种可以理解的清明的欲望，但我们倾向于忘记，在精神事物中我们应对的是经验过程，就是说，应对的是这种转换，如果它们的生物运动不是要石化成某种静态的东西，那么就不应该给这些转换提供一些不可更改的名称。变化多端的神话和闪烁的象征表达的是比最清晰的概念还要中肯，而且最终还要清楚得多的心理过程；因为这种象征表达的不仅是一种过程的形象化，而且——这一点或许同样重要——还会产生对它的重新体验，对我们只有通过不会对人造成伤害的共情（empathy）才能理解的朦胧状态的重新体验，但这种朦胧状态只是消除了那些过分清晰的方面。这样，当天国的花朵开放、人的灵魂的秘密得以展现出来时，“真正的五月”婚姻和提升的象征暗示，才会通过话语的真实选择和声音传达一种观点和顶级的体验，其意义只有诗人们最优雅的飞翔才能得到扩展。但是，这种清晰而又明确的概念根本不可能找到任何可适用之地。不过，有人发出了一种具有深刻意义的声音，因为正如帕拉赛尔苏斯正确说明的那样：“当天国的婚姻得以完成之际，谁还愿意否认其最佳的美德呢？”

2. 人的两种本性的结合

200 在这里帕拉赛尔苏斯关注的是某种具有极重要意义的东西，在认识到这一点时，我为这种象征做了一个辩解，把那些被分离开的东西结合起来了。但是他也觉得有必要做出某种解释。因此，在《全集》卷五第二章里他说，人有两种生命力，其中一种是自然的生命力，另一种是“虚无缥缈的生命力，其中并没有实体的东西存在”。（我们会说，生命有生理的和心理的方面。）因此他在《长生不老》这本书的结尾讨论了一些非物质的事情。“大自然拒绝把她最重要和最美好的宝藏给予人类，它是大自然的主宰所包含的东西，意即，自然之光。在这方面很悲惨的是人类啊！”[1]他大声地喊叫着，给我们留下的毫无疑问就是自然之光对他的意味所在。他说他现在要超越大自然并考虑阿尼亚德斯。对于他现在将要提出来的关于瓜里尼、萨尔帝尼、萨拉曼德里尼和梅露西娜的力量的观点，不要让任何人予以反对。如果有人对帕拉赛尔苏斯的话感到惊讶，他就不应该让自己因为这种事而受到耽搁，而是应该一直读到最后，此时他就会恍然大悟了。

201 帕拉赛尔苏斯说，那些人活得寿命最长，他们过的是“空中的生活”(vitam aeream)。他们的寿命比任何事物都长，从600年到1 000年或1 100年，这是因为他们是按照“玛格纳利亚的规则”(rule of Magnalia)而生活的，“这很容易理解”。因此，一个人应当模仿阿尼亚德斯，“以及那种单独借助于空气的力量”(就是说，借助于精神手段)，“其力量如此之人，以至于生命的终结与此毫无共同之处。再者，如果缺少这种空气，躲藏在囊(capsule)中东西就会爆发出来。”所谓的“囊”，帕拉赛尔苏斯的意思很可能是指心脏。灵魂或原初阿尼玛[2]就居住在心脏的火中。它是没有感觉力的(没有情感的，不能感受到痛苦的)，而有感觉力的(passibilis)的生病的灵魂则“漂浮”在囊

1 “Miseros hoc loco mortales, quibes primum ac optimum thesaurum (quam naturae monarchia in se claudit) natura recusavit, puta, naturae lumen.” *De vita longa*, ed. Bodenstein, p. 88.

2 灵魂或原初阿尼玛(anima iliastri)，指硫黄和原初物质的灵魂。——中译注

的水上。[1]心脏也是想象的场所，是“微观世界中的太阳”。[2]因此，当原初阿尼玛缺乏“空气”时，它就会从心脏里爆发出来；就是说，如果心理治疗不起作用，死亡就会过早地出现。[3]帕拉赛尔苏斯继续说道：“如果这里［即原初阿尼玛］完全充满了可以使它自己再次获得新生的那种［空气］，然后移动到中心，就是说，在它以前藏身于其中而且现在仍然藏在里面的那个东西中［意即，藏在心脏的囊中］，那么，作为一个安静的事物，它根本就不可能被任何肉体的东西听到，而且只能作为阿尼亚德斯、阿德奇和艾多奇纳姆而发出回响。由此而诞生了那个伟大的阿夸斯特，它是在自然之外（即超自然地）诞生的。”[4]

---

1 “Liber azoth,” p. 534.

2 “De pestilitate,” Tract. I, ed. Huse, I, p. 334.

3 “Nihil enim aliud mors est, nisi dissolusio quaedam, quae ubi accidit, tum demum moritur corpus....Huic corpori Deus adiunxit aliud quoddam, puta coeleste, id quod in corpore vitae existit. Hoc opus, hic labor est, ne in dissolutionem, quae mortalium est ac huic soli adiuncta, erumpat.”（因为死亡并不是别的，而只不过是当身体死亡时而发生的消亡。……上帝给这个身体增加了某种具有天国性质的其他东西，即存在于身体中的有生命的东西。这就是那件任务，这就是那种劳苦：它并不是作为终有一死的人的命运而在消亡时爆发出来的，而是单独和这个［身体］结合在一起的。）“Fragmenta,” ed. Sudhoff, III, p. 292.

4 “Sequuntur ergo qui vitam aeream vixerunt, quorum alii a 600 annis ad 1000 et 1100 annum pervenerunt, id quod iuxtapraescriptum magnalium quae facile deprehenduntur, ad hunc modum accipe: Compara aniadum, idque per solum aera, cuius vis tanta est, ut nihil cum illo commune habeat terminus vitae. Porro si abest iam dictus aer, erumpit extrinsecus id, quod in capsula delitescit. Jam si idem ab illo, quod denuo renovator fuerit refertum, ac denuo in medium perlatum, scilicet extra id sub quo prius delitescebat, imo adhuc delitescit, iam ut res tranquilla prorsus non audiatur a re corporali, et ut solum aniadum adech, denique et edochinum resonet.” Lib. V, cap. III. （转下页）

202 这种颇费周折的解释的意义似乎在于，通过精神手段不仅可以阻止灵魂逃避，而且还能把它带回到中心，即心脏区域中来。但这一次它并没有被封闭在心包之中，那里是它的藏身之处，也可以说直到那时它还被囚禁着；现在它在这个以前的住所外面了。这表示它在某种程度上摆脱了身体的束缚，从而导致灵魂的“平静”，当灵魂居住在心脏里面时，它就会过多地受想象力的影响，受阿瑞斯和构型原则的影响。尽管考虑到心脏所有的美德，但它是一个无休止的和情绪性的东西，非常容

（接上页） 多恩（*De vita longa*，p. 167）对这段话的评论如下：

a）**对阿尼亚德斯的模仿**是在“imaginationis aestimationis vel phantasiae”的影响下发挥作用的，它等同于“空气”= 精神。据此这段话的意思显然是指在瑜伽中或者在依纳爵·罗耀拉的精神实践活动中发生的那种积极想象，他使用consideratio，contemplation，meditation，ponderatio和imaginatio per sensus这些术语来指代想象内容的“实现”。（Cf. *The Spiritual Exercises of St. Ignatius Loyola*，trans. Rickaby，尤其是pp. 40ff.，对地狱的沉思。）阿尼亚德斯的实现和在这些实践活动中对耶稣生活的沉思具有相同的目的，其差别在于，在前一种情况下，是那个未知的原始人通过个体的经验而得到同化，而后一种情况下，它是人子的那种已知的、历史的人格。

b）多恩把**缺少空气**解释为由以下事实引起的：它被实现所要求付出的努力“耗竭殆尽”了。

c）**从心脏中爆发出来**的东西是邪恶，它就居住在心脏中。多恩继续说道：“它确实被限制在这个它仍然藏身其中的工具里。”文本并不支持他对邪恶和限制的推测。相反，多恩忽略了前面的提纯（depuratio），这样做的结果是，这种操作是在已经净化了的（“被煅烧的”）身体中发生的。反射（reverberatio）和随后的升华过程已经把那些更致密的元素祛除了，包括黑化（nigredo）和邪恶。

d）由于多恩的这种推测的结果，他只好把“不平静”（intranquilla）读作“平静”（tranquilla）。

e）在这里多恩把阿德奇定义为“想象的人的灵魂”，把艾多奇纳姆定义为像以诺一样长寿的人。

易因身体的动荡而摇摆不定。在里面居住着那个不得不与更高级和更多精神性的伊利亚斯特分离开来的较低级、世俗的、“病态的”灵魂。在这个自由和比较平静的领域，只要没有被身体听到，灵魂就能够对那些形成上层三位一体的更高级实体，阿尼亚德斯、阿德奇和艾多奇纳姆重新做出回应。

203 我们已经发现，阿德奇代表的是那个内部最大化的人。他是天上的人，是微观世界中的宏观世界的表现。既然他的名字是按照阿尼亚德斯以及艾多奇纳姆来起的，他们很可能就是相同的指涉。正如早先提到的，阿尼亚德斯当然有这层意思。艾多奇纳姆似乎是以诺迪亚德斯的一个变体：属于原人的以诺，与原始人（Original Man）有关，他“从未尝过死亡的味道”，或者至少活了几百年。这三个不同的名称很可能只是同一个概念的扩展，即不会死的原始人的概念，而终有一死的人则可以借助于炼金术的产品而与他一样长寿。由于这种近似性的结果，最大化的人的力量和属性就像一条有帮助和有治愈作用的小溪，流进微观世界的终有一死的人的尘世的性质之中。帕拉赛尔苏斯关于最大化的人这个概念完全可以阐明炼金术工作在一般意义上的心理学动机，因为它指出，这件工作的主要产品，即aurum non vulge或哲人石，是怎样开始有这些名称和定义的这样一个变体的：炼金药、治百病的灵药、酊剂、以太、光、东方、早晨、阿瑞斯、活水泉、果树、动物、亚当、男人、高大的人（homo altus）、人形、兄弟、儿子、父亲、神父（pater mirabilis）、国王、雌雄同体、土地神（deus terrenus）、救世主（salvator）、仆人（servalor）、宏观宇宙之子，等等。[1]与炼金术士们的"1 000个名称"（mille nomina）相比，帕拉赛尔苏斯只为这个实体使用了大约十个名称，使炼金术士们实践这种带有疑问的幻象就长达1 600多年。

204 多恩的评论特别强调了这段话的意义。根据他的观点，阿尼亚德斯、阿德奇和艾多奇纳姆这三个名称构成了一个"纯洁而精炼的成分"（elementum purum temperatum），它们与第四种成分，即那些不能使人长寿的不纯净、粗糙和世俗的成分相反。从这三者中产生出那个伟大的水星的"心理愿景"，它是超自然地诞生的。就是说，那种伟大愿景是在阿德奇的帮助下，通过想象的力量而从阿尼亚狄克母亲那里产生的，它使超自然的母质怀了孕，从而诞生了那个不可见的长寿胚胎，它是由不可见或非本质的伊利亚斯特创造出来或生出来的。多恩坚持三与四相对立的观点是以他对玛利亚法则的好辩态度和四位一体与三位一体的关系为基础的，我在其他地方曾对此进行过讨论。[2]这样看来，多恩忽略了下述事实：第四种成分在这种情况下是微观的终有一死的人，是对上层三位一体的补充。[3]

1 "Lapidis philosophorum nomina," MS. 2263—2264, Ste. Genevieve, Paris, vol. II, fol. 129, and Pernety, *Fables égyptiennes et grecques*, I, pp. 136ff.

2 "Psychology and Religion," p. 60.

3 Cf. "A Psychological Approach to the Dogma of the Trinity", pp. 164ff.

205 与最大化的人相结合便产生了一个新的生命，帕拉赛尔苏斯称之为“万国生命”(vita cosmographica)。在这个生命中“时代是和身体的黄金[1]一起出现的”(cum locus tum corpus Jesahach)。[2]Locus的意思是指“时间”和“空间”，正如我们将要看到的那样，由于帕拉赛尔苏斯在这里关注的是一种黄金时代，我便把它翻译为“时代”。所以黄金的身体可能就是光荣的身体(corpus glorificationis)、被复活的炼金术士们的身体，而且会与“星体”(corpus astral)相一致。

3. 最大化的人的四位一体

206 在此最后一章里帕拉赛尔苏斯几乎没有翻译地间接提到了这四个斯卡约拉，而且人们根本就不清楚它是什么意思。对当代帕拉赛尔苏斯学派的文献有广泛了解的鲁兰把它们定义为“心灵的精神力量”(spirituales mentis vires)，由四部分组成的性质和官能，与四大元素相对应。它们是用旋风把以利亚吹上天堂的燃烧着的双轮战车的四个轮子。他说，斯卡约拉起源于人的心灵，“它们与人相分离又回归到人”(a quo recedunt, et da quem reflectuntur)。

---

1 在这里指哲学上的黄金，是暗指世俗的黄金，即金属之王。——中译注

2 Lib. V, cap. V. Jesahach是一个未知的希伯来单词。

207 和四季以及天国的四个方位一样，这四大元素是一个必然表达某种完整性的定向的四元系统。在这种情况下它显然是心灵（阿尼姆斯）的完整性，在这里最好把它翻译成"意识"（包括其内容）。意识的定向系统有四个方面，它们与四种经验功能相对应：思维、情感、感觉（感知觉）和直觉。这个四位一体是一种原型的安排。[1]作为一种原型，可以按任何不同的方式进行解释，正如鲁兰所示：他首先从心理学上把这四者解释为幻想（phantasia）、[2]想象、[3]深思熟虑（speculatio）[4]和天生的信仰（agnata fides）。这种解释只有在准确无误地暗指某些心理功能时才是有价值的。既然每一个原型在心理学上都是令人着迷的（fascinosum），就是说，可以产生某种影响以激发和控制想象，那就可以给自己披上宗教观念的伪装（这些观念本身就具有原型的性质）。因此，鲁兰说，这四个斯卡约拉也代表基督教信仰的四条主要教规[5]：洗礼、信奉耶稣基督、最后的晚餐和爱你的邻居。[6]在帕拉赛尔苏斯那里，这个斯卡约拉就是智

1 关于这种安排的逻辑方面，see Schopenhuauer, "On the Fourfold Root of the Principle og Suffiient Reason"。

2 即便在那个时代，幻想的意思也不过是一个没有客观效度的心灵的主观虚构。

3 心灵的一种可以产生意象、构成形式的创造性活动。在帕拉赛尔苏斯看来，它是星体，或者有灵魂的人的创造性力量。

4 这个词的意思是"哲学的"思维。

5 鲁兰是一个新教徒。

6 鲁兰补充说，"我们据此所获得的不仅是生命延长，而是永恒的生命。" Dorn（*De vita longa*, pp. 176f.）赞同鲁兰的心理学解释。

慧的爱人。他说:“Ye pious filii Scaiolae et Anachmi。”[1]因此阿纳奇姆斯(=阿尼亚德斯)与这四个斯卡约拉有密切关联。所以,如果我们得出结论认为,这四个斯卡约拉与传统的由四部分组成的人相对应,并表达其包罗万象的整体性,这并非鲁莽之举。最大化的人是由四部分性质组成的,这种性质是所有一分为四的事物——四大元素、四季、四个方位等的基础和原因。[2]在这个最后一章里,帕拉赛尔苏斯说,斯卡约拉使他陷入了最大的困境,[3]“因为在它们之中没有任何东西是必死的”。但是,他使我们相信,凡是“因为斯卡约拉”而活着的人都是不朽的,他用以诺戴安尼及其子孙后代的例子来证明这种观点。多恩是这样解释斯卡约拉的困境的,他说,心灵必须用不同寻常的劳动来锻炼自己(mentem exercere miris laboribus),而且,

---

1 [Sudhoff, XIV, p. 644. 这句话既可以翻译成“您虔诚的儿子斯卡约拉和阿纳奇米(Anachmi,名词,复数)”,也可以翻译成“斯卡约拉(Scaiola,所有格,阴性,单数)和阿纳奇姆斯(Anachmus,所有格,阳性,单数)虔诚的儿子”。斯卡约拉一定是阴性,因此很难是“儿子”(filii)的同位语。这段引文的位置已得到确认与核查,一开始是这样说的:“现在在我的这个哲学中说得很明白:我专门为真正的Scaiolis的爱和欢娱(*den waren Scaiolis zuliebi und gefallen*)写了一篇关于水神、火神、森林之神、gnomis的论文。因此,Ye pious filii Scaiolae et Anachmi......”这可能是荣格关于“Scaioli是智慧的爱人”这句话的来源。(如果把Scaiolis看作是阳性,在这个语境中,名词、单数就是Scaiolus,而名词复数就是Scaioli。)Cf. *Psychology and Alchemy*, par. 422, n. 50:“Scayolus……的意思是内行。”Scaiolus和Scaioli都无法从Martin Muller编撰的Sudhoff编辑的那卷书中被追溯到(Einsiedeln, 1960)。——英译注。]

2 由于这个原因,据说哲人石或儿子包含着四大元素或者是它们的第五元素,可以像阿尼亚德斯那样从其中被抽取出来。

3 “在那里更了解斯卡约拉。”(Dorn, p. 174)

由于在斯卡约拉中没有任何东西是必死的，这项工作是我们这些终有一死的人力所不能及的。[1]

208 虽然多恩和鲁兰一样，都强调斯卡约拉的精神性质（“心理力量和美德，心灵艺术的属性”），这样一来，它们实际上就都具有自然人的属性，因此必然是终有一死的，虽然帕拉赛尔苏斯本人在其他作品中说，即便自然之光是终有一死的，在这里说的却是，心灵的自然力量是不朽的，是属于阿奇的，即世界之前存在的法则。关于自然之光的“必死性”，我们听到的并不多，而是相反，听说了很多永恒法则的“必死性”，关于“不可见的最大化的人”（多恩）的“必死性”及其四个斯卡约拉的“必死性”，这些似乎都被解释为心理力量和心理功能。当我们牢牢记住，帕拉赛尔苏斯的这些概念并不是理性反思的结果，而是直觉内省的结果，这种直觉内省能够把握意识的四级结构及其原型本质，此时这个矛盾便得到了解决。一个是必死的，而另一个则是不朽的。

209 至于为什么说斯卡约拉是“困难的”，我们也可以把多恩的解释扩展到阿德奇（=亚当，原人），[2]他是斯卡约拉和/或它

1 Dorn, p. 177.

2 以下这段话摘自Pico della Mirandola（*Opera omnia*, I, p. 3018），关于犹太教神秘哲学对亚当的解释，可能已为帕拉赛尔苏斯所知：“Dixit Namque Deus: Ecce Adam sicut unus ex nobis, non ex vobis inquit, sed unus ex nobis. Nam in vobis angelis, numerus est et alteritas. In nobis, id est, Deo, unitas infinita, aeterna, simplicissima et absolutissima....Hinc sane coniicimus alterum quondam esse Adam coelestem, angelis in coelo demonstratum, unum ex Deo, quem verbo fecerat, et alterum esse Adam terrenum....Iste, unus est cum Deo, hic non modo alter est, verumetiam alius et （转下页）

们的第五元素的统治者。实际上帕拉赛尔苏斯把他称为“困难的阿德奇”。而且，正是“这个伟大的阿德奇”才是对我们的意图进行阻碍的人。[1]这门艺术的困难在炼金术中发挥的作用可不小。通常它们被解释为技术困难，但是在古希腊的文本以及在后来的拉丁文本中，常常有一些话语来描述使这项工作复杂化的那些危险和障碍的精神性质。它们部分是魔鬼的影响，部分是精神障碍，例如忧郁症。这些困难也在原初物质的名称和定义中得到了表述，作为炼金术产品的原初物质，它提供了足够的机会进行令人疲倦的耐心尝试。正如一个人可以如此恰当地用英语表述的那样，这种原初物质是“很惹弄人的”(tantalizing)：它很便宜而且可能到处都有，只是无人知晓它而已；它和由它而生产出来的哲人石一样模糊和易消失；它有“一千个名字”。而且最糟糕的是，要是没有它，这项工作甚至无法开始。炼金术士的任务显然就像是施皮特勒所说，通过一根悬挂在云端的线来射箭。这种原初物质是“含铅的”，有毒的萨杜恩是魔鬼的住所，或者再说一遍，它是最受蔑视和

(接上页) aliud a Deo....Quod Onkelus ... sic interpretatur.... Ecce Adam fuit unigenitus meus."(上帝说过，瞧，亚当是我们中的一员——他说的不是“你们中的”，而是“我们中的”。因为在你们天使中有数量和差异；但在我们当中，就是说，在上帝之中有统一、无限、永恒、简单和绝对。……因此我们明确地推测还有另一个天国的亚当，是在天国中展示给天使们看的，是来自上帝的亚当，是上帝用其话语制作的亚当，而另一个则是凡间的亚当。……前者和上帝同在，而后者不仅是第二个上帝，而且是不同于上帝且与上帝相分离的。……对此翁克鲁斯是这样解释的：瞧，亚当是我生的唯一的儿子。)

1 See next note and par. 214.

排斥的东西,“被扔在大街上”“被扔在粪堆上”“在污秽中被发现”。这些表述词语反映的不仅是研究者的困惑,而且还是他的精神背景,使他面前的黑暗变得有了生气,这样他就可以在投射中发现无意识的性质。这个可以很容易证明的事实有助于阐明掩盖其精神努力和索菲亚辛劳(labor Sophiae)的黑暗:这是一个与无意识协调一致的过程,当一个人面对这种黑暗时,它就必然会出现。只要炼金术士付出严肃的努力想要发现原初物质,这种面对就会被强加在他身上。

4. 恢复与无意识的友好关系

210 我不知道今天还有多少人能够想象“与无意识协调一致”的意思究竟是什么。我想恐怕只有极少数人能够想象出来了。或许人们会很不情愿地承认,歌德的《浮士德》的第二部分只是附带地和有点令人怀疑地呈现了一个美学问题,但主要地和在更大程度上则是一个人的问题。有一种先入之见认为,伴随着这位诗人步入老年,发生了一种堪与帕拉赛尔苏斯的“索菲亚辛劳”相媲美的炼金术与无意识的交汇。一方面这是努力想要理解心理的原型世界,另一方面通过精神真理那无法测量的高度和深度以及自相矛盾,而奋力反对幻想带来的威胁精神健全的危险。比较愚钝的、具体化的日间心灵在这里是有其限度的;对“塞杜里尼”(帕拉赛尔苏斯),“那些脾气非常坏的人"(多恩)来说,没有进入"人迹罕至、未经践踏的地区"之路——"而且在这个地方,"帕拉赛尔苏斯说,"阿夸斯特并没有介入进来"(与物质相近的潮湿的灵魂)。在这里人类的心灵与其起源,即原型相遇;有限的意识与其古代的基础相遇;终有一死的自我与不朽的自性相遇,自性还有其他名称:原人、神我、阿特曼或者人类的思考所能给予那种集体前意识状态的其他任何名称,个体的自我就是从那种状态中产生出来的。它立刻认出来亲戚和陌生人,但又认不出那个向他走来的、既是无形的又是真实的未知的兄弟。它越是受时空的限制,就越感到对方是在每一个被误导的阶段来反对其目的、对命运做出出乎意料的扭曲、把它所担心的那件事情作为一个任务来安排的"那个困难的阿德奇"。在这里我们必须摸索着和帕拉赛尔苏斯一起探讨一个问题,这个问题以前在我们的文化中从未被公开询问过,也从未部分地从纯粹无意识中、部分地从神圣恐惧中明确提出来。再者,关于人的神秘教义是危险的,因为它和教会的教义无关,因为从那种观点来看,耶稣基督是对原人的灵魂的反思,而且只是一种反思。所以人们有上百种充分的理由用一些难以辨认的名称把这个人物伪装起来。

211 假如果真如此的话,我们或许就能够理解在结论那一章里另一段难懂的话了,这段话是这样说的:"因此,如果我以Necrolii[=内行]的方式把自己也算在斯卡约拉[或者:斯卡约利,即'智慧的爱人']之中,那么在我看来这就是一件应该做的事情，这件事却受到那个伟大的阿德奇的阻碍，他偏离了我们的目标，但没有偏离程序。我把这句话留给你们理论家们去讨论吧。”[1]

212 人们会得到这样的印象，阿德奇对内行几乎是抱着敌对的态度，或者至少想要以某种方式使他受挫。从我们依据实践经验做出的上述反思中，我们已经发现自我与自性的关系是多么地成问题。我们不得已只好做出进一步的假设，这就是帕拉赛尔苏斯的意思。而且情况看起来似乎确实如此：他“把他自己也算在”斯卡约利、哲学家之中，或者“把他自己植入”斯卡约拉、原始人的四位一体之中，在我看来这似乎是一个相当有可能的概念，因为四位一体的另一个同义词是有四条河流的天堂，或者有四个大门的永恒之城大都市[2]（炼金术与其对应的是智者之家和拳击台）。这样他就会发现自己处在邻近阿德奇的地区，就要成为这座永恒城市的公民，这是对基督教观念的另一种反响。阿德奇并没有偏离这项工作（在这里modus的意思很可能是方法、程序，与目标、目的、意图相反），之所以说这个

1 “Porro si pro ratione Necroliorum Scaiolis insereret, esset quod excipiendum ducerem, id quod maximus ille Adech antevertit et propositum nostrum, at non modum deducit: Quod vobis Theoricis discutiendum relinquo.” *De vita longa*, ed. Dorn, pp. 174f.）Necrolii是内行（“Liber Azoth,” p. 524）。Necrolia或necrolica的意思是“维持生命的药物”（*De vita longa*, p. 173）。

2 独生子（filius unigenitus）与城市相等同，而他的四肢与城市的大门相等同。Cf. Baynes, *A Coptic Gnostic Treatise*, pp. 58 and 89; also *Psychology and Alchemy*, pars. 138f.

事实是可以理解的，是因为帕拉赛尔苏斯无疑讲的是炼金术工作，作为一种普遍程序它必然始终保持一致，尽管其目标可以发生改变：有时是生产金子（chrysopoea），有时是生产长生不老药，有时是生产金食[1]，或者最后，是生产神秘的天主的独生子（filius unicus）。这些工匠对这项工作也有某种自私的或理想主义的态度。

1　金食（aurum potabile），以可以食用的某种易挥发油组成的露酒或药物，有一些细小的黄金微粒悬浮在油上。——中译注

（四）

杰拉德·多恩的评论

213　我们现在来说一说《长生不老》这本论著的结尾。在这里帕拉赛尔苏斯以极其浓缩的方式对全部的工作做了总结，这反而使解释比通常更为冒险。和对待《长生不老》中的许多其他段落一样，我们必须扪心自问：作者是有意地想要把它弄模糊呢，还是他无法做出解释？或者我们应该把这种混淆归咎于其编者亚当·冯·鲍登斯坦因吗？最后这一章的这种模糊性在帕拉赛尔苏斯的所有作品中都是无可比拟的。要不是因为它包含着某些似乎属于最当代的心理学洞见的东西，人们就会倾向于把这篇论文完全忘却。

214　为了便利读者形成自己的判断，现在我把帕拉赛尔苏斯的原文连同多恩的评论一起呈现给大家：

帕拉赛尔苏斯：*De vita longa*（1562），Lib. V，cap. V，pp. 94f。

Atque ad hunc modum abiit e nymphididica natura intervenientibus Scaiolis in aliam transmutationem permansura Melosyne, si difficilis ille Adech annuisset, qui utrunque existit, cum mors tum vita Scaiolarum. Annuit praeterea prima tempora, sed ad finem seipsum immutat. Ex quibus colligo supermonica figmenta in cyphantis aperire fenestram. Sed ut ea figantur, recusant gesta Melosynes, quae cuiusmodi sunt, missa facimus. Sed ad naturam nymphididicam. Ea ut in animis

以这种方式，通过斯卡约拉的干预，梅露西娜背离了她的女神本性，如果那个难以相处的阿德奇允许的话，她就会继续留在另一种变化之中，阿德奇统治着斯卡约拉的死和生。再者，他最初允许了，最后却又变卦。由此我得出结论认为，在赛芬特中的那些supermonica[1]虚构打开了一扇窗户。但是，为了变得固定下来，他们不得不反对梅露西娜的行为，无论它们可能是些什么样的行为，我们都会把它们打发到女神的领域中去。但是，为了使［她］可能在我们的心灵中被构想出来，以及在

1　源自super=above，monere=inspire，因此意思是“来自上方的鼓励”。

nostris concipiatur, atque ita ad annum aniadin immortales perveniamus arripimus characteres Veneris, quos et si vos una cum aliis cognoscitis, minime tamen usurpatis. Idipsum autem absolvimus ep quod in prioribus capitibus indicavimus, ut hanc vitam secure tandem adsequamur, in qua aniadus dominatur ac regnat, et cum eo, cui sine fine assistimus, permanet. Haec atque alia arcana, nulla re prorsus indigent. Et in hunc modum vitam longam conclusam relinquimus.

阿尼亚丁这一年[1]达到不朽，我们便采纳了维纳斯的性格特点，即便你们相互之间都非常熟悉，这样做对你来说却一点用处也没有。我们以此作为对前面几章讨论内容的结论，我们可以安全地获得阿尼亚德斯支配和统治的那种生活，并且和他一起永远持续地过着那种生活，我们就在他之中永无止境。这个秘密以及其他秘密什么东西都不需要。[2]我们用这种方法结束我们关于长生不老的讨论。

1 在别的地方没有发现过。或许可以解释为“尽善尽美的时代”。

2 炼金术士们最喜欢的一种说法，可适用于青金石。

多恩：*De vita longa*（1583），p. 178。

[Paracelsus] ait Melosinam, i.e. apparentem in mente visionem...e nymphididica natura, in aliam transmutationem abire, in qua permansura[m] esse, si modo difficilis ille Adech, interior homo vdl. annuerit, hoc est, faveret: qui quidem utrunque eddicit, videlicet mortem, et vitam Scaiolarum, i.e. mentalium operationum. Harum tempora prima, i.e. initia annuity, i.e. admittit, sed ad finem seipsum immutat, intellige propter intervenientes ac impedientes distractiones, quo minus consequantur eddectum

［帕拉赛尔苏斯］说，梅露西娜，即心灵中出现的幻象，背离了她的女神本性，如果那个困难的阿德奇，即人的灵魂，允许，即批准的话，她就会继续留在另一种变化之中：他导致了这两者的产生，即斯卡约拉的死和生，斯卡约拉指的是心理操作。最初，即开始，他对此予以允许，即喜欢；最后却又改变了他自己，以及由于干预和阻碍导致的身心烦乱，所以事情就开始了，即运作起来，没有发挥其作用。［帕拉赛尔苏斯］由此得出结论，那些supermonic[1]虚构，即费解的推测，借助于分离或准备的操作活动在赛

1　见前面的注释。

inchoatae, scl. operations. Ex quibus [Paracelsus] colligit supermonica figmenta, hoc est, speculationes aenigmaticas, in cyphantis [vas stillatorium], i.e. separationum vel praeparationum operationoibus, aperire fenestram, hoc est, intellectum, sed ut figantur, i.e. ad finem perducantur, recusant gesta Melosines, hoc est, visionum varietates, et observationes, quae cuius modisunt (ait) missa facimus. Ad naturam nymphididicam rediens, ut in animis nostris concipiatur, inquit atque hac via ad annum aniadin perceniamus, hoc est, ad vitam longam per imagimationem, arripimus

芬特[蒸馏的器皿]中,打开一扇窗户,即理解;但是为了变得固定下来,即使之结束,他们不得不反对梅露西娜的行为,即各种各样的幻象和观察发现,无论它们可能是些什么样的行为,他说,我们都会把它打发掉。回到女神的领域中去,为了使[她]可能在我们的心灵中被构想出来,以及以这种方式我们可以活到阿尼亚丁这一年,[1]即通过想象获得长寿,我们便采纳了维纳斯的性格特点,即爱的保护者和庇护者,勇敢地抵抗我们面对的障碍,因为爱可以克服所有的困难;那种性格特点,即便你们相互之间都非常熟悉,这样做对你来说却一点用处也没有。帕拉赛尔苏斯便

1 见前面的注释。

characteres Veneris, i.e. amoris scutum et loricam ad viriliter adversis resisitendum obstaculis: amor enim omnem difficultatem superat: quos et si vos una cum aliis cognoscitis, putato characteres, minime tamen usurpaits. Absolvit itaque iam Paracelsus ea, quae priooribus capitibus indicavit in vitam hanc secure consequendam, in qua dominatur et regnat aniadus, i.e. rerum efficicia er cum ea is, cui sine fine assistimus, permanet, aniadus nempe coelestis: Haec atque alia arcana nulla re prorsus indigent.

以此作为他对前面几章讨论的那些时期的结论，我们可以安全地获得阿尼亚德斯，即事物的效能，所支配和统治的那种生活，并且和他，即天国的阿尼亚德斯，一起永远持续地过着那种生活，我们就在他之中永无止境。这个秘密以及其他秘密什么东西都不需要。[1]

1 见前面的注释。

1. 梅露西娜与自性化过程

215 本文当然需要做个说明！和那四个部分、四肢，或原人的流出一样，[1]斯卡约拉是他用来在这个表面世界进行积极干预的器官，或者他借以与之建立联系的器官，就像是不可见的第五元素或以太（aether），在这个世界上是作为四种元素而出现的，或者相反是由这四种元素组成的。我们已经看到，既然斯卡约拉也是心理功能，那么我们也必须把它们理解为太一的表现或发出，即那个不可见的原人。作为意识的功能，尤其是作为想象、深思熟虑、幻想和信仰，它们“干预”和刺激了梅露西娜，即那个女水妖（water-nixie），使她把自己变成人形。多恩认为，这是“在心灵中出现的一种幻象”，而不是向一个真正女人的投射。只要我们的生平知识得到扩展，这后一种可能性也似乎不会在帕拉赛尔苏斯身上出现。在科罗纳的《寻爱绮梦》中波利娅夫人达到了高度的逼真（比但丁的那个虚无缥缈的贝雅特丽奇有过之而无不及，但还是不及《浮士德·第二部》中的海伦）不过，当太阳在五月的第一天升起的时候，即便是她也化作了一个美丽的梦：

1 为了进行比较，参见 Enoch 40：2，在那里上帝有四张脸，每一张面孔周围都有四个天使。

……泪水在她眼中闪光，就像明亮的水晶，就像滚圆的珍珠，就像曙光女神奥罗拉撒播在拂晓的云彩上的露珠。她的叹息就像天国的意象，就像麝香和琥珀的香气袅袅升起，使天国的精灵们喜悦，她也化作稀薄的空气，除了留下一抹天国的香气之外，在她身后什么也没有留下。所以，伴随着我快乐的梦，她从我的视野中消失了，临走时她说：波利菲洛，我最亲爱的，再见！[1]

216 就在波利娅久已渴望地与她的爱人融为一体之前，她羽化成仙了。而海伦则只是随着她的儿子欧福里翁的死亡而消失不见了。虽然帕拉赛尔苏斯用结婚的情绪明确表示，他在五月"很兴奋"，他提到了大荨麻和小火焰，但他完全没有顾及对一个真正的人进行投射，或者向一个有具体视觉形象的、人格化的意象进行投射，而是选择向梅露西娜这个传奇人物投射。现在这个人物当然不是一个寓言中的怪兽[2]，也不只是一个隐喻：她有其独特的精神现实，在这个意义上说，她是一个有迷惑力的幽灵，就其本性而言，她一方面是一种精神幻象，但是，考虑到精神有想象现实的能力（帕拉赛尔苏斯称之为阿瑞斯），她也是一个不同的客观实体，就像一个梦，可以暂

1 *The Dream of Poliphilo*（ed. Fierz-David），p. 210.

2 怪兽（chimera），古希腊神话中一个狮头、羊身、蛇尾的吐火女怪，也译作客迈拉。——中译注

时成为现实。梅露西娜这个人物绝妙地适合于这个目的。这种阿尼玛属于那些主要是在特殊的心理情境中出现的模糊不清的现象。它们的特点是，一种形式或生活风格或多或少突然崩塌，直到这时这种形式或生活风格似乎才成为一个人全部生涯中必不可少的基础。当这种灾难发生时，不仅回归过去的所有桥梁都折断了，而且似乎根本就没有办法向前边进到未来。一个人面对着毫无希望和无尽的黑暗，面对着一种深不可测现在却突然充满了诱人的幻象的虚空，明显真实地出现了一个奇怪但有帮助的存在。同理可证，当一个人长期生活在极端孤独中时，寂静或黑暗就变成了可以听得见、看得见和有形的鲜活存在，自己不知道的东西也在未知的伪装下增加。

217 阿尼玛的这种独特性在梅露西娜的传奇故事中也有发现：艾默里奇，即普瓦蒂埃伯爵收养了那个可怜的亲戚的儿子雷蒙德。养父与养子之间的关系和睦。但是，有一次在狩猎中，当他们追赶一只野猪时，他们和其余的人走散了，在森林里迷了路。夜幕降临了，他们点起一堆火取暖。突然伯爵受到了野猪的攻击，雷蒙德用剑去刺野猪。但是，不幸的事件发生了：剑弹了一下，却把伯爵一剑刺死了。雷蒙德极其沮丧，在绝望中他骑上马盲无目的地逃走了。过了一会儿，他来到一片草地，里面有泉水在冒泡。在那里他遇见了三个漂亮的女人。其中一个就是梅露西娜，她运用聪明的劝告而将他从耻辱和无家可归的命运中挽救回来。

218 根据这个传奇故事，当雷蒙德的全部生活方式崩塌，当他面对毁灭时，他发现自己处在我们刚才描述过的那种灾难情境中。这正是命运的预兆、阿尼玛、集体无意识的原型出现的时刻。在这个传奇故事中梅露西娜有时长着一条鱼尾巴，有时长着蛇尾；她一半是人，一半是动物。偶尔她会只以蛇的形式出现。这个传奇故事显然源自克尔特人，[1]实际上其主题却是随处可见。它不仅在中世纪时期的欧洲格外普遍，而且在印度，在《百道梵书》[2]中提到过的广延天女[3]和补噜罗婆的传奇故事中也曾出现过。这个传奇故事在北美印第安人[4]中也曾出现过。这个半人半鱼的主题得到了普遍的传播。还应该特别提到的是康拉德·维塞利乌斯，[5]按照他的观点，梅露西娜或梅里希娜来自大海中的一个岛屿，那里住着九个海上女妖塞壬[6]，她们可以随心所欲地变换形体。当帕拉赛尔苏斯提到梅露西娜时也提到了“塞壬”，这倒是格外有意思。这个传说可以追溯到彭波尼斯·米拉，[7]他把这个岛称为“西纳”（Sena），住在那里

---

1 Grimm, *Teutonic Mythology*, I, p. 434.

2 Sacred Books of the East, XXVI, p. 91.

3 广延天女（Urvashi），音译为优哩婆湿。——中译注

4 Baring-Gould, *Curious Myths of the Middle Ages*, pp. 502ff.

5 “De rebus gestis Imperatoris Henrici VII,” *Germanae Historicorum* (ed. Urstisius), II, pp. 63f.

6 *Paragranum*, p. 105. [Cf. “Paracelsus the Physician,” par. 24.]

7 FI，公元1世纪。

的人就是“西纳人”。她们呼风唤雨，能够改变形体，治愈不治之症，而且能预知未来。[1]由于炼金术士的水银蛇经常被称为“室女座”，甚至在帕拉赛尔苏斯之前，就以梅露西娜的形式得到过表述，后者能够改变其形体和治愈疾病，这种能力尤为重要，这些特殊的能力也是对墨丘利的断言，而且受到格外的强调。另一方面，墨丘利也被描述为白胡子老头（senex）墨丘利或赫尔墨斯·特利斯墨吉斯忒斯[2]，由此可见，这两个来自经验观察的非常常见的原型，即阿尼玛和智慧老人，[3]在墨丘利的象征现象学中汇流在一起了。这两个原型都是启示之神，而且都以墨丘利的形式代表着医治百病的灵丹妙药。墨丘利一再地被称为多才多艺之人狼人（versatilis）、狼人（versipellis）、会变形之人（mutabilis）、牡鹿或逃跑的牡鹿（cervus fugitivus）、普罗透斯[4]等。

219 毫无疑问，炼金术士们和帕拉赛尔苏斯也都相当经常地面对无知的黑暗深渊，无法再往前迈进，他们自己也承认，只好依赖神的启示或精神启示或有帮助的梦。为了这个缘故，他们需要一个“救死扶伤的天使般的精灵”，一个知交或πάρεδρος，古

---

1 *Chronographia*, ed. Frick, p. 67.

2 赫尔墨斯·特利斯墨吉斯忒斯（Hermes Trismegistus），埃及的神索特，传说中炼金术、占星术和魔术书籍的作者。——中译注

3 参见我的“Archetypes of the Collective Unconscious”和“Concerning the Archetypes, with Special Reference to the Anima Concept”。

4 普罗透斯（Proteus），古希腊神话中变幻无常的海神。——中译注

希腊关于巫术的古代文献记载了它的咒语。启示之神以及一般意义上的精灵的蛇身,就是一种普遍的类型。

220 帕拉赛尔苏斯似乎对任何心理学前提都一无所知。他把梅露西娜的出现和转换都归因于"进行干预的"斯卡约拉的作用,这是一种从最大化的人中散发出来的驱动性的精神力量。这项工作隶属于它们,因为其目的是把人提升到原人的领域。毫无疑问,作为哲学家的炼金术士,其目标是获得更高级的自我发展,或者产生帕拉赛尔苏斯所谓更主要的人(homo maior),或者我之所谓自性化(individuation)。这个目标从一开始就使炼金术士面对着他们大家都害怕的那种孤独,此时与他相伴的"只有"他自己。按照原则,炼金术士是独自工作的。他没有形成学派。这种严酷的孤独,连同他专心致志地从事没完没了的默默无闻的工作,足以激发起无意识,以及通过想象力把以前显然并不存在的事物变成现实。在这些情况下,引起"一些令人费解的思索",其中无意识在视觉上被体验为一种"在心灵中出现的幻象"。梅露西娜从水的王国中浮现出来,并且装出人的形象——有时表现得非常具体,就像在《浮士德·第一部》中那样,浮士德的绝望使他直接投入葛瑞琴的怀抱,要不是驱使浮士德更深地进入魔法的那场灾难,梅露西娜毫无疑问就会保持住原样,魔法使梅露西娜变成了海伦。但是她连这种形象也没有保持住,因为想要以具体形象示人的任何企图都会像那个霍蒙库鲁斯想要推翻伽拉忒娅的宝座时采用的方法一样被粉碎。另一种权力取而代之，即“那个令人难以捉摸的阿德奇”，他“最终改变了他自己”。那个更主要的人“阻碍了我们的目标”，因为浮士德在临死的时候不得不把自己变成一个男孩，变成永恒的少年（puer aeternus），只有当所有的欲望都离他而去之后，真实的世界才会显现在他面前。“悲惨的人们啊，大自然已经拒绝将其最好的宝藏，即自然之光交给他们了。”

221 正是人的灵魂阿德奇，用他的斯卡约拉来指引这位行家里手的目的，使他看见了他将从中得出错误结论的幻想中的意象，从这些结论中设想出一些情境，在这些情境中他还没有觉察到其暂时的脆弱本性。他也没有觉察到，敲击这扇未知之门，他就是在遵从那个内部的未来人物的法则，每当他想要从其工作中获得永久的利益或财富时，他就是不遵从这种法则。他的自我（ego），那个人格的一部分，也没有表达这样的意思；而是说，他作为其中一部分的整体性，想要从潜在的无意识状态转换成它本身接近达到的意识状态。

222 “梅露西娜的行为”是一些由最高的意义和最有害的胡说复合而成的骗人的幻觉，是一层名副其实的玛雅女神[1]的面纱，诱惑和引导着人们一步一步地走向致命的迷途。智慧的人将

1 玛雅女神（Maya），印度教的虚幻女神。——中译注

从这种幻觉中抽取出那些“来自上方鼓励的”成分，也就是那些更高级的灵感；就像在蒸馏过程中一样，[1]他把一切有意义和有价值的东西都抽取出来，在其灵魂那个准备好的烧杯中接住那一滴滴宝贵的“索菲亚液体”(liquor Sophiae)，在那里他们为其理解“打开了一扇窗户”。在这里帕拉赛尔苏斯暗指去芜存精的批判性判断的一种有分辨力的过程，这是与无意识建立友好关系必不可少的一部分。它要求艺术不要变成愚昧，全部的艺术就在于把智慧从愚昧中抽取出来。愚昧是智慧之母，聪明却绝对不是。用炼金术的话来说，“固着”(fixation)指的是哲人石，而用心理学的话来讲，则指的是情感的巩固。必须把馏出物固定下来并且紧紧抓住，必须使它成为一种坚定的信念和永久的内容。

2. 永生者的神圣婚姻

223 如果这项工作想要达到其目标，那么，梅露西娜这个骗人的性活力[2]就必须回到水的王国中去。她不应该再用诱惑人的姿态在行家里手面前跳舞，而是必须恢复她最初的本来面目：

---

1 “如此一来这种精神便被抽取出来，从其他精神中分离出来，于是，炼金术士便喝上了健康之酒。”(“Fragmenta,” ed. Sudhoff, III, p. 305.)

2 性活力(Shakti)，指神通过其配偶女神体现的作为宇宙万有创造根源的性活力。——中译注他的整体性的一部分。[1]这样她就必须“成为人们心灵中想象的东西”。这就会导致意识和无意识的统合，这种统合必然是无意识地出现的，但也必然会受到意识态度的片面性的拒绝。整体性就是从这种统合中产生的，各个时代和地域的内省哲学都把整体性描述为各种无穷无尽的象征、姓名和概念。这种融合关心的并不是任何有形的或东拉西扯才可以领会的事情，“1 000个名称”把这个事实掩盖了；这是一种根本不可能用词语来复制的经验，但是，其根本性质随之带有一种不可辩驳的不朽或永恒之感。

224 在此我不想重复我在别处就这个主题所做的说明。无论你说什么，都没有什么差别。不过，帕拉赛尔苏斯确实又给我们提供了一个暗示，对此我不能沉默地予以忽略：这和“维纳斯的特点”有关。[2]

---

1 在梅露西娜的行为的排斥和阿尼玛的同化之间明显的矛盾归咎于以下事实：gesta是在阿尼玛占有的状态下出现的，由于这个原因才必须阻止它们。阿尼玛因而被迫进入内心世界，在那里她发挥着自我与无意识之间媒介的作用，就像人格面具（persona）是自我和环境之间的媒介一样。

2 这使人回想起在阿格里帕书中“行星的符号和特点”，这些符号和特点从一出生就铭刻在人身上，就像铭刻在所有其他东西上一样。不过，相反地，人具有使自己重新接近星球的官能：“Potest enim animus noster per imaginationem vel rationem quondam imitatione, ita alicui stellae conformari, ut subito cuiusdam stellae muneribus impleatur.... Debemus igitur in quovis opere et rerum applicatione vehementer affectare, imaginari, sperare firmissimeque credere, id enim plurimum erit adiumento ... animum humanum quando per suas passions et effectus ad opus aliquod attentissimus fuerit, coniungi ipsum cum stellarum animis, etiam cum intelligentiis: et ita quoque coniunctum causam esse ut mirabilis quaedam virtus operibus ac rebus nostris infundatur, cum quia est in eo （转下页）

225 梅露西娜是一个女水神，她和“大海里出生的”摩根娜有密切关联，与其相似的古典人物就是“在泡沫中出生的”阿芙洛狄忒。正如我们已经看到的，与无意识的女性人格的统合是一种非常接近于末世论的体验，对这种统一的反思可以在《启示录》中关于羔羊的婚姻中发现，这是基督教神圣婚姻的一种形式。这段话是这样说的(《启示录》19：6—10)：

> 我听好像群众的声音、众水的声音、又像是大雷的声音，说，哈利路亚；因为主我们的神、全能者，作王了。
>
> 我们要欢喜快乐，将荣耀归给他；因为羔羊的婚娶的

(接上页) rerum omnium apprehensio et potestas, tum quia omnes res habent naturalem obedientiam ad ipsum, et de necessitate efficaciam et movent ad id quod desiderat nimis forti desiderio. Et secundum hoc verificatur artificium characterum, imaginum, incantationum et sermonum, etc. ... Animus enim noster quando fertur in aliquem magnum excessum alicuius passionis vel virtutis, arripit saepissime ex se ipso horam vel oppotunitatem fortiorem, etc. ...hic est modus per quem invenitur efficacia [operationum]."(因为通过某种心理官能我们的精神就能通过模仿而被制作成像某个星球，这样它就突然充满了星球的功能。……因此我们应该在每一项工作和对事物的应用中充满热切的渴望、想象、希望和最坚定的信念，因为这将大有助益。……[*De occult. Phil.*, Lib. I, cap. 66.]当人类的精神通过其激情和运作高度地专注于任何工作时，人类的精神就应该使自己和星球的精神融为一体，甚至可以说与他们的智慧融为一体；当它们如此结合起来之后，某种美好的美德就被注入我们的工作和事物中去，这既是因为其中有一种对所有事物的把握和力量，也是因为所有的事物都自然而然地和必定灵验地遵从它，怀着极其强烈的愿望朝向它所渴望的事物。而且据此便可证实那些人物、意象、魔咒和话语等工作。……因为当我们的精神过度地使用激情和美德时，它经常会为自己把握住更有效的时机或机会，等等。……这就是我们据以发现[操作的]有效性的方式。)(Lib. I, cap. 67.)

时候到了,新妇也自己预备好了。

就蒙恩得穿光明洁白的细麻衣;这细麻衣就是圣徒所行的义。

天使吩咐我说:你要写上,被请赴羔羊之婚的有福了。又对我说,这是神真实的话。

我就俯伏在他的脚前要拜他。他说,千万不可,我和你并你那些弟兄同是作仆人的。……

226 本文中的"他"指的是和约翰讲话的天使;用帕拉赛尔苏斯的话来讲,他就是那个更主要的人,即阿德奇。我几乎无须指出,维纳斯显然与爱神阿斯塔特有关,其神圣的婚礼众所周知。在这些婚礼背后潜在地结合这种经验,从心理学上讲,就是两个灵魂在春天的上升中,在"真正的五月"里拥抱并且再次结合到一起;这是一个显然被完全分离开的二重性在一个单一存在的整体性中成功地再次结合。这种结合包含着所有存在的多样性。因此帕拉赛尔苏斯说:"如果你们相互之间都很熟悉自己的话。"阿德奇并不是**我的**自性,他也是我的弟兄们的自性:"我和你并你那些弟兄同是作仆人的。"这是对这种融合体验的独特界定:包括我在内的自性也包括许多其他人,因为"在我们的心灵中构想出来的"无意识并不属于我,也不是我所独有的,而是随处可见。它就是个体的精华,同时也是集体的精华。

227 参加羔羊的婚礼可以获得永恒的赐福;“这些人未曾沾染妇女”,他们“原是童身”,并且“是从人间买来的”(《启示录》14:4)。在帕拉赛尔苏斯那里救赎的目标是达到“阿尼亚丁这一年”,或者达到完善的时刻,此时上帝(the One Man)将永远占据统治地位。

3. 精神与自然

228 为什么在可以非常清楚地表达相同的思想时,帕拉赛尔苏斯却没有采用基督教的比喻呢?为什么维纳斯会在梅露西娜的地方出现,为什么这不是羔羊的婚姻,而是像本文所暗示的那样,是维纳斯与玛耳斯的神圣婚姻呢?其原因很可能和迫使弗朗西斯科·科罗娜让波利菲洛去寻找心爱的波利娅一样,不是让圣母陪伴着,而是让维纳斯相伴。出于同样的原因,在克里斯蒂安·罗森克鲁茨的《化学婚礼》[1]中的那个男孩领着男主角到一个地下室里,在地下室的门上有一些用铜字雕刻的神秘铭文。铜(cuprum)与塞浦路斯人[2](与阿芙洛狄忒和维纳斯)有关。在地下室里他们发现了一个有三个角落的坟墓,里面放着一口铜制的大锅,在锅里有一个天使举着一棵树,他不

1 Tans. Foxcroft, pp. 126ff.

2 塞浦路斯人(Cyprian),这个词也有放荡的人,娼妓的意思。——中译注

断地把树叶撒到大锅里。这个坟墓由三个动物来看护：鹰、牛和狮子。[1]那个男孩解释说，维纳斯就被埋葬在这个坟墓里，她曾毁坏了许多正直的人。他们继续往下走，来到维纳斯的卧室，发现这位女神正在卧榻上睡觉。这个男孩做事很不妥当，他猛地一把扯掉盖在女神身上的罩布，她美妙的赤裸身躯露了出来。[2]

1　这种较低层次的三位一体和较高层次的三位一体相对应，是由三个福音传道者的兽形象征组成的。作为第四种象征的天使占有一个特殊的地位，在三位一体中它被分配给魔鬼。与道德价值观相反，下行恶者上行善也，反之亦然。

2　在Apuleios的*Golden Ass*中，救赎过程是在这一时刻开始的，男主角曾因其放纵的生活而被变成了一头驴，这叫他成功地从伊西斯的牧师手中抢走了一把玫瑰花，并且把花吃掉了。玫瑰花是维纳斯的花。于是这位男主角便成了伊西斯之谜，作为一个母亲女神，伊西斯与*Faust II*中的荣光女神（Mater Gloriosa）相对应。有趣的是要注意，在*Faust*结尾处，荣光女神的祈祷与*Golden Ass*结尾处伊西斯的祈祷是相类似的：

（*Faust II*, trans. Wayne, p. 288）	（Golden Ass）
哦，懊悔的心，用你的眼睛寻觅拯救的面孔；	您确实是人类的保护神 在不幸的邪恶机会之中提供一个母亲仁慈的保护，
在那种凝视中充满了喜悦，升起通过快乐的再生。	哪怕度过最短暂的瞬间都是你最喜欢的，但是无论你在土地上还是在海边你都对人充满关爱，把生命的风暴赶走，向他们伸出你的拯救之手；你以此来解开最混乱的命运之网，使命运的暴风雨平静下来，把群星各不相同的漫游控制住。
现在，愿每一次善的脉动	因此，虽然我很贫穷，但我将作为一个信徒尽我所能，
在你的面前寻求服务；	
圣母玛利亚，母亲女王啊	把你神圣的面孔和最神圣的（转下页）

229 古代的世界里包含着很大一部分自然本性和很多可疑的东西，为了保证宗教精神的立场不至于发生毫无希望的妥协，就一定要眺望基督教的世界。刑法典和道德规范，甚至最超群的诡辩术，也不可能被编辑成典，并且在与文化的迫切需求发生冲突的情况下只对混淆、责任冲突和自然人的那些不可见的悲剧做出公正的审判。“精神”是一个方面，“自然”是另一个方面。“你可以用叉子把自然撵出去，但她将会再次返回。”诗人说道。[1]自然**绝不会**赢得这场游戏，但她也**不可能**失败。每当意识的心灵依附于难以理解的概念，在自己的规则和规定中卡壳的时候——这是不可避免的，也是文明化意识的本质——自然就会带着其不可逃避的要求突然冒出来。自然不只是物质，她也是精神。如果不是这样的话，精神的唯一来源就会是人类的理性。帕拉赛尔苏斯的伟大成就就是把“自然之光”提升到原则的高度，用一种比其前辈阿格里帕更加根本的方式予以强调。自然之光就是自然精神，我们现在能够在无意识的表现形式中观察到其奇特而又重大的作用，心理学研究已开始认识到，无意识并不只是“潜意识”（subconscious）的附属物或意识的垃圾箱，而是一个来补偿意识态度的偏见和失常的基本上自主的心理系统，在大多数情况下它发挥这样的功能，虽然有

（接上页）

诸位女神啊，让我们在你的怀抱里吧。
上帝的幻想永远隐藏在
我心中吧。

1 Horace. *Epist*, I. x. 24.

时它也通过强制性的力量来更正这些偏见和失常。我们知道，意识可能会被自然引向歧途，就像它容易被精神引向歧途一样，这是其自由选择的逻辑后果。无意识并非仅受限于大脑皮层中枢的本能过程和反射过程；它也会超越意识并以其象征来预期未来的意识过程。因此，我们完全可以说它是一种“超意识”(supraconsciousness)。

230 如果信念和道德价值观没有人相信，也不具有其独特的效力，那么它们就没有意义。不过，它们是一些人为制作的、随时代变化而变化的主张和解释，我们非常清楚地知道它们可能具有各种各样的变式，就像在过去已经发生的和未来将再次发生的那样。在过去两千年里发生的一切表明，它们是某些道路延伸的可靠路标，然后发生了一场让人感觉到颠覆性的和非道德的痛苦剧变，直到一种新的信念扎下根来。只要人类本性的基本特点依然如故，某些道德价值观就会发挥永久效力。但是，基督教十诫的最细致观察并不是更精细的卑鄙行径的障碍，基督教所谓爱一个人的邻居这种更崇高的原则可能会导致这种纠结的责任冲突，有时候甚至只能以非基督教之剑才能斩断这个难解的结。

4. 教会的圣餐和炼金术的作品

231 和其他许多人一样，帕拉赛尔苏斯不可能利用基督教的象征作用，因为基督教的准则不可避免地要求采用基督教的解决方法，因而恰恰会导致那些必须避免发生的事情。在面对致力忽视自然及其特殊的“光”的态度时，人们必须予以承认和与之共存的是自然及其特殊的“光”。只有在对秘方予以保护的情况下才能做到这一点。但是，我们不应当设想帕拉赛尔苏斯或任何其他炼金术士能够安居下来，发明一种神秘的术语，使这种新的学说成为一种私人的法典。这项任务会预先假定存在着确定的观点和有明确定义的概念。但是毫无疑问：没有一个炼金术士对其哲学观点究竟是什么有任何明确的看法。以下事实就是对这种观点的最好证明：每一个有创造性的人都会杜撰他自己的术语，其结果是，没有一个人能完全理解任何其他人。对一个炼金术士而言，卢利是一个蒙昧主义者和骗子，盖贝尔是伟大的权威；而在另一个炼金术士看来，盖贝尔则是一个斯芬克斯，而卢利则是所有启蒙之源。所以，对帕拉赛尔苏斯而言：我们没有理由假设，在他使用新词的背后有一个明确的、有意识隐藏起来的概念。相反，很有可能他是想要用他那不计其数的秘密来把握不可把握的东西，并且抓住无意识所提供的任何象征的暗示。这个科学知识的新世界仍然处在新生的梦状态，一团包裹着未来的迷雾，在这团迷雾中一些模糊的人物在摸索着寻找一些适当的话语。帕拉赛尔苏斯并没有返回到过去；相反，由于当前缺乏合适的东西，他在使用一些旧的剩余材料，给得到更新的原型经验提供一种新的形式。如果炼金术士们确实觉得非常有必要复兴过去，他们的博学多识就会使他们能够利用异教研究者（heresiologist）那取之不尽的宝库。但是，除了《智慧鱼缸》[1]这篇同样论述异端邪说的文本之外，我只发现一位（16世纪的）炼金术士，他浑身发抖地承认读过艾比法尼乌斯的《药典》。尽管这些文本中充满了无意识的相似材料，但并没有发现使用诺斯替教的任何神秘痕迹。

232　再回到我们的文本：显然它描述的这个过程无非就是想要达到永恒不朽（"我们可能会在阿尼亚丁这一年达到不朽"）。但是，只有一条路能够达到这个目标，那就是通过教会的圣餐。但是这些圣餐在这里被炼金工作的"圣餐"取代了，不是用话语取代，而是用行为取代，没有任何与正统的基督教立场发生冲突的迹象。

233　帕拉赛尔苏斯采用的哪一种方式才是真实的方式呢？或者对他来说这两种方式都是真实的吗？可能是后者吧，他把其余的都"留给理论家们去讨论了"。

234　"维纳斯的特点"究竟意味着什么至今仍然模糊不清。按照阿格里帕的观点，[2]帕拉赛尔苏斯如此重视的"蓝宝石"、[3]黄桂竹香、树脂、苔藓和琥珀都属于维纳斯。毫无疑问，这位女神在

1　*Musaeum hermeticum*, p. 73ff.［这句话已经被改为同*Psychology and Alchemy*, 2nd edn., par. 431, n.11所给出的修正一致了。——英译注］

2　"因为在蓝宝石存在之前并没有什么秘方。"（*Paragranum*, p. 77）*De vita longa*, ed. Dorn, p. 72："它们指的就是黄桂竹香和蓝宝石之花，也就是指那两种宝贵的哲人之石。" Bodenstein（*Onomasticon*, p. 46）："蓝宝石的材料：那种其中没有有害物质的液体。"

3　*Occult. phil.*, I, cap. 28, p. xxxiv.

我们的文本中是在更高的层次上出现的，与一些经典的别名保持一致：智慧的、高贵的、人类神圣的导师等。[1]她的特点之一当然是最广泛意义上的爱，所以，当多恩把它们解释为“爱的盾牌和防御物”时，他说得一点都不错。盾牌和防御物是战争的标志，但是也有一个维纳斯部队（Venus armata）。[2]从神话传说来看，这个拟人化的阿莫尔[3]就是维纳斯和玛耳斯的儿子，他们在炼金术中的同居是一种典型的化合。[4]尽管多恩是一个信奉帕拉赛尔苏斯的人，但他对炼金术的某些基本信条则持有一种明显的争辩态度，[5]如此一来，基督教所谓爱你的邻居，是与邪恶针锋相对的，也非常适合他。但是，就帕拉赛尔苏斯而言，这种解释是值得怀疑的。维纳斯的话针对的是另一个方向，而且既然基督教的那些优美的礼物就包含在他的天主教信仰中，他在任何情况下都没有必要成为一个基督徒的阿莫尔。相反，一个维纳斯的麦基斯特拉或者阿芙洛狄忒的乌拉尼亚甚至索菲亚，在他看来似乎都更适合于自然之光的那种神秘。“minime tamen usurpatis”这些词也可能是一种随意的暗示。[6]因此，在《化学婚

1 Carter, *Epitheta Deorum*, s. v. “Venus.”

2 Ibid.

3 阿莫尔（Amor），古罗马爱神。——中译注

4 雌雄同体的维纳斯被认为是代表萨尔佛和墨丘利的结合。Cf. Pernety, *Fables égyptiennes et grecques*, II, p. 119.

5 Cf. “Psychology and Religion,” p. 60.

6 “minime tamen usurpatis”，可以翻译成“你一点都没有提到过”。

礼》中的那段维纳斯情节可能比多恩那种出于好意的拐弯抹角的话在解释这段含义隐晦的话上有更多的关系。

235 在结论中提到的在阿尼亚德斯统治下的一种“没有终结的生活”使人联想起《启示录》20：4：“……与基督一同作王一千年。”因此阿尼亚丁这一年与《启示录》中一千年的统治相对应。

236 作为结论，我想要说明，我试图在这里概述的对这种神秘学说的全面考察使它看起来似乎是这样的，在帕拉赛尔苏斯身上，除了医生和基督徒之外，还有一个炼金术的哲学家在发挥作用，这个炼金术的哲学家在把每一种类比都推向极限的时候，力图看透这些神圣的奥秘。我们只能觉得那个与基督教信仰的奥秘相类似的东西是一种最危险的冲突，在他看来，这个相似物并不是诺斯替教的异端邪说，尽管两者之间有最令人困惑的相似性；在他看来，就像在每一位其他炼金术士看来一样，人类被委以使植根在自然中的神圣意志臻于完善的任务，这确实是一件极其神圣的工作。“看起来你好像是一个炼金术士啊？”对于这个问题，他可能会用拉扎莱洛的话来回答：“我是一个基督徒，哦，国王，成为一个基督徒，同时又是一个炼金术士，这并不丢脸。”[1]

1 Lazarello, *Grater Hermetis* (1505), fol. 32^{r-v}.（和在Reitzenstein, *Poimandres*, p. 320中的一样。）

（五）

结　语

237　我早已认识到，炼金术不仅是化学之母，而且也是我们当代无意识心理学的先兆。因此，帕拉赛尔苏斯不仅是作为一个化学医学的先驱者而出现的，而且是实证心理学和心理治疗的先驱者。

238　我似乎对帕拉赛尔苏斯这位自我牺牲的医生和基督徒说得太少了，而对他的黑暗阴影则说得太多了，他的黑暗阴影是另一个帕拉赛尔苏斯，其灵魂与一种奇怪的精神潮流混合在一起，这种精神潮流源自无法追忆的根源，越过他流向遥远的未来。但是——黑暗的光（ex tenebris lux）——正是因为他如此着迷于魔法，他才能够为以后许多世纪的好处敞开这扇自然现实的大门。就像其他许多文艺复兴时期的人物一样，在他身上基督徒和原始的异教徒都以某种奇怪和不可思议的方式共存并形成一个冲突的整体。虽然他不得不忍受这种冲突，但是他从开辟了以后的纪元的知识和信仰之间这种令人痛苦的分裂幸免。作为一个人他有一个父亲，作为一种精神他却有两个母亲。他的精神是英雄般的，因为有创造性，所以注定会犯普罗米修斯那样的罪行。在16世纪之交所爆发的那场世俗的冲突，其生活意象就在我们眼前这位帕拉赛尔苏斯的人物身上，这场冲突是产生更高意识的先决条件；因为分析之后必然要进行综合，在较低层次上分离的东西将在更高层次上再现、统一起来。

三、精灵墨丘利

［这是1942年在瑞士阿斯科纳的爱诺思大会上的两个演讲，其主题是“在神话、诺斯替教和炼金术中的炼金术原则”。1942年在《爱诺思年鉴》上以《精灵墨丘利》（“Der Geist Mercurius”）为名发表（苏黎世，1943）；在《精灵的象征：心理现象学研究》……（心理学论文，VI；苏黎世，1948）的基础上修订和扩充。格拉迪斯·费伦和希尔德加德·内格尔的一个英文译本，题目是《精灵墨丘利》，1953年由纽约分析心理学俱乐部公司作为一本书出版，构成了目前这个译本的基础。把某些简短的章节做了合并。——英编注］

赫尔墨斯,世界的统治者,居住在心脏里,月亮的圆圈,
圆形和方形,口头文字的发明者,
遵从公正,戴着披肩的人,穿着有翅膀的鞋子,
巧舌如簧的卫士,死亡(凡人)的预言家……
——《魔法纸莎草书》(普赖森丹茨,第二卷,第139页)

第一部分

1. 瓶子里的精灵

239 在我为关于赫尔墨斯的专题论文集撰写的论文[1]中，我将力图说明，这个有多种形式的、诡计多端的神根本就没有随着古典时代的消亡而死去，而是相反，继续以某种奇怪的伪装存活了几个世纪，甚至存活到当今时代，使人的心灵忙于他那骗人的艺术和治疗的天赋。孩子们还在听着格林童话《瓶子里的精灵》，就像所有的童话一样，这个精灵一直都活着，当这个神话涉及今天的我们时，它还包含着关于赫尔墨斯秘密的精华和最深刻的含义：

---

1 我只是对墨丘利的炼金术概念做了一个概述，根本就不是对它的详尽阐述。因此，应该把引用的这份解说性的材料只看作是一个例子，并不要求完善。[关于"Symposium on Hermes"，请参见第201页的英编注。——英编注]

从前有一个贫穷的樵夫。他只有一个儿子，他想要把他送去上中学。但是，由于樵夫只能给他一点钱让他随身带着，因此还没有等到考试钱就花光了。于是儿子便回到家里，帮助他的父亲在森林里干活。有一天在中午休息时，他在林间漫步，突然碰到一棵非常古老的橡树。在那里他听到有个声音从地下呼唤："让我出去，让我出去啊！"他顺着树根往下挖去，发现了一个密封的玻璃瓶，很显然，声音就是从这个瓶子里发出的。他打开瓶子，一个精灵马上从里面跑出来，很快就变得像那棵树的一半那样高。这个精灵用一种可怕的声音喊叫着："我受到了惩罚，我要报复啊！我是伟大的、了不起的精灵墨丘利，现在你将获得奖赏。无论是谁释放了我，我都要把他掐死。"这使那个男孩惴惴不安，很快他便想出了一个诡计，他说："首先我必须确信，你就是被关在那个小瓶子里的同一个精灵。"为了证明这一点，精灵便爬回到瓶子里。这时男孩赶紧把瓶子封上，精灵又被关在里面了。但是现在精灵承诺，要是男孩让他出去，就好好奖励他。于是男孩就把精灵放出来，并收到了作为奖励的一小块破布。精灵说道："如果你把这块布的一端盖在伤口上，伤口就会痊愈，如果你用布的另一端来擦钢或铁，它就会变成银子。"男孩随即就用那块布擦拭他那把破斧子，斧子变成了银子，他把它卖了400泰勒[1]。这样一来，父亲和儿子的所有忧愁全都解除了。那个年轻人能够回学校学习了，后来，由于他的这块布，使他成为一位名医。[2]

240 那么，我们能够从这个童话中获得什么启示呢？你们知道，我们可以把童话看作是幻想的产物，就像梦一样，把它们想象成是无意识对自己的自发声明。

241 和许多梦的开始一样，总要先说一说梦行为的场景吧，所以，这个童话提到，森林就是魔法发生的地方。森林，就像深水和大海一样，黑暗而又一眼望不到边，是未知和神秘事物的藏身之地。它是无意识的一个适当的同义词。树是构成森林的活的成分，在许多树当中，有一棵树因其树形高大而格外引人注目。就像水中的鱼一样，树代表着无意识的有生命的内容。在这些内容中，特别有意义的是一棵"橡树"表现出来的特点。树也有个体性。因此，一棵树常常就是人格的象征。[3]据说巴伐利亚的路德维希二世通过向他的公园里某些印象特别深刻的树敬礼来表示他的尊重。那棵伟大的老橡树在谚语中就被表述为森林之王。因此，它代表无意识内容中的一个中心人

1 泰勒(thaler)，德国15—19世纪的银币。——中译注

2 [作者的解释。Cf. "The Spirit in the Bottle," *Grimm's Fairy Tales*(trans. Hunt, rev. Stern), pp. 458—462. ——英编注]

3 关于树的拟人化，见Frazer, *The Magic Art*, II, ch. 9。树也是死去的精灵的居住之所或者等同于新生儿的生命(ibid., I, p. 184)。

物，具有最明显程度上的人格。它是**自性**的原型，是根源的一个象征和自性化过程的目标。那棵橡树代表静止的无意识的人格核心，植物的象征作用表示一种深刻的无意识状态。由此可以得出结论认为，这个童话中的主人公自己就处在深深的无意识之中。他是一个“正在睡觉的人”，一个“盲人”或“蒙住眼睛的人”，我们在某些炼金术论著的例证中遇到过他们。[1]他们是尚未被唤醒的，其本身仍然处在无意识状态，他们还没有将其未来、更广泛的人格、他们的“整体性”整合起来，或者，用神秘主义者的语言来说，他们是还没有“开化的”人。因此，对我们的这位男主角来说，这棵树隐藏着一个大秘密。

242 这个秘密不是隐藏在树顶上，而是在树根里，[2]而且由于它是一种人格，或者具有某种人格，所以它也具有人格的那些最令人吃惊的标记——声音、言语和有意识的目的，它还要求男主角把它释放出来。它被违背其意愿地抓住了并且囚禁了，被深埋在地下的树根间。树根延伸到无机物的王国，延伸到矿物

1 参见*Mutus liber*的标题页，上面画着一只鹰用用喇叭把睡觉的人唤醒（“Psychology of the Transference,” Fig. 11）。也请参见Michelspacher的*Cabala, speculum artis et naturae*（*Psychology and Alchemy*, Fig. 93）的插图。在图画的前景，在一座大山前面站着一个被蒙住眼睛的人，这个山上有一座提升者（initiates）的庙宇，而在稍微往后一点的地方，另一个人在追赶一只狐狸，狐狸在一个山洞里消失不见了。这个“有帮助作用的动物”指出了通往庙宇的道路。这只狐狸或野兔本身就是那个“躲躲闪闪的”（evasive）作为向导的墨丘利。

2 诺斯替教派的人士是在同样的意义上使用这个主题的。Cf. Hippolytus, *Elenchos*, V, 9, 15，书中写道，那个有许多名字的和长着一千只眼睛的“上帝之道”就藏匿在万物的根中。

的领域之中。用心理学的术语来说，这就意味着，自性在身体中有其根源，它确实就在身体的化学成分之中。无论对这个童话的奇怪说明本身究竟意味着什么，没有什么比这个奇迹更奇怪的了，活的植物竟然把根植在无生命的地下。炼金术士把他们的四个元素描述为根（radices），与恩培多克勒[1]的根状物（rhizomata）相对应，他们在其中看到了炼金术的最重大和最核心象征的成分，即哲人石，它代表的就是自性化过程的目标。

243 隐藏在树根里的秘密就是被封闭在瓶子里的精灵。当然，并不是从一开始就被藏在树根下，而是最初先被关在瓶子里，然后才被藏起来的。可以设想，一个魔法师，也就是一个炼金术士把它抓住并把它囚禁起来。我们在后文将会看到，这个精灵就像是树的精神[2]，是树的植物精灵，这是墨丘利的定义之一。作为树的生命原则，它是从其中抽取出来的一种宗教精神的精髓，也可以被描述为自性化原则。这样一来，树就是自性的实现（realization of self）那个外向的和可见的标志。炼金术士们似乎也持有类似的观点。所以，《神秘的奥列利亚》说："哲学家们一直在充满渴望地寻找着树的中心，这个树的中心就位于地下天国之中。"[3]根据同一篇文献，耶稣基督本身就是

1 恩培多克勒（Empedoclea），古希腊时期的著名哲学家，是原子论学派的创始人，主张"四根说"。——中译注

2 树的精神（numen），指一种内在的指导力量。——中译注

3 *Theatrum chemicum*，IV（1659），p. 500.

这棵树。[1]关于树的比较早在欧洛日（约公元6世纪）时就出现过，他说："在圣父身上看到的是根，在圣子身上看到的是树枝，在精灵中看到的是果实：因为这三种物质实则为一。"[2]墨丘利也是三位一体（trinus et unus）。

244 所以，如果我们把它翻译成心理学的语言，那么这个童话故事告诉我们的就是，墨丘利的本质，即自性化原则，本来应该在自然条件下自由地发展起来，但由于来自外部的蓄意干预剥夺了它的自由，就像一个邪恶的精灵受到了巧妙的禁锢，并被赶了出去。（只有邪恶的精灵才必须被禁锢住，而且这个精灵的邪恶是通过其谋杀意图而表现出来的。）假设这个童话是正确的，这个精灵确实像它所讲述的那么邪恶，那么我们就不得不推断出，那位把自性化原则囚禁起来的大师曾经有一个美好的目的。但是，这个有良好意图的大师究竟是谁呢？他居然有力量赶走人的自性化的原则。我们只能把这种力量赋予宗教精神领域的一位灵魂的统治者。认为自性化原则是一切邪恶之源，这种观点在叔本华的论述中有所发现，而且更多是在佛教中发现的。在基督教中也有这种观点，认为人类的本性受到了原罪的污染，通过耶稣基督的自我牺牲才能使这种玷污得到赎救。处在其"自然"状况下的人，既非善也非纯洁，如果任

1 *Theatrum chemicum*, IV（1659）, p. 478："（耶稣基督）是宗教精神和身体的生命之树。"

2 Krueger, *Das Dogma von Dreieinigkeit und Gottmenschheit*, p. 207.

由他以自然的方式得到发展，其结果就会成为一个与动物并无二致的产物。如果那位大师没有通过在善与恶之间做出区分并且把邪恶放逐，从而阻碍了自然存在的自由发展，那么，没有受到罪疚感烦扰的本能天性和天真的无意识就会流行开来。因为若是没有罪疚感，就没有道德意识，若没有觉察到差异，就绝不会有意识，我们必须承认，那位灵魂大师的奇怪干预对任何一种意识的发展以及在这个意义上对善来说，都是绝对必要的。按照我们的宗教信仰，上帝本身就是这位大师，而炼金术士则想要以其微不足道的方式表明，他和这位造物主差不多，因为他想要做的事情就类似于创造活动，因此他把其微观的炼金工作比作世界造物主的创世。[1]

245 在我们的童话中，自然的邪恶被驱赶到"根部"，也就是被驱赶到地下，换句话说，就是被驱赶到身体之中。这个说明与下述历史事实相一致，一般地说，基督教思想是蔑视身体的，而没有费心做出更好的教义上的区分。[2]因为，按照教义，身体和自然本身一般都不是邪恶的：作为上帝的杰作，或者作为他借以表现自己的真实形式，自然不可能与邪恶相一致。相应地，童话中那个邪恶的精灵并不只是被驱赶到地下，并允许它

1 在"Dicta Belini"中，墨丘利甚至说："面包是由我制作而成的，整个世界由此而产生，这个世界是由我的怜悯而形成的，它之所以没有失去作用，是因为它是上帝的礼物。"（Distinctio XXVIII，in *Theatr. chem.*，1660，p. 87）

2 参见提升境界（status iustitiae originalis）和完整天性境界（status naturae integrae）教义。

随意地漫游，而只是把他藏在一个安全而又独特的容器里，这样他除了就在这棵橡树底下之外，不可能使自己注意任何别的地方。这个瓶子是人造的人类产品，因此代表的是这个过程的理智目标和人造性，其明显的目的是要把精灵与其周围的环境分离开来。作为炼金术的密封罐，它是“用炼金术的方法”（hermetically）密封着的（也就是用赫尔墨斯的标志密封着）；[1]它必须是用玻璃制作的，也必须尽可能是圆的，因为它代表的是把地球创造出来的那个宇宙。[2]透明的玻璃有点像是凝固的水或空气，这两种东西都是精灵的同义词。因此炼金术的反驳等同于世界灵魂，根据一个古老的炼金术概念，它是围绕着宇宙的。海斯特巴赫的凯萨利乌斯（13世纪）曾提到过一种幻象，在这个幻象中灵魂是以球形的玻璃容器的形式出现的。[3]同样，那个“宗教精神的”或“非人间的”（aethereus）哲人石是一种宝贵的玻璃体（vitrum，有时被描述为可锻造的），这常常等同于圣城耶路撒冷的金玻璃（aurum vitreum）（《启示录》21：21）。

246 值得注意的是，这个德国童话称呼被囚禁在瓶子里的精灵，是以异教徒之神墨丘利的名字命名的，它被认为等同于德

1 Cf. Rev. 20：3：“用印封上。”

2 “拳头（Fift）和谐而又充满爱，/在你的Warkes和以上领域之间。” Norton's “Ordinal of Alchimy,” *Theatrum chemicum Britannicum*, ch. 6, p. 92.

3 *Dialogus miraculorum*, trans. by Scott and Bland, I, pp. 42, 236.

国的民族之神沃坦。提到墨丘利，表明这个童话是一个炼金术的民间传说，一方面与在炼金术教学中使用的寓言故事密切相关，另一方面又与一组著名的民间故事有关，这些故事以“被符咒镇住的精灵”为主题。这样，我们这个童话就把邪恶的精灵解释为一个异教徒之神，在基督教世界的影响下被迫下降到黑暗的地下世界，在道德上被取消了资格。赫尔墨斯就变成了被所有的阴暗之神（tenebrious）赞美的神秘的恶魔，而沃坦则变成了森林和暴风雨的恶魔。墨丘利变成了金属的灵魂，金属人（霍蒙库鲁斯）、龙（水银之蛇）、咆哮的雄狮、夜晚的渡鸦（夜鹭）和黑鹰，后四种动物是邪恶的同义词。实际上瓶子里的这个精灵表现得就像其他许多童话中的魔鬼一样：他通过把贱金属变成金子来储藏财富；而且和魔鬼一样，他也受到了哄骗。

2. 精灵与树之间的联系

247 在我们继续讨论精灵墨丘利之前，我想要指出一个并非不重要的事实。他被囚禁的这个地方并不只是随便某一个地方，而是一个非常根本的地方，就是说，在橡树底下，橡树是森林之王。用心理学的术语来说，这意味着那个邪恶的精灵被囚禁在自性的根部，就像秘密被隐藏在自性化原则之中一样。他与树不同，也和其根部不同，而是用人为的方式被放置在那里的。这个童话使我们没有理由相信，那棵代表自性的橡树是由瓶子里的精灵生长起来的；相反，我们可以推测，橡树表示它是隐藏秘密的一个合适的地方。例如，人们都喜欢把宝藏埋在某种标记附近，或者这个标记是后来安放上的。这棵天国之树可以作为这个故事或类似故事的原型：它也不同于由此发出的那个蛇的声音。[1]但是，一定不要忘记，这些神话主题与在原始人中观察到的某些心理现象有重大联系。所有这些情况都和原始的泛灵论（animism）有值得注意的相似之处：有些树被赋予灵魂（我们就会说，它们具有了人格）且拥有一种可以对人发号施令的声音。阿莫里·托尔博特[2]报告过来自尼日利亚的一个这样的案例，一个当地的士兵听到一棵奥吉（oji）树在呼唤他，他拼命地想要跑出兵营，赶快跑到那棵树旁。在对他进行盘问时，他辩解说，所有和这棵树的名字一样的人都偶尔地会听到它发出的声音。毫无疑问，这种声音在这里就等同于这棵树。这些心理现象认为，最初树和恶魔是同为一体的，它们的分离是与更高层次的文化和意识相对应的一种次级现象。初级现象完全就是一种自然神性，一种在道德上中立的惊人的（tremendum）纯洁和简单。但是次级现象却隐含着一种

1 在Ripley的*Scrwele*中，墨丘利是以莉莉丝或梅露西娜的形式在这棵树中出现的。作为所谓“博洛尼亚谜语”（Aenigma Bononiense）的一种解释，古希腊神话中的树精（hamadryad）也属于这个脉络。Cf. *Mysterium Coniuntionisp*, p. 68f.

2 *In the Shadow of the Bush*, pp. 31f.

辨别行动，它把人与自然分离开，从而证明存在着一个更高度分化的意识。对此还可以补充一个第三级现象，它证明还有一个更高的层次，即道德资格，它宣布这是一个被禁止的邪恶精灵发出的声音。不言而喻，这个第三个层次的标志是相信有一个“更高级的”和“善的”上帝，虽然他最终并没有除掉他的对手，却使他在一段时间内被囚禁起来而没有受到伤害（《启示录》20：1—3）。

248 鉴于目前的意识层次，我们无法认为存在树魔鬼，我们不得不声称，那个原始人产生了幻听，他听到的是他自己无意识的声音，他把这种声音投射到树身上了。如果这个理论是正确的话，我不知道我们今天怎样才能用其他方式来系统阐述它，那么，第二个层次的意识就导致了客体的“树”和投射到它身上的无意识内容之间的分化，从而达到一种启蒙行为。第三个层次上升得更高级，它把“邪恶”归因于从这个客体中分离出来的心理内容。最后，第四个层次，即由今天我们的意识所达到的层次，通过否认那个“精灵”的客观存在，并且宣布那个原始人根本什么声音也没有听到，而只是产生了一种幻听，从而进一步为启蒙打造了一个平台。因此，整个现象就这样消失在空气中了，有一个很大的好处就是，那个邪恶的精灵显然变成了非存在并被衰减为荒唐的无意义。但是，必定会对物质采纳一种精华观的第五个层次，对这种变魔术的戏法很好奇，把一开始是一种奇迹变成了一种没有意义的自我欺骗，只不过兜了一圈又回到了原位。就像那个小男孩,给他的父亲讲了一个编造的森林里的60头牡鹿的故事,他问道:“但是,在森林里沙沙作响的那些声音究竟是什么呢?”第五个层次的观点认为,毕竟有某种事情确实发生了:尽管心理内容并不是那棵树,也不是树中的一个精灵,其实也根本就不是什么精灵,但它却是从无意识中生发出来的一种现象,如果有人想要承认精神现象是任何一种现实的话,他就不能否认其存在。如果他不这样做,那么他就不得不把对现代人来说似乎很令人讨厌的上帝的从无中创造学说(creatio ex nihilo)极大地向前推进一步,使包括蒸汽机、汽车、收音机和地球上的每一所图书馆,所有这一切很可能都起源于想象不到的偶然发生的原子聚合(conglomeration of atoms)。有可能发生的唯一的事情就是,造物主本来是要对聚合进行重新命名的。

249 第五个层次假设,无意识是存在的,并且和任何其他存在一样有其现实性。无论这种观点可能多么令人厌恶,但这都意味着“精灵”也是一个现实,而且从这个意义上说它还是一个“邪恶的”精灵。更糟糕的是,“善”与“恶”之间的区别突然变得不再是过时的了,而是时下高度关注的和必要的。关键的要点在于,只要不能证明这个邪恶的精灵是一种主观的心理体验,那么,我们还是要再次严肃地把树和其他合适的客体看作是其寄宿之地。

3. 使墨丘利获得解救的问题

250 现在我们不再进一步追问无意识的那种自相矛盾的现实性问题，而是要回到关于瓶子里的精灵的那个童话故事中。我们已经看到，精灵墨丘利有点像那个“受骗的恶魔”。但是，这种类比只是表面的，这是因为，和魔鬼的那些礼物不同，墨丘利的金子不会变成马粪，而仍然是很好的金属，那块有魔力的破布到早晨不会变成灰烬，而仍将保持其治疗的力量。墨丘利也不会被从他想要偷窃的某个灵魂中哄骗出来。他只会被哄骗到他自己的更好的本质之中，人们可能会说，那个男孩成功地把他再次装进那个瓶子里面，以便治好他那个坏脾气，使他变得驯服听话。墨丘利变得有礼貌了，给那个小伙子提供了一次有用的赎金，因而使自己获得了解救。关于这位学生的好运以及他是怎样成为一名创造奇迹的医生的，我们现在已经听说过，但是，相当奇怪的是，关于那位被解救出来的精灵的所作所为，我们却一无所知，虽然考虑到墨丘利及其多方面的联系使我们纠缠于其中的意义网，这些所作所为可能含有某些意思。当这位异教神祇，赫尔墨斯—墨丘利—沃坦，再次被释放出来时，发生了一些什么事情呢？作为魔法师的神祇、植物精灵和风暴魔鬼，他将很难再次被囚禁起来。这个童话故事使我们没有理由假设，那个囚禁的情节最终改变了他的性质，使他达到了完善的极点。赫尔墨斯之鸟已经从玻璃瓶的牢笼里逃脱出来，结果所发生的事情却是，这是有经验的炼金术士不惜一切代价想要避免的。这就是为什么他总是要用巫术符号把他的瓶塞封起来，让它相当长时间地处在文火的烘烤之下，这样“在瓶子里的他就不会飞出来”。因为如果他逃跑了，那么辛勤劳动的产品就生产不出来，一切就得全部从头再来。我们的小伙子是一个礼拜天出生的孩子（Sunday's child），而且很可能是一个精神贫困的孩子，通过给金属自动上色的方式使他在天国占有一席之地，据说参照这种方式生产的产品只需要操作一次即可。[1]但是，如果他丢失了那块魔布，他当然就绝不可能再靠自己来生产第二次。看起来似乎有些大师已经捕捉住了这个反复无常的精灵[2]，并且把它像宝藏一样藏在了一个安全的地方，或许先把他放在一边以备将来之用。他甚至可能曾计划驯服这个野蛮的墨丘利，使他成为一个愿意听他差遣的“精灵”，就像靡菲斯特那样，炼金术对这一系列想法并不会感到奇怪。或许当他回到那棵大橡树下，发现那只鸟已经飞走了的时候，他才会很不高兴地大惊失色。不管怎么说，可能最好不要让瓶子的命运听任自然。

1 “因为他只要操作一次即可结束，/绝对没有必要再次开始。”——Norton's “Ordinal of Alchimy,” *Theatr. chem. Brit.*, ch. 4, p. 48.

2 反复无常的精灵（mercurial spirit），墨丘利的意思是水银，而水银是一种易挥发的物质，所以在这里译为“反复无常的精灵”。——中译注

251 尽管如此，这个男孩的行为——虽然对他来说这样做很成功——在炼金术的意义上说必须被描述为不正确的。他可能通过释放了墨丘利而侵犯了一个不知名的大师的合理诉求，除了这个事实之外，他也根本就没有意识到，如果把这个狂暴的精灵释放到这个世界上，可能会有什么事情发生。炼金术的黄金时代是16世纪和17世纪上半叶。那时有一只预报风暴的海燕确实从一个宗教精神的容器中逃走了，那些魔鬼们一定觉得这个容器就是一座监狱。如我所言，炼金术士们根本就不愿意让墨丘利逃走。他们想要让他待在瓶子里以便对他进行转换：因为他们相信，就像佩塔西奥斯一样，那种铅（另一种神秘物质）是"如此令人困扰和招人讨厌，以致所有希望研究它的人都由于无知而变成了疯子"。[1]据说难以捉摸的墨丘利也是如此，他逃避了每一次抓捕——真是一个使炼金术士们陷入绝望的骗子。[2]

1 Olympiodorus in Berthlot, *Alchimistes grecs*, II, iv, 43.

2 参见那个有趣的"Dialogus Mercurii alchymistae et naturae," *Theatr. chem.*, IV (1659), pp. 449ff。

第二部分

1. 导　言

252　有兴趣的读者们将会像我一样,想要发现更多与这个精灵有关的事情——尤其是我们的先辈们所相信和说到的有关他的事情。因此,我将努力借助于引文来给这个多才多艺的、光芒四射的神祇画一幅画像,就像他在皇家艺术大师们的眼里所看到的那样。为了达到这个目的,我们必须查阅那些尚未得到恰当理解的、深奥难懂的炼金术文献。诚然,在后来的年代里,对炼金术的历史主要是炼金术士才感兴趣。它记载了很多化学物质和药物的发现,虽然在炼金术士看来具有科学内容的文献贫乏得可怜,但这个事实并不能使他安于现状。他所处的地位并不像那些更古老的作者们,例如施米德尔,可以怀着有希望的尊重和同情来看待制造黄金的可能性;相反,他却被这种方法的无用性和炼金术的大致推测而激怒了。在他看来炼金术就是一种持续了2 000多年的严重的心理失常。如果他只是扪心自问这种炼金术的化学是否真实，就是说，炼金术士们真的是化学家还是只不过在说一种化学的行话，那么这些文献本身就提出了一种观察路线，而不是纯粹的化学。然而，化学家的科学设备却并不适合于他来追寻这另一条研究路线，因为这样就会直接深入宗教史之中。因此，这是一位文献学家莱岑施泰因的功劳，我们必须感谢他在这个领域所做的具有最大价值的初步研究。是他认识到隐含在炼金术中的神话学和诺斯替教的观念，因而从一个视角使全部主题昭然于世，这可能是最富有成果的贡献。正如最古老的古希腊和中国文献所示，因为炼金术最初构成了诺斯替教哲学思辨的一部分，也包括关于金匠和铁匠、伪造宝石者和药师的技术方面的详细知识。无论是东方还是西方，炼金术都把关于原人的诺斯替教义视为其核心，而且就其本质而言这个教义具有独特的赎救学说的特点。这个事实一定没有被炼金术士注意到，虽然在大致相同的时期在希腊和拉丁文献中以及在中国文献中这个事实得到过相当清楚的表述。

253 首先，让我们这些受过科学训练的心灵小心谨慎地回到那种神秘参与（participation mystique）的主客同一的原始状态，这当然几乎是不可能的。现代心理学的这些发现对我是很有用的。实践经验一再向我们表明，长时间地专注于某一未知的客体简直就是一种几乎不可抗拒的诱惑，使无意识把自己投射到这个客体的未知性质之中，并且接受由此而产生的这种知觉，把由此推断出来的解释当作客观的。这种在心理学实践中尤其是在心理治疗中每天都会发生的现象，毫无疑问是原始性的一种遗迹。在原始水平上，人的全部生命是受万物有灵的假设支配的，也就是把主观的内容投射到客观的情境中去。例如，卡尔·冯·登·施泰因说，布罗罗村人[1]认为他们自己是红尾凤头鹦鹉，尽管他们很快便承认他们并没有羽毛。[2]在这个水平上，炼金术士们的假设是，某种物质具有神秘的力量，或者是，有一种可以创造奇迹的原初物质，这个假设是不证自明的。但是，这并不是一个可以用化学术语来理解甚至思考的事实，它是一种心理现象。因此，心理学能够对解释炼金术士的心态做出重大贡献。那些在炼金术士看来似乎是荒唐的炼金术幻想的东西，却可以被心理学家不太费力地看作是用化学物质污染的心理材料。这种材料源自集体无意识，因而与那些至今仍然能在从未听说过炼金术的病人和健康人当中发现的幻想产物保持一致。由于其投射物的这种原始性质，对炼金术士来说，炼金术是一片如此贫瘠的田野，而对心理学家来说却是一个十足的材料金矿，它对无意识的结构提供了格外有价值的启蒙。

1　布罗罗村人（Bororos），这是巴西的一群神经不正常的人，克劳德·列维·施特劳斯曾在《苦闷的热带》一书中描述了这群人的情况。——中译注

2　Von den Steinen, *Unter den Naturvölkern Zentral-Brasiliens*, p. 352f., 512.

254 由于我在以下的论述中将经常提到一些原始文献，因此就这些文献做一点说明可能也是个很不错的主意，其中有一些文献是很不容易理解的。对已经翻译出来的少数中国文献我就不进行评述了，而只是提一提卫礼贤和我本人发表的《金花的秘密》，这个文献就是这一类别的一个代表。我也不会考虑印度的“水银系统”。[1]我使用的西方文献可分为四组：

（1）**古代作者的文献**。这一组主要由希腊文献组成，是贝特洛主编的，以及从阿拉伯人那里传过来的文献，同样是他主编的。日期可追溯到公元1世纪和8世纪之间。

（2）**早期拉丁作家的文献**。这些文献中最重要的是从阿拉伯文（或希伯来文？）翻译过来的作品。最近的研究表明，这些文献大多数源自和伦学派（Harranite），一直盛行到大约1050年，很可能也是《赫尔墨斯文集》的来源。属于这一组的某些文本是否源自阿拉伯人是值得怀疑的，但这些文本至少反映了阿拉伯人的影响，例如，盖贝尔的《完成伟大事业之大纲》（“Summa perfectionis”）和亚里士多德及阿维森纳的论著。这一时期从9世纪延伸到13世纪。

（3）**后期拉丁作家的文献**。这些文献构成了一组主要文

---

1 Cf. Deussen, *Allgemeine Geschichte der Philosophie*, I, Part 3, pp. 336ff. 这个文本毫无疑问是一个炼金术哲学的文本，属于相当晚期（中世纪）的小往世书，尤其是属于湿婆世书（*Maheshvarapurana*），因而属于主要关于湿婆的教义。“Pāra-da”（安置在对岸）意思是指水银。

献，从14世纪延伸到17世纪。

(4) **现代欧洲语言中的文献**。16到17世纪。此后炼金术开始走下坡路，这就是为什么我只是偶尔地使用18世纪文献的原因。

2. 作为水银和/或水的墨丘利

255 墨丘利在各个地方几乎首先被理解为hydrargyrum[1](Hg)，即水银或汞[argentum vivum，源自vifargent或硫黄(argent vive)]。因此，它被称为普通的(vulgaris)和未加工的。通常，人们会特意地把哲学的水银与这个词区分开来，作为一种公认的神秘物质，有时被想象为未加工的水银，然后再次与它完全区分开来。这就是炼金过程的真正目标。水银，由于其液体性和易挥发性，也被定义为水。一种通常的说法是："Aqua manus non madefaciens。"(不会把手弄湿的水)[2]其他名称还有烈性的蒸馏酒(aqua vitae)、[3]钯金水(aqua alba)、[4]干燥的水(aqua sicca)。[5]最后一个名称，即干燥的水，是自相矛盾的，为此我想

1 源自ὕδωρ，"水"，和ἄργυρος，"银子"。

2 E.g. Hoghelande, "De alchemiae difficultatibus," *Theatr. chem.*, I(1659), p. 161.

3 "Aquarium sapientum," *Musaeum hermeticum*, pp. 84, 93.

4 Ibid., p. 84. 因此还有处女奶(lac virginis)、雪(nivis)、白色大地(terra alba foliate)、氧化镁(magnesia)，等等。

5 Hoghelande, p. 161.

要特别提醒大家注意，他表现了我们所描述的这种物体性质的特点。Aqua septies distillata（经过七次蒸馏的水）和隐约的水（aqueum subtile）[1]指的是哲学上的墨丘利的那种被升华了的（“精神的”）性质。许多论著只是说墨丘利就是水。[2]关于强烈的潮湿（根部潮湿）的学说认为，这些名称是白色液体、[3]潮湿持久不燃并且含油[4]和根部潮湿[5]的基础。据说水银也是像蒸汽一样从潮湿中产生出来的[6]（这指的还是他的精神性质），或者可以来支配水。[7]在希腊文本中被如此经常提及的“圣水”就是水银。[8]作为神秘物质和金色酊剂的墨丘利是由金水（aqua aurea）[9]这个名称来表示的，也是通过把水描述为墨丘利的双蛇杖（Mercurii caduceus）[10]来表示的。

---

1 Mylius, *Philosophia reformata*, p. 176.

2 “Novum lumen,” *Mus. herm.*, p. 581; “Tractatus aureus,” ibid., p. 34; “Gloria mundi,” ibid., p. 250; Khunrath, *Von hylealischen Chaos*, p. 214.

3 *Rosarium philosophorum*, in *Artis auriferae*, II, p. 376.

4 “Tractatus aureus,” *Mus. hem.*, p. 39.

5 Mylius, *Phil. ref.*, p. 31.

6 “Gloria mundi,” p. 244.

7 *Aurora consurgens* II, in *Art. aurif.*, I, p. 189. 这个文本认为水就是火（p. 212）。

8 Berthelot, *Alch. grecs*, IV, vii, 2.

9 Basilius Valentinus, “Practica,” *Mus. herm.*, p. 404.

10 Philaletha, “Metallorum metamorphosis,” ibid., p. 771, and “Introitus apertus,” ibid., p. 654.

3. 作为火的墨丘利

256 许多论著只是把墨丘利定义为火。[1]他是原初的火(ignis elementaris)、[2]我们最真实的自然之火(noster naturalis ignis certissimus),[3]这再次表明了其“哲学”性质。那种水银之水甚至就是一种圣火。[4]这种火是“烟雾很大的”(voporosus)。[5]确实如此,在完整的炼金过程中墨丘利真的是唯一的火。[6]他是一种“不可见的、秘密发挥作用的火”。[7]有一篇文章说,墨丘利的“心脏”在北极,他就像是一种火(北极光)。[8]实际上,正如另一篇文章所说,他是“那种普遍的和发出闪光的自然之光的火,其中携带着天国的精灵”。[9]这段话格外重要,因为他把墨丘利与自然之光联系起来,它是仅次于《圣经》的神圣

---

1 *Aurora consurgens*, II, in *Art. aurif.*, I, p. 212; Dorn, "Congeries Paracelsicae," *Theatr. chem.*, I(1659), p. 502; Mylius, *Phil. ref.*, p. 245.

2 "Via veritatis," *Mus. herm.*, p. 200.

3 "Tractatus aureus," ibid., p. 39.

4 "Aquarium sapientum," ibid., p. 91.

5 Ibid., p. 90.

6 “除了墨丘利之外,在全部工作中根本就没有火。”(“Fons chymicae veritatis,” ibid., p. 803)

7 "Metall. Metamorph.," ibid., p. 766.

8 “墨丘利的心脏在天极,那是真正的火,那里是他的上帝的休息之地,在这个大海中航行。”(“Introit. apert,” *Mus. herm.*, p. 655)一种有点模糊的象征作用!

9 "Aquarium sap.," ibid., p. 84.

启示的神秘知识的来源。我们再一次隐约地看到了赫尔墨斯作为天启之神的古代角色。虽然那种自然之光最初是上帝赋予其创造物的，这在本质上并没有罪，其实质却让人觉得是非常糟糕的，因为这种水银之火也与地狱之火相联系。不过，炼金术士们似乎并没有把地狱或地狱之火理解为绝对处于上帝之外或与上帝相对立的，而是把它理解为神性的一个内在成分，如果人们把上帝视为某种对立物的一致性（coincidentia oppositorum），那么事情就确实如此了。一个无所不包的上帝的概念必然包括其对立面。当然，这种一致性一定不能太激进或太极端，否则上帝就会把他自己抵消了。[1]因此，对立物的一致性原则必须通过绝对对立原则才能完成，目的是达到完全的自相矛盾性以及心理上的有效性。

257 水银之火是以液态形式在“地球的核心”或龙的腹部被发现的。本尼迪克特·菲古鲁斯写道：“拜访地球的核心，在那里你将发现球形的火。”[2]另一篇文章说，这种火是“神秘的地狱之火，是世界的奇迹、更高级力量在地下的系统”。[3]墨丘利，这种具有启示意义的自然之光，也是地狱之火，以某种令人惊异的

1 这是一种纯粹心理学的解释，与人类的概念和声明有关，而不是与深奥莫测的存在有关。

2 Figulus, *Rosarium novum olympicum*, Pars. I, p. 71. 这是“引自以诺的房火”。Cf. “Paracelsus as a Spititual Phenomenon,” supra, par. 186.

3 “Ignis infernalis secretus ... mundi miraculum, virtutum superiorum in inferioribus systema.”（“Introit apert.,” p. 654）

方式，正是对天国的精神力量在地下的、阴间的物质世界中的重新安排，早在圣保罗时代就已经被认为是受魔鬼统治的。地狱之火，那个真正有能量的邪恶原则，在这里表现为宗教精神和善的明显的对立面，而且实际上与它是基本一致的。此后，当另一篇论文说，水银之火是“上帝自己以神圣的爱在其中燃烧的火”[1]时，这当然并没有冒犯的意思。如果我们在这种凌乱的话语中感受到真正神秘主义的气息，那么我们就不是在自欺欺人。

258 既然墨丘利本身就具有狂暴的性质，火就不会对他造成伤害：他在火中保持不变，像火怪一样感到高兴。[2]毋庸赘言，水银不会表现出这种行为，而是会因受热而蒸发，就像炼金术士们自己从很早期时代就已经知道的那样。

4. 作为精神和灵魂的墨丘利

259 如果墨丘利只是被理解为水银，那么我列举的那些名称也就显然没有必要了。这种需要的产生会使人得出结论，一个简单而又清楚明白的术语根本就不足以指明炼金术士们在说到

---

1 “Ignis in quo Deus ipse ardet amore divino.”（“Gloria mundi,” p. 246）

2 “因为正是他才征服了这种火，而且他本人却没有被火征服，而是像朋友一样在里面休息，在里面感到高兴快乐。”（Geber, “Summa perfectionis,” *De alchemia*, cap. LXIII, p. 139）

墨丘利时心中之所想。它当然是水银，却是一种非常独特的水银，“我们的”墨丘利，在水银背后或内部的本质、潮湿或原则，即，那个吸引无意识投射的、难以确切表达的、迷人的、容易被激怒的和难以捉摸的东西。这个“哲学的”墨丘利，这个逃跑的奴隶或逃跑的牡鹿是一个非常重要的无意识内容，就像或许可以从我们给出的少数暗示中收集到的，这个内容发出威胁想要分别造成一系列难以解决的心理学问题。这个概念危险地膨胀起来，我们开始感觉到，无论在哪里都看不到头。因此我们宁愿不要把这个概念不成熟地与任何特殊的意义联系起来，而是满足于指出，这个被炼金术士们如此珍视为转换物质的哲学墨丘利，显然就是一种无意识投射，当探究的心灵在调查一个未知的量时缺乏必要的自我批评时，这种情况总会发生。

260 如前所示，这个神秘物质的这种精神性质并没有逃脱炼金术士们的注意；确实，他们实际上把它界定为“精神”或“灵魂”。但是，由于这些概念，尤其是在早期，必然是很模糊不清的，如果我们想要对“精灵”和“灵魂”这两个术语在炼金术的使用中究竟表示什么意思有一个适度清晰的观念，我们就必须慎重地看待它们。

A. 作为空气精灵的墨丘利

261 赫尔墨斯最初是一个风神，与他相对应的是埃及的透特，他“使灵魂得以呼吸”，[1]因此在提供空气方面他是炼金术的墨丘利的先驱者。这些文献经常使用“普纽玛”(pneuma)和“精灵”这类术语，其最初的具体意思是“流动中的空气”。因此，当墨丘利在《哲学玫瑰园》(15世纪)中被描述为空气和有翅膀的(volans)[2]时候，以及在霍格兰德(16世纪)的作品中被描述为“所有的空气和精神”[3]的时候，意思只不过是指一种聚集的空气状态。在瑞普利的《卷轴》[4]中的诗意表达serenitas aerea有些类似的意思，该位作者还说过，墨丘利变成了风。[5]他是被风吹起的石头。[6]如果人们还能回想起前面提到的墨丘利的那种像蒸汽一样的性质，那么“肉体精神”[7]和“可见却触摸不着的精神”(spiritus visibilis, tamen impalpabilis[8])这些短语的意思可能也不过是指“空气”，甚至像“卓越的纯粹精神”(spiritus prae cunctis valde purus[9])这类短语可能也表示类似的意思。“不燃”[10]这个名称比较值得怀疑，因为这个词常常是“不

---

1 在*Aurora consurgens* II中墨丘利的这个特点得到了强调，in *Art. aurif.*, I, pp. 146 and 190：“他在第五个月制作了(胎儿的)鼻孔。”

2 *Rosarium*, pp. 252, 271.

3 *Theatrum chemicum*, I (1659), p. 169.

4 16世纪，大英博物馆，MS. Add. 10302。

5 Ripley, *Opera*, p. 35.

6 “Tractatus aureus,” *Mus. herm.*, p. 39.

7 *Rosarium*, p. 282.

8 Basilius Valentinus, “Practica,” *Mus. herm.*, p. 404.

9 “Introit. apert.,” ibid., p. 654.

10 *Rosarium*, p. 252.

易腐烂”（incorruptibilis）的同义词，因而意思是指“永恒的”，正如我们在后文将要看到的那样。帕拉赛尔苏斯的一个学生皮诺塔斯（16世纪）在说到墨丘利“只不过是在地球上变成了身体的世界精神而已”[1]的时候，他所强调的就是这个物质的方面。这句话比任何表达方式都更好地表述了两个独立领域，即精神和物质的相互影响，这是现代人的心灵所无法想象的；因为在中世纪的人看来，世界精神也是统治大自然的精灵，而不只是一种弥漫性的气体。当另一位作者米利乌斯在其《哲学改革》[2]中把墨丘利描述为“物质的媒介”的时候，我们发现我们自己也处在相似的两难境地，这显然是他的“自然灵魂”[3]这个概念的同义词，因为在他看来墨丘利就是“肉体的精神和灵魂”。[4]

B. 作为灵魂的墨丘利

262 在空气或气体的意义上，“灵魂”代表一个比“精灵”更高级的概念。作为“精妙的身体”或“呼吸的灵魂”，它意味着是一种非物质的、比单纯的空气更好的东西。其基本特点是使之

1 *Theatr. chem.*, I（1659）, p. 600.

2 P. 183.

3 P. 19.

4 P. 308.

具有生命和被赋予生命；因此它代表生命原则。墨丘利常常被称为“阿尼玛”[因此，作为一种女性的存在，他也被称为女人或少女]，或者被称为“我们的灵魂”。[1]在这里，“我们的”的意思并不是“我们自己的”灵魂，而是像在我们的水，我们的墨丘利，我们的身体中那样，指的都是神秘物质。

263 但是，阿尼玛似乎常常与精灵相联系，或者与之相等同。[2]因为精灵具有灵魂的那种活的性质，为此墨丘利常常被称为植物精灵[3]（有生命的精灵）或者精之灵（spiritus seminalis）。[4]在那本想要成为亚伯拉罕·勒朱福之秘藏的17世纪的伪作中发现了一个特殊的称呼，这是尼古拉·弗拉梅尔（14世纪）提到的。这个称呼是蛇之精灵（源自φύω，即“生儿女”，φυτόν，即“创造物”，φύτωρ，即“生殖者”，和蟒蛇，即阿波罗神谕的蛇），而且还有一个蛇形符号相伴：Ω。[5]更物质化的定义是把墨丘利定义为一种“像胶水一样的赋予生命的力量，把世界结合在一起并且站在身体和精神之间的正中”。[6]这个概念与米利乌

---

1 “Tractatus aureus,” *Mus. herm.*, p. 39.

2 Mylius, *Phil. ref.*, p. 308：“（墨丘利是）精灵和灵魂组成的身体。”在Ventura, *Theatr. chem.*, II（1659）, p. 282, “Tractatus Micreris,” ibid., V（1660）, p. 92中也有同样的表述。

3 Aegidius de Vadis, ibid., II（1659）, p. 106.

4 Philaletha, “Metall. metamorph.,” *Mus. herm.*, p. 766.

5 Abraham Eleazar, *Uraltes Chymisches Werck*, pp. 29ff. “蟒蛇（Phyton）是万物的生命”, p. 34。

6 Happelius, “Aphorismi Basiliani,” *Theatr. chem.*, IV（1659）, p. 327.

斯把墨丘利定义为“自然灵魂”相对应。由此可见，这只是为了把墨丘利与世界灵魂[1]相认同而迈出的一步，这就是阿维森纳很早（12到13世纪）就对他进行界定的方式。“他是充斥在世界上并且最初曾在水面上游动的上帝的精神。他们还把他称为隐藏在世界里的真理的精神。”[2]另一个文本说，墨丘利是“和光结合在一起的超天国的精灵，因而可以正确地称之为世界灵魂”。[3]从数量众多的文献中清晰可见，一方面炼金术士们把他们关于世界灵魂的概念与柏拉图的《蒂迈欧篇》中的世界灵魂联系起来，另一方面又和圣灵联系起来，圣灵曾在《创世记》中出现过并且发挥了生殖者的作用，使水充满了生命的种子，就像后来他在圣母玛利亚接受荫庇（obumbratio）时所发挥的那种类似的作用。[4]在其他地方我们还读到过，有一种“生命力居住在非世俗意义上的墨丘利之中，他就像固体的白雪一样飞扬。这是一个和微观世界一样的宏观世界的精灵，在理性灵魂产生之后，人性自身的运动和流动性便依赖于他”。[5]这种雪代表处在白化（=精神）状态的得到提纯的墨丘利；在这里物质和精神再次成为同一的。值得注意的是由于墨丘利的存在而导致的灵魂的双重性：一方是上帝赋予人的不朽的理性灵魂，

1 *Verus Hermes*（1620）.

2 “Aquarium sap.,” *Mus. herm.*, p. 85.

3 Steeb, *Coelum Sephiroticum*, p. 33.

4 Ibid., p. 39.

5 Happelius, loc. cit.

它把人与动物区分开来；另一方是水银的生命灵魂，它显然与圣灵的自命不凡或灵感有关。这种基本的二重性构成了精神启示之两大来源的心理学基础。

C. 作为非物质的、形而上意义上的精神的墨丘利

264 在许多文献中精灵这个词是否具有抽象意义上的精神的意思，还是值得怀疑的。[1]可以适度确定的是，在多恩那里这个词确实具有这样的意思，因为他说“墨丘利像灵魂一样具有不易腐烂的精神的性质，而且由于它的这种不易腐烂性而被称为智者（intellectual）”[2]，也就是与理知世界（mundus intelligibilis）有关。有一篇文章明确地称他为“宗教精神的和超自然的”，[3]而另一篇则说精灵墨丘利来自天国。[4]劳伦修斯·文图拉（16世纪）可能已经很好地把他自己与《柏拉图四书》联系起来，因此，当他把墨丘利的精灵定义为“完全像它自己”（sibi omnino similis）和单纯（simplex）[5]时，他便和和伦学派的新柏拉图主义

---

1 例 如，Djābir in Berthelot, *Chimie au moyen âge*, III, p. 169; *Rosarium*, in *Art. aurif.*, II, p. 339; Hoghelande, *Theatr. chem.*, I (1602), pp. 153, 183。

2 *Theatr. chem.*, I (1659), 419. 在Ripley, “Axiomata”, ibid., II (1659), p. 123中也有同样的表述。

3 “Tractatus aureus,” *Mus. herm.*, p. 11. 本文引自Valentinus。

4 Steeb, *Coelum Sephiroticum*, p. 137.

5 *Theatr. chem.*, II (1659), p. 231.

的观念联系起来了，因为这个和伦文本把这种神秘物质定义为单纯的物质（res simplex）并把它与上帝相等同。[1]

265 关于这个水银普纽玛的最古老的参考文献是在奥斯坦尼斯的一个相当古老的（很可能是公元前）引文中出现的，它说："到尼罗河的溪流中去吧，在那里你将发现一块有灵魂的石头。"[2]在佐西莫斯那里，墨丘利的特点被描述为非物质的，[3]而另一位作者则把它描述为非人间的，已经变成理性的或智慧的。[4]在这个非常古老的文章《伊西斯生了荷露斯》（1世纪）中圣水是被一个天使带来的，而且显然是来自上天的或者源自魔鬼，因为根据这个文本，那个把水带来的天使亚姆纳尔并不是一个在道德上无可指摘的人物。[5]我们不仅从古代作家那里而且从后世的作家那里已经获悉，对于炼金术士们来说，作为神秘物质的墨丘利与爱情女神有一种或多或少的秘密联系。在通过阿拉伯人传送过来的而且很可能是源自亚历山大大帝时代的《克拉特斯书》中，阿芙洛狄忒是和一个容器一起出现的，在这个容器的嘴里不停地流出水银的溪流，[6]在克里斯蒂安·罗森克鲁茨的《化学婚礼》中，核心的秘密就是他访问了熟睡中

1 Ibid.，V（1660），p. 129.

2 Berthelot，*Alch. grecs*，III，vi，5.

3 Ibid.，III，xxviii，5.

4 Ibid.，IV，vii，2.

5 Ibid.，I，xiii，3.［Cf. supra，"The Vision of Zosimos，" pars. 97ff.］

6 Berthelot，*Moyen âge*，III，p. 63.

的维纳斯的密室。

266　把墨丘利解释为精神和灵魂，尽管其中包含着精神—身体的两难困境，但这个事实表明，炼金术士们自己都把他们的神秘物质想象为我们今天称为心理现象的东西。的确如此，无论精神和灵魂可能是什么，从现象学的观点来看，它们都是一些心理结构。炼金术士们永远不知疲倦地关注着墨丘利的这种心理性质。迄今为止我们自己在统计学上关注的是诸如水和火、精神和灵魂这类最普通的同义词，现在我们可以得出结论认为，这些对心理学现状的例证，可以最好地描述一个唯信仰论术语的特点（或者，实际上也确实需要）。水和火是经典的对立物，只有当这个东西本身把水和火的相反的性质结合起来时，才能说它们是对同一个事物的有效定义。因此"墨丘利"的心理（psychologem）必然具有一种基本上属于唯信仰论的双重性质。

5. 墨丘利的双重性

267　墨丘利遵循赫尔墨斯的传统，也是多面性的、多变的和带有欺骗性的。多恩曾称之为"那个反复无常的墨丘利"，[1]还有

1　*Theatr. chem.*，I（1659），p. 470.

人称之为versipellis(改变他的皮肤,多变性)。[1]他是双重的(duplex),[2]他的特点就是双重性。据说他"围绕着地球跑,也同样喜欢善和邪恶的陪伴"。[3]他是"两条龙"、[4]"双生子",[5]由"两种本质"[6]或"两种性质"组成。[7]他是"具有双重性质的巨人",在解释这种说法时,该文本[8]引用了《马太福音》第26章的内容,最后的晚餐的那顿圣餐就是在那里进行的。把他与耶稣基督相类比由此便清晰可见。墨丘利的这两种性质被认为是不同的,有时是相对立的;当他是龙的时候,他"既有翅膀又没有翅膀"。[9]有一则寓言说:"在这个山上躺着一条永远醒着的龙,他被称为复眼怪物,因为他身体的两侧和前后都覆盖着眼睛,他睡觉时一些眼睛睁着一些眼睛闭着。"[10]存在着"普通而又通晓哲学的"墨丘利;[11]他是由"干燥和泥土似的、潮湿和黏

---

1 Aegidius de Vadis, ibid., II (1659), p. 105.

2 "Aquarium sap.," *Mus. herm.*, p. 84; Trevisanus, in *Theatr. chem.*, I (1659), p. 695; Mylius, *Phil. ref.*, p. 176.

3 "Aurelia occulta," *Theatr. chem.*, IV (1659), p. 506.

4 "Brevis manuductio," *Mus. herm.*, p. 788.

5 Valentinus, "Practica," ibid., p. 425.

6 Mylius, *Phil. ref.*, p. 18; "Exercitationes in Turbam," *Art. aurif.*, I, pp. 159, 161.

7 Dorn, in *Theatr. chem.*, I (1659), p. 420.

8 "Aquarius sap.," *Mus. herm.*, p. 111. [Cf. infra, par. 384, n. 5.]

9 "Summarium philosophicum", ibid., pp. 172f.

10 Cf. "On the Nature of the Psyche", pp. 198f中讨论的依纳爵·罗耀拉关于蛇的幻象和复眼这个主题。

11 "Tractatus aureus," *Mus. herm.*, p. 25.

性的"[1]物质组成的。他的两个元素是消极的，即土和水，另外两个元素则是积极的，即气和火。[2]他既善又恶。[3]《神秘的奥列利亚》对他做了形象的描述：[4]

> 我就是那条滴下毒液的龙，无处不在而且能够唾手可得。我在其上休息的地方以及在我身上休息的东西将通过那些根据艺术规则追寻其研究的人而在我内部被发现。我的水和火会毁灭而又使之结合起来；从我的身体中你可以提炼出绿色的狮子和红色的狮子。但是，如果你对我一无所知，你将会用我的火毁灭你的五官感觉。从我的口鼻处会流出使许多人死亡的毒液。所以，如果你不希望过绝对贫穷的生活，你就应该熟练地把粗糙和精细区分开来。我赋予你男性和女性的力量，还有天国和人间的力量。如果你想用火的力量[5]来征服我，就必须靠心灵的勇气和伟大来探寻我的艺术之奥秘，因为已经有非常多的人遭受了失败，他们的财富和劳动力都丧失了。我是自然之蛋，只有智慧的人才知道，他们虔诚而又谦恭地使微观世界从我身上产生出来，这是全知全能的上帝为人类准备

1 "Consilium coniugii," *Ars chemica*(1566), p. 59.

2 *Rosarium*, in *Art. aurif.*, II, p. 208.

3 Khunrath, *Hyl. Chaos*, p. 218.

4 *Theatr. chem.*, IV(1659), pp. 501ff.

5 我读作vi(离格)而不是vim(宾格)。

的，却只给予少数人，而许多人渴求得到它却白费力气，他们可以用我的宝藏向穷人行善，不会把他们的灵魂牢牢地拴在易腐烂的金子上。我被哲学家们称为墨丘利；我的夫人就是[哲学的]金子；我是那条老龙，在地球上随处可以发现：父亲和母亲、年轻人和老年人、非常强壮的和非常虚弱的人、死去的人和起死回生的人、可见的和不可见的、硬的和软的；我下降到地球之中，又上升到天国里，我是最高的也是最低的，是最轻的也是最重的；自然的秩序还有颜色、数量、重量和量度在我身上经常是颠倒的；我包含着自然之光；我是黑暗也是光明；我来自天国也来自地球；我为人所知但又根本不存在；[1]凭借太阳的光束所有的颜色都在我身上闪耀，也在所有的金属中。我是太阳、最贵重纯净的地球的红宝玉，通过它你就可以把铜、铁、锡和铅变成黄金。

268 由于他的这种双结合的二重性，墨丘利被描述为雌雄同体的。有时他的身体被说成是男性，他的灵魂是女性，有时则相反。例如，《哲学玫瑰园》就有两个版本。[2]作为世俗的东西他是死的男性的身体，作为“我们的”墨丘利，他却是女性的、

1 这个悖论使人想起印度的asat（非存在）。Cf. Chhāndogya Upanishad，VI，ii，1（Sacred Books of the East，II，p. 93）.

2 *Art. aurif.*，II，pp. 239，249.

宗教精神的、活的和赋予生命的。[1]他也被称为丈夫和妻子、[2]新郎和新娘或爱人和被爱的人。[3]其相反的性质常常被称为理性意义上的墨丘利(Mercurius sensu strictiori)和硫黄，前者是女性的、泥土的和夏娃，后者是男性的、水的和亚当。[4]在多恩那里，他是“真正雌雄同体的亚当”，[5]而在坤拉斯那里，他是“宏观世界的雌雄同体的种子所生”，是“由雌雄同体的物质无沾成胎所生”(即原初物质)。[6]米利乌斯把他称为“雌雄同体的怪物”。[7]作为亚当，他也是微观世界，甚至是“微观世界的心脏”，[8]或者他把微观世界放“在他自己身上，在那里也有四种元素和他们称为天国的第五元素”。[9]人们可能会认为，用“天”这个术语来指代墨丘利并非源自帕拉赛尔苏斯的“穹庐”，而是早在约翰内斯·德路佩西撒(14世纪)那里就已经出现了。[10]当墨丘利被命名为“哲学两性人”[11]时，“人”(homo)这

---

1 “Introit. apert.,” *Mus. herm.*, p. 653.

2 “Gloria mundi,” ibid., p. 250.

3 *Aurora consurgens*, I, Parable VII.

4 Ruland, *Lexicon alchemiae*, p. 47.

5 *Theatr. chem.*, I (1659), p. 510.

6 *Hyl. Chaos*, p. 62.

7 *Phil. ref.*, p. 19.

8 Happelius in *Theatr. chem.*, IV (1659), p. 327.

9 *Phil. ref.*, p. 5.

10 *La vertu et propriété de la quinte essence*, p. 15. “哲学家的金属”将变得像“天国”一样，“Tractatus Micreris,” *Theatr. chem.*, V (1660), p. 100。

11 Khunrath, *Hyl. Chaos*, p. 195.

个术语便被用作“微观世界”的同义词了。在非常古老的《贝利尼格言》(Belinus或Balinus是提亚纳的阿波罗尼乌斯的腐烂)中，他是“从水里升上来的人”，[1]这很可能指的是关于以斯拉的幻象。[2]在特里斯莫新的《太阳的光辉》(16世纪)中有一个关于此事的说明。[3]这种观点本身可以追溯到巴比伦时代的俄安内。把墨丘利称为“高人”(high man)[4]是与这样一种词源非常不适合的。亚当和微观世界这类术语经常在这些文本中出现，[5]但是亚伯拉罕·勒朱福伪作恬不知耻地把墨丘利称为始祖亚当·卡德蒙。[6]因为我已经在其他地方讨论过诺斯替教关于原人教义的这种准确无误的持续性，[7]所以，现在我就没有必要更仔细地探讨墨丘利的这个方面了。[8]不过，我想要再次强调，原人的观点与关于自性的心理学概念是一致的。阿特曼和

---

1 Manget, *Bibliotheca chemica*, I, p. 478b.

2 IV Ezra 13: 25—53. Cf. Charles, *Apocrypha and Pseudipigrapha*, II, pp. 618f.

3 In *Aureum vellus* (1598), Tract 3: *Splendor solis* (1920年影印本), p. 23, PI, VIII。

4 Ruland, *Lexicon alchemiae*, p. 47.

5 John Dee in *Theatr. chem.*, II (1659), p. 195; *Rosarium*, in *Art. aurif.*, II, p. 309.

6 Elcazar, *Uralтes Chymisches Werck*, p. 51. 始祖亚当是原人; cf. *Mysterium Coniunctionis*, ch. V。

7 “Parcelsus as a Spiritual Phenomenon,” supra, pars. 165ff., and *Psychology and Alchemy*, index, s.v.

8 原人迦约马特也是一种像墨丘利一样的植物守护神，而且像他一样使他的母亲和大地受精怀胎。在他的生命行将结束的地方，大地变成了金子，而在他的四肢解体的地方便出现了各种金属。Cf. Christensen, *Les Types du premier home et du premier roi dans l'histoire lé gendaire des Iraniens*, pp. 26, 29.

普鲁莎的教义和炼金术已为此提供了清晰的证据。

269 墨丘利的双重性质的另一个方面是他作为老人[1]和少年(puer)[2]的特点。赫尔墨斯这个人物作为一个老人曾得到了考古学的证明，这就使他直接和萨杜恩联系起来了——这是在炼金术中发挥相当重要作用的一种关系(参见下文第274段及以下)。墨丘利确实是由最极端的对立物组成的；一方面他毫无疑问与神性相近似，另一方面他却在下水道里被发现。罗西努斯(佐西莫斯)甚至称他为肛门末端(terminus ani)。[3]在《班达希经》[4]中，噶罗特曼的肛门就"像是地球上的地狱"。

6. 墨丘利的统一与三位一体

270 尽管墨丘利具有明显的二重性，但他的统一性也深受重视，尤其是在他表现为哲人石的形式时。"在整个世界上他就

1 *Senex draco*, in Valentinus, "Practica," *Mus. herm.*, p. 425. 在*Verus Hermes* (1620), p. 15, 16中，人们也用诺斯替教的"父亲—母亲"的名字来称呼墨丘利。

2 "De arte chimica," *Art. aurif.*, I, p. 581. *Regius puellus* in "Introit. apert.," *Mus. Herm.*, pp. 678, 655.

3 *Art. aurif.*, I, p. 310. 在这里他就是与被人们如此称谓的墨丘利相一致的那块石头。上下文不允许读作"anni"。此后不久紧接着的那段话："nascitur in duobus montibus"，指的是"Tractatus Aristotelis"(*Theatr. chem.*, V, 1660, pp. 787ff.)，在那里对排泄粪便的行为进行了描述。(Cf. supra, "Parcelsus as a Spiritual Phenomenon," par. 182, n. 61.)对*Aurora consurgens*的相应例证可以在Codex Rhenoviensis中发现。

4 Ch. XXVIII. Cf. Reitzenstein and Shaeder, *Studien zum antiken Synkretismus aus Iran und Griechenland*, p. 119.

是一。”[1]墨丘利的统一性同时也是三位一体，这显然参照的是神圣三位一体，尽管他的这种三位一体的性质（三一性）并非源自基督教的教义，而是有更早的起源。三一性早在佐西莫斯的论著《论艺》中就出现过。[2]好战的人把赫尔墨斯称为omnia solus et ter unus（整体和三倍的一）。[3]在莫纳克里斯（阿卡狄亚）人们崇拜长着三个头的赫尔墨斯，而在高卢有一个长着三个头的墨丘利。[4]这个高卢人的神也是一个普绪科蓬波斯。这种三位一体的性质是地下世界诸神的一种属性，例如，有三个身体的堤丰、有三个身体和三张脸的黑卡蒂[5]以及长着蛇身的“祖先”。根据西塞罗[6]的观点，这些后来者就是宙斯王，即古代国王（rex antiquissimus）[7]的三个儿子。他们被称为“祖先”，也是风神；[8]显然，按照相同的逻辑，霍皮印第安人相信，蛇同时也是预言下雨的闪电。坤拉斯把墨丘利称为三位一体（triunus）[9]

1 *Rosarium*, in *Art. aurif.*, II, p. 253.

2 Berthelot, *Alch. grecs*, III, vi, 18;“这个合成物的统一性［产生了］这个不可见的三位一体，所以，一个由不同成分组成的不可分离的三位一体，通过第一作者，即创世的原因和造物主的事先考虑［προυοία］而创造了宇宙；为此他被称为特利斯墨吉斯忒斯，可以三位一体地看到被创造的东西和进行创造的过程。”

3 *Epigrammata*, V, 24.

4 Reinach, *Cultes, mythes et religions*, III, pp. 160f.

5 Schweizer, *Herakles*, pp. 84ff.［黑卡蒂（Hecate），古希腊神话中主司天地与冥界的女神。——中译注］

6 *De natura deorum*, 3, 21, 53.

7 还有一个长着三只眼睛的宙斯（Zeus triops）。

8 Roscher, *Lexicon*, V, col. 1208.

9 *Hyl. Chaos*, pp. 6 and 199.

和三部分组成(ternarius)。[1]米利乌斯将他描述成三头蛇。[2]《智慧鱼缸》说,他是一个“被称为耶和华的三位一体的普遍本质。[3]他是神圣的,同时又具有人的特点”。[4]

271 从所有这些表述中一个人必然会得出结论认为,墨丘利不仅相当于耶稣基督,而且相当于普遍意义上的三位一体的神(the triune divinity)。《神秘的奥列利亚》把他称为“阿佐特”(Azoth)并对这个术语做了如下解释:“因为他是随处可见的A和O。哲学家们赋予[他]阿佐特这个名字,这个名字是由拉丁文的A和Z、希腊文的 α 和 ω 、希伯来文的 χ (aleph)和ת (tau)混合而成的:

$$A\left\{\begin{matrix}Z\\ \omega\\ \text{ת}\end{matrix}\right\}\text{Azoth.''}$$ [5]

与三位一体的相似性没有比它显示得更清楚的了。对《论黄金》进行评注的那位不知名的人准确无误地把这种与耶稣基督的相似性比作逻各斯(Logos)。万物皆源自“装饰着无限

---

1 Ibid.,p. 203.

2 *Phil. ref.*,p. 96.

3 这个特殊的名称指的是造物主(demiurge),忧郁的伊达波思,他与犹太人的上帝有关。

4 *Mus. herm.*,p. 112.

5 *Theatr. chem.*,IV(1659),p. 507.

众多星辰的哲学天国”，[1]源自那个创造的单词，拟人化为约翰尼·逻各斯，若没有它，“任何想要制造出来的事物都不可能制造出来”。那位评注者说：“所以，更新（renewal）这个词是不可见的，它内在于所有的事物之中，在基本的固体当中却并非显而易见，除非把它们带回到第五元素或天国和星球的本质中来。因此更新这个词就是承诺的种子，或者是无限星光灿烂的哲学天国。”[2]墨丘利就是变成了世界的逻各斯。在这里所做的描述可能指的是他与集体无意识的基本同一性，因为正如我在《论心理的本质》[3]一文中试图说明的那样，关于星光灿烂的天国的意象似乎就是无意识的这种独特本质的形象化。由于墨丘利常常被称为儿子，因此他的儿子身份是毋庸置疑的。[4]所以，他就像是耶稣基督的一个兄弟和上帝的第二个儿子，虽然就时间而论他应该算作是长子，是第一个出生的。这种观点可追溯到迈克尔·普塞路斯[5]报告中的祈祷派[6]这个概念，他相信，

---

1 *Theatr. chem.*, IV（1659）, p. 614.

2 Ibid., p. 615.

3 Pp. 198f.

4 Cf. *Rosarium*, in *Art. aurif.*, II, p. 248：“儿子……白色”（引自Haly的“Secretum”）；Khunrath, *Hyl. Chaos*, passim：“宏观宇宙之子”，p. 59：“唯一的”；Penotus in *Theatr. chem.*, I（1659）, p. 601：“人之子，处女的果实。”

5 *De daomonibus*（trans. Marsilio Ficino）, fol. N. Vv.

6 祈祷派（Euchites），指不依靠圣事，仅以祈祷达到荣福直观的异端教派。——中译注

上帝的第一个儿子是撒旦，[1]耶稣基督是第二个儿子。[2]但是，不能因为墨丘利是“儿子”，就认为他是与耶稣基督相对应的人，而且从整体上讲他还与三位一体相对应，因为他还被想象为一个冥界的三位一体。根据这种看法，他等同于基督教的上帝的一半。他确实是黑暗的冥界的一半，但他本身并不仅仅是邪恶的，因为他被称为“善和恶”，或者“在底层的高级力量的系统”。他使人想起那个似乎站在耶稣基督和魔鬼后面的双重人物——那个具有这两种属性的神秘的路西法。在《启示录》22：16中基督是这样说他自己的：“我是大卫的根，又是他的后代，我是明亮的晨星。”

272 墨丘利有一个独特的属性，这种属性无疑把他与上帝联系起来以及与原始的造物主之神联系起来，这就是他能够把他自己生出来的能力。在《寓言集》中他说：“母亲生了我，而且是她自己生的我。”[3]作为咬尾蛇，他使自己怀孕、生子、生育、吞噬和杀死他自己，正如《哲学玫瑰园》所说，[4]“他自己把他自己高高

---

1 Cf. Euthymios Zigabenos “Panoplia dogmatica”（Migne，*P. G.*，vol. 130，cols. 129ff.）中关于波格米勒派的报告。

2 儿子身份的双重性似乎可追溯到在伊皮法纽书中的以便尼派：“他们主张，二是被上帝提升起来的，一个（是）耶稣基督，另一个是魔鬼。”（*Panarium*，XXX，16，2）

3 *Art. aurif.*，I，p. 151. 在Chrétien de Troyes的*Contes del Graal*中也说过同样关于上帝的话：

> 多么荣耀的父亲，
> 他的女人拳打了自己的母亲

（Hilka，*Der Percevalroman*，p. 372.）

4 *Art. aurif.*，II，p. 339.

抬起”，从而对上帝牺牲之死的奥秘做了这样的解释。在这里，就像在许多类似的例子中一样，如果假设炼金术士们或许就像我们一样意识到了他们的推理过程，那可就太鲁莽了。但是，人，以及通过人，无意识就能表达人们并不一定能意识到其全部内涵的很多东西。然而，我想要避免给人留下这种印象，即炼金术士们绝对没有意识到他们的思维过程。上述引文已经证明，这种情况是很少发生的。虽然在很多文本中都把墨丘利说成是三位一体的，但是这并不能阻止他非常明显地具有哲人石的四位一体性（quaternity），他与哲人石是相同的。这样他便成为由三和四这个问题提出的那个奇怪的两难困境的一个例证，即著名的女预言家玛利亚·普罗费梯萨的公理。有一个经典的赫尔墨斯（Hermes tetracepholus）和一个三位一体的赫尔墨斯（Hermes tricephorus）。[1] 墨丘利的赛伯伊神庙的平面图是一个在正方形内的三角形。[2]在对《论黄金》所做的附注中，墨丘利的符号就是一个正方形，在一个被圆圈（整体性的象征）包围着的三角形内。[3]

7. 墨丘利与占星术和执政官教条的关系

273 与墨丘利有关的这种独特哲学的根源之一存在于古代占

---

1 Schweitzer, *Herakles*, p. 84.

2 Chwolsohn, *Die Ssabier und der Ssabismus*, II, p. 367.

3 *Bibl. chem.*, I, p. 409.

星术之中，也存在于由此派生而来的诺斯替教关于古代雅典执政官和永世的教义中。在墨丘利与行星之间有一种神秘同一的关系，这要么是由于感染错合，要么是由于某种真实的精神上的同一性。在第一种情况下，水银只不过是在地球上的水星（就像金子只不过是在地球上的太阳一样）；[1]在第二种情况下，水银的“精灵”与行星的精灵是同一的。这两个精灵是各自被人格化的，或者把两者作为一个精灵而成为人的化身，而且收到了人们希望其提供帮助的请求，或者受到魔法的召唤而作为一个陪伴的精灵（paredros）或“受使唤的精灵”来提供服务。在炼金术的传统内部我们在和伦人阿特菲乌斯的论著《智慧之匙》[2]中发现了对这些程序的用法说明，它和多济以及德·古耶提到的对祈祷的描述是一致的。[3]在《柏拉图四书》中也有一些关于这种程序的参考文献。[4]与此相类似的是这样的描述，根据这种描述德谟克利特是从水星这个天才那里接受了象形符号之秘密的。[5]和在《赫尔墨斯文集》或佐西莫斯的幻象中一样，在这里精灵墨丘利表现出来的是神秘主义的启蒙者的角色。在《神秘的奥列利亚》里记载的那个值得注意的梦视觉中他也扮演了同样的角色，在那里他看起来像是一个戴着星饰皇

---

1 Maier, *Circulus physicus quadratus*, pp. 15ff.

2 *Theatr. chem.*, IV (1659), pp. 198ff.

3 “Nouveaux documents pour l’étude de la religion des Harraniens,” p. 341.

4 *Theatr. chem.*, V (1660), pp. 101ff.

5 Berthelot, *Alch. grecs*, Introduction, p. 236.

冠的原人。[1]作为靠近太阳的小星星，他是太阳和月亮的儿子。[2]但是，相反的是，他也是把他的父母生出来的人；[3]或者，正如魏伯阳（大约公元142年）的论著中所说，金子（太阳）是从水星那里获得其特性的。[4]（由于这种相互影响，占星术的神话必然也是用炼金术的术语来思考的。）由于他具有半女性的性质，人们也常常把墨丘利与月亮[5]和维纳斯[6]相认同。作为他自己的

---

1 *Theatr. chem.*, IV（1659）, p. 510.［supra, par. 106.］他与这项工作结束时出现的stella semptemplex相类似。“……进行高温处理，直到七重星出现，在这个区域奔跑。”（ibid., p. 508）参见早期基督教关于耶稣基督是群星“圆舞曲”的领导者这个观点。（“Transformation Symbolism in the Mass,” pp. 273ff.）

2 “Tabula smaragdina,” *Rosarium*, in *Art. aurif.*, II, p. 253, and Mylius, *Phil. ref.*, p. 101.

3 “Allegoriae super librum Turbae,” *Art. aurif.*, I, p. 155：“origo Solis”; Ventura, *Theatr. chem.*, II（1659）, p. 296：“太阳是和月亮一起在墨丘利的肚子里升起来的。”

4 Wei Po-yang, “An Ancient Chinese Treatise,” p. 241.（这里指的是魏伯阳的《周易参同契》一书。——中译注）

5 “Epistola ad Hermannum,” *Theatr. chem.*, V（1660）, p. 800；“Gloria mundi,” *Mus. herm.*, pp. 224, 244.作为神秘物质的氧化镁，他被称为“满月”（*Rosarium*, in *Art. aurif.*, II, p. 231）和水样月亮（succus lunariae, p. 211）。他是从月亮上掉下来的（Berthelot, *Alch. grecs*, III, vi, 9）。在“Book of Krates”（Berthelot, *Moyen âge*, III, p. 48）中，表示墨丘利的符号是☽。在希腊的巫术纸莎草书中，赫尔墨斯是作为“月亮的轮回”而用法术召唤出来的（Preisendanz, *Papyri Craecae Magicae*, I, p. 195）。

6 Berthelot, *Moyen âge*, III, p. 63中有关于克拉提斯的幻象。它是亚当和维纳斯在一起洗澡，Valentinus, “Practica,” *Mus. herm.*, p. 425（cf. *Mysterium coniunctionis*, pp. 303, 383）。它是维纳斯的盐（Sal Veneris），是绿色和红色的狮子（=维纳斯），Khunrath, *Hyl. Chaos*, pp. 91, 104。水银这种物质是由维纳斯组成的（Mylius, *Phil. ref.*, p. 17）。既然他的母亲维纳斯是腐烂的矩阵（matrix corrupta），作为她的儿子的墨丘利就是不洁的男孩（“Rosinus ad Sarratantum,” *Art. aurif.*, I, p. 318）。在《魔法纸莎草书》中，阿芙洛狄忒的日子是与赫尔墨斯相联系的（Preisendanz, *Pap. Graec. Mag.*, II, p. 120）。在阿尔—伊拉克中维纳斯的属性与墨丘利的属性一致：姐妹、新娘、空气、绿色、绿狮子、凤凰（Holmyard, p. 420）。

神圣配偶，他很容易变成爱情女神，正如在他扮演赫尔墨斯的角色时，他的形象就像是阴茎那样。但是，他也被称为“最贞洁的处女”。[1]水银与月亮（银）之间关系是再明显不过的了。作为闪烁发光的行星，水星（墨丘利）就像金星（维纳斯）一样，在凌晨和傍晚的夜空中靠近太阳，和她一样是一个路西法，即一个光明使者。他就像晨星那样，只不过更为直接地预示着光明的到来。

274 但是，在对墨丘利进行解释的所有这一切当中最重要的是他和萨杜恩的关系。墨丘利这个老人与萨杜恩是一致的，尤其是对于早期炼金术士们来说，他并不是水银，而是与萨杜恩有联系的铅，这通常代表原初物质。在《哲人集》的阿拉伯文本中，[2]水银就是“月亮之水和萨杜恩之水”。在《贝利尼格言》中萨杜恩说：“我的精灵是使我兄弟的僵硬四肢放松的水。”[3]这指的恰好就是墨丘利所谓“永恒的水”。雷蒙德·卢利评论说：“一种金色的油从哲学的铅中抽取出来。”[4]在坤拉斯那里墨丘利是“萨杜恩的盐”，[5]或者萨杜恩就是墨丘利。萨杜恩“提

---

1 “Aurelia occulta,” *Theatr. chem.*, IV (1659), p. 480.

2 Ed. Ruska, p. 204.

3 *Art. aurif.*, II, p. 379. 在 Dorn, *Theatr. chem.*, I (1659), pp. 560f 中也有同样的表述。

4 引自 Mylius, *Phil. ref.*, p. 302。

5 *Hyl. Chaos*, p. 197.

取出永恒之水”。[1]和墨丘利一样，萨杜恩是雌雄同体的。[2]萨杜恩是“山上的一个老人，而且在他那里大自然是与其互补的事物［即四种元素］有密切联系的，所有这一切都在萨杜恩之中”。[3]相同的话也同样适用于墨丘利。萨杜恩是墨丘利的父亲和起源，因此后者被称为“萨杜恩之子”。[4]水银来自“萨杜恩的心脏或者就是萨杜恩”，[5]一种“明亮的水”是从萨图尼亚这种植物（plant Saturnia），即“世界上最完善的水和花”[6]中抽取出来的。乔治·李普利爵士的布里德灵顿的祭献经文（Canon of Bridlington）里的这段说明，显然是最类似于诺斯替教的教义的，他说，克罗诺斯（萨杜恩）是一种具有“水之颜色的力量”，它可以毁灭一切，因为“水就是毁灭”。[7]

275 和墨丘利的这个星球精灵一样，萨杜恩的精灵“非常适合于这项工作”。[8]在炼金的转换过程中，墨丘利的一种表现形式就是时而绿色、时而红色的狮子。坤拉斯把这种转换称为“把狮子从萨杜恩的山洞里引诱出来”。从古时候起狮子就是与萨

---

1 “Aenigma philosophorum,” *Theatr. chem.*, IV (1659), pp. 458ff.

2 *Hyl. Chao*, p. 195.

3 “Rhasis Epist.” in Maier, *Symb. aur. mens.*, p. 211. 和萨杜恩一样，墨丘利把他自己身上所有的金属都结合在一起了（ibid., p. 531）。

4 Mylius, *Phil. ref.*, p. 305. “Saturn's Chyld” in Ripley's “Medulla” (*Theatr. chem. Brit.*, p. 391).

5 Pantheus, *Ars transmut. metal.*, fol. 9r.

6 Ripley, *Opera*, p. 317.

7 Hippolytus, *Elenchos*, V, 16, 2.

8 “Liber Platonis quartorum,” *Theatr. chem.*, V (1660), pp. 127, 136.

杜恩联系在一起的。[1]坤拉斯把他称为“天主教部落的狮子”，[2]是对“犹太部落的狮子”的解释——对耶稣基督的一种讽喻。[3]他把萨杜恩称为“绿色和红色的狮子”。[4]在诺斯替教中，萨杜恩是最高的执政官，是长着狮子头的伊达波思，[5]意思是“混沌之子”。但在炼金术中混沌之子就是墨丘利。[6]

276 与萨杜恩的关系和同一性之所以重要，是因为萨杜恩不仅仅是一个淘气鬼（maleficus），而且实际上就是这个魔鬼自己的居住之地。即便是作为最高执政官和巨匠造物主[7]，他在诺斯替教中的声誉也不是最好的。根据一份神秘教义的史料，别西卜是与他有关联的。[8]米利乌斯说，如果要想使墨丘利得到提纯净化，那么路西法就会从天国坠落下来。[9]在我拥有的一本17世纪的论著中，一个当代人所做的边注把硫黄这个术语，即墨丘利的男性原则，[10]解释为魔鬼（diabolus）。如果墨丘利并非

---

1 Preller, *Griechische Mythologie*, I, p. 43.

2 *Hyl. Chaos*, p. 93.

3 参见Epiphanius的*Ancoratus*中作为狮子的耶稣基督，以及在St. Gregory, *In Septem Psalm. Penit.*, Ps. 5：10（Migne, *P. L.*, vol. 9, col. 609）中作为狮子幼畜的耶稣基督。

4 *Hyl. Chaos*, p. 195.

5 Bousset, *Hauptprobleme der Gnosis*, pp. 10, 321, 352.

6 因为萨杜恩诞生的那一天是创世的最后一天，see infra, pars. 301。

7 巨匠造物主（demiurge），在诺斯替教中指低于最高神的造物主。——中译注

8 Codex Parisiensis 2419, fol. 277^{r}. 引自Reitzenstein, *Poimandres*, p. 75。

9 *Phil. ref.*, p. 18.

10 硫黄是“藏在墨丘利中的火”（Trevisanus in *Theatr. chem.*, I, 1659, p. 700）。他和墨丘利是同一个人：“硫黄中有水银，水银里有硫黄。”（“Brevis manuductio,” *Mus. herm.*, p. 788）

确实就是这个邪恶的魔鬼本人，他至少也包含着他。就是说，他在道德上是中性的，既善又恶，或者就像坤拉斯所说："拥有善的善，拥有恶的恶。"[1]不过，如果我们把他想象为一个以善开始并以恶终结的**过程**，那么我们就对其本性做了更确切的界定。在《维洛斯·赫尔墨斯》(1620)中一首相当糟糕但很生动形象的诗歌对这个过程做了如下总结：

一个柔弱的婴儿，一个白胡子的老头，
给龙起绰号：他们抓住了我
在最黑暗的土牢中日趋衰弱
我可以再生为一个国王。

一把愤怒的宝剑使我感到剧痛，
死亡把我的肉和骨头咬得分离开来。
我的灵魂和精神在急速沉没，
留下一份毒药，黑色而散发着臭气。

我与一只黑乌鸦同类，
这就是一切罪恶的报应。

---

1 *Hyl. Chaos*, p. 186. 因此他说，我们应当为了慎重决定的精神而向上帝祈祷，它可能会教导我们要在善与恶之间做出区分。

我独自躺在深深的尘土之中，
哦，三就会制作成一。

哦灵魂，哦精灵，和我待在一起，
使我能够迎接日光。
和平的英雄，从我身上走出来，
全世界都愿意看到他啊！

277 在这首诗中墨丘利描述的是他自己的转换，这同时表示这件人造制品的神秘转换；因为不仅墨丘利，而且发生在他身上的一切，都是集体无意识的投射。正如我们很容易从前已述及的材料中可见到的那样，这是自性化过程的投射，作为一种自然的心理发生，即便没有意识的参与，这个过程依然会继续。但是，如果意识在参与时有某种程度的理解，那么这个过程就会伴随着与某种宗教体验和启示有关的所有的情绪。这样做的结果是，墨丘利就是智慧和圣灵。因此，那些以祈祷派、保罗派（Paulicians）、波格米勒派和清洁派教徒（Cathars）开始的，并且以基督教创立者的精神极大地发展了保惠师（Paraclete）这个概念的异端邪说，极有可能在炼金术中仍继续存在着，部分地是无意识的，部分地是在蓄意的伪装之下。[1]

1 可以想象，在Rupescissa，*La Vertu et propriete de la quinte essence*，（转下页）

8. 墨丘利与赫尔墨斯

278 我们已经见识了很多炼金术的表述，它们明确指出，古代的赫尔墨斯这个人在后来是在墨丘利的形象的基础上而忠实地再现出来的。这部分地是一种无意识的重复，部分地是一种自发的重新体验，最后也是对异教之神的一种有意识的提及。毫无疑问，当迈克尔·梅耶说，他在其神秘的漫游中发现了一尊墨丘利的雕塑指向通往天堂之路时，[1]他是在有意识地暗指，赫尔墨斯就是指路者，而当他提到埃利斯拉伊的女预言家关于墨丘利的预言“他将使你成为上帝的奥秘和大自然之神秘的见证者”[2]时，他的意思是说，赫尔墨斯是神秘主义的启蒙者。再说一遍，作为神圣的三位一体，墨丘利是神圣奥秘的揭示者，[3]或者以黄金的形式被想象为是神秘物质（氧化镁）的灵魂，[4]或者是从哲学树上结出的果实。[5]在《墨丘利哲学警句

（接上页）“les poures homes evangelisans”中，对炼金术士们来说，这个奇特的名字可以追溯到清洁派教徒的完善（perfecti）和圣殿骑士团的基督（pauperes Christi）。让·德·罗克塔亚德（Jean de Roquetaillade）大约生活在14世纪中叶。他是一个教会和教士的批评家（Ferguson, *Bibliotheca chemica*, II, p. 305）。清洁派教徒的试验一直持续到14世纪中叶。

1 *Symb. aur. mens.*, p. 592. [Cf. *Mysterium Coniunctionis*, pars. 276ff.]

2 Ibid., p. 600.

3 Dorn, in *Theatr. chem.*, I (1659), p. 547.

4 Khunrath, *Hyl. Chaos*, p. 233.

5 Ripley, in *Theatr. chem.*, II (1659), p. 113.

词典》[1]中，他被称为诸神的信使、《圣经》等经书的解释者和埃及的“托提乌斯”(透特)。当梅耶把他称为“不忠诚的和太难以捉摸的阿卡狄亚青年”[2]时，梅耶甚至把他和赫尔墨斯·凯伦尼奥斯联系起来，因为在阿卡狄亚墨丘利就是凯伦尼奥斯的圣所，就是阴茎形象的赫尔墨斯。在对《论黄金》所批的边注中，直接就把墨丘利称为“凯伦人的英雄”。[3]梅耶的话也可能指的是厄洛斯。而且实际上，在罗森克鲁茨的《化学婚礼》中，墨丘利确实是以丘比特[4]的形象出现的，并且因为行家里手好奇地探访圣母维纳斯，因而用一支箭射伤了他的手来惩罚他。这支箭是那种“带有激情的镖”(telum passionis)，它也是墨丘利的一种属性。[5]他是一个“弓箭手”，而且确实是一个“不用弓弦射箭的人”，这是“在地球上任何地方都找不到的”，[6]因此他显然是一个魔鬼。在《炼金术手册符号表》[7]中，是把他与仙女联系在一起的，这使人想起了牧神潘(Pan)。他的好色淫荡被森迪沃奇的《三位女性化学家》[8]中的一个插图所证实，在那里他是在一辆由一只公鸡和一只母鸡拉的胜利的战车上出现的，

1 *Mus. herm.*, p. 738.

2 *Symb. aur. mens.*, p. 386.

3 *Theatr. chem.*, IV (1659), p. 673.

4 也以一个指路的男孩和“母亲的老儿子”的形象出现。

5 Ripley, *Opera*, pp. 421ff.

6 “Introit. apert.,” *Mus. herm.*, p. 653.

7 *Theatr. chem.*, II (1659), facing p. 109.

8 P. 67.

在他身后是一对裸体的正在拥抱的恋人。在这一方面，人们也可能会提到古老的印刷品中许多多少有些淫秽的交合图，这些图画常常只是作为色情作品而被保留下来的。在一些描绘排泄活动（包括呕吐）的古老手稿中的图画，同样也属于“冥界的赫尔墨斯”[1]这个领域。再说一遍，墨丘利代表的是那种“持续不断的同居”，[2]在密教的湿婆—沙克蒂概念中它是以纯粹的形式被发现的。希腊和阿拉伯国家的炼金术以及印度之间的联系并非没有可能。莱岑施泰因[3]报道了摘自一本关于四十位维齐尔[4]的土耳其民间故事书[5]中关于帕德马纳巴的故事，这个故事可以追溯到莫卧儿人[6]的时代。早在我们时代的最初几个世纪里，印度宗教的影响就在南部的美索不达米亚发挥作用了，而且在公元前2世纪，在波斯就有一些佛教寺院。在特拉凡哥尔（大约15世纪）的帕德马纳巴斯瓦米皇家神庙中，我发现了两个浮雕，它们表现的是一个有翅膀的完全不是印度人的阴茎形象的老人（senex ithyphallicus）。其中一个在月影里叉腰站立着。这使人想起了那个有翅膀的阴茎形象的老人，

---

1 E. g., Codex Rhenoviensis, Zurich, and Codex Vossianus, Leyden.

2 至于这个主题，请参见*Symbols of Transformation*, pp. 209f。

3 *Alchemische Lherschriften und Märchen bei den Arabern*, pp. 77f.

4 维齐尔（vizier），伊斯兰国家尤指奥斯曼帝国的高官或大臣。——中译注

5 Belletête, *Contes turcs*.

6 莫卧儿人（Mogul），印度的穆斯林，尤指16世纪初期征服印度的蒙古人。——中译注

在《希波吕托斯》中他追求那个“蓝色的”或者“像狗一样的”[1]女人。凯伦尼奥斯实际上确实在《希波吕托斯》[2]中出现过，一方面等同于逻各斯，另一方面等同于邪恶的克里巴斯、阴茎和一般意义上的巨匠造物主原则。[3]这个黑暗的墨丘利的另一方面是母子乱伦，这可以追溯到（伊拉克诺斯替教的）曼达派成员（Mandaean）的影响：在那里神秘巨蛇纳布（墨丘利）和伊什塔尔（阿斯塔蒂）结成了一对。在整个近东地区阿斯塔蒂是母亲和爱情女神，她也受到乱伦这个主题的影响。纳布是“那个撒谎的弥赛亚”，他因为其恶意而受到惩罚并被太阳关进了监狱。[4]这些文献一遍又一遍地提醒我们，墨丘利是“在大粪堆里被发现的”，但是这些文献又不无讽刺地补充说，“在大粪堆里找出了很多东西，却什么东西也没有从中提取出来”。[5]

279 我们必须再次把这个黑暗的墨丘利理解为代表最初的黑化状态，是最高级象征的最低级存在，反之亦然：

1 κυανοεδῆ或κυγοειδῆ。Hippolytus, *Elenchos*, V, 20, 6和7（ed. Wendland）有后面这种读法。这个奇怪的神话故事在炼金术中的对应词支持这两种可能性：作为逻各斯、普绪科蓬波斯的狗和filius canis coelici coloris（天空颜色的小狗），指的都是墨丘利。［Cf. *Mysterium Coniunctionis*, pars. 174ff.］

2 *Elenchos*, V, 7, 29.

3 墨丘利概念的双重性在纳塞内派的调和论者的观点中有类似的观点，纳塞内派寻求把握和表达自相矛盾的第一因的心理体验。但是我必须对这个暗示感到满意。

4 Bousset, *Hauptprobleme der Gnosis*, pp. 43, 55, 142.

5 *Rosarium*, in *Art. aurif.*, II, p. 243.

开始与结束
在触手可及的地方[1]

他就是那条咬尾蛇，那个一和万，是在炼金过程中完成的对立物的统一，对此皮诺塔斯说：[2]

> 墨丘利是被大自然作为自然之子和液体成分的果实而生出来的。但是，即便是作为人之子被哲学家制作出来，并且作为处女的果实而被创造出来，他［墨丘利］也必须从地球上被提升起来，把所有的泥土都清除掉，然后完全被提升到天上，并且变成了精灵。因此，哲学家说的话得到了实现：他从大地上升到天国，接受了上天和下界的力量，把泥土和不纯净的性质清除掉，给自己穿上具有天国性质的衣裳。

280 由于在这里皮诺塔斯指的是《翠玉录》，那就必然强调，他是在一个特定的时刻从这块"石碑"的精灵中分离出来的。在皮诺塔斯的这个版本中，墨丘利的升天是与基督教关于把肉体的人转换成为精神的人（pneumatic man）是完全一致的。另一

1 "开头和结尾/触手。"

2 *Theatr. chem.*, I（1659），p. 601.

方面，这块“石碑”写着说：“他从大地上升到天国，又从天国下降到大地上，并且接收了来自天上和地下的力量。当他回到大地时，他的力量是完满的。”所以这并不是一个单向地上升到天国的问题，而是与基督教的救世主所遵循的道路相反，基督教的救世主是从天上到地下，又从地下回到天上，而这个宏观宇宙之子则从地下开始，上升到高空，然后把天上和地下的力量集于一身，又回到大地上。他进行的是相反的运动，因而表现出来的是一种与耶稣基督和诺斯替教的救世主的运动相反的性质，另一方面，他又表现出与巴西里德斯关于第三个儿子[1]的概念有密切关系。墨丘利具有咬尾蛇的循环的性质，为此他是以简单循环（circulus simplex）的形式作为象征的，与此同时他又是这个循环的中心。[2]因此他可以这样说他自己：“我本身是一而且同时又是多。”[3]这个论著还说，在人身上，这个循环的中心就是大地并且它称之为“盐”，当耶稣基督说“汝乃大地之盐”[4]，指的就是这个意思。

281 赫尔墨斯是小偷和欺骗之神，但也是一个将其名字赋予一种整体哲学的启示之神。回溯历史可见，当人文主义者帕特里奇向教皇格列高利十四世提出，应该用希腊神秘哲学来取代亚

1 第三个儿子（the third sonship），即诺斯替教关于物质净化的第三部分。——中译注

2 “Tractatus aureus cum scholiis,” *Theatr. chem.*, IV, p. 608.

3 “Aurelia occulta,” ibid., p. 507.

4 “Aurelia occulta,” *Theatr. chem.*, IV, p. 489.

里士多德在基督教教义中的地位时，这就是一个至关重要的时刻。在那一时刻这两个世界开始建立联系——在只有上苍才知道究竟发生了什么事情之后！——它们必定还要在未来结合在一起。在那时，这显然是不可能的。在某种结合能够开始得以产生之前，仍然需要一种宗教与科学观点的心理学分化。[1]

9. 作为神秘物质的墨丘利

282 通常可以肯定地说，墨丘利就是奥秘、[2]原初物质、[3]"所有金属之父"、[4]原始的混沌、天堂的大地，是"大自然对其几乎不发挥作用，却将不完善留于其上的物质"。[5]他也是终极物质、他自己转换的目标、石头、[6]酊剂、哲学的黄金、红宝石、哲人、第二个亚当、与耶稣基督相似的人、国王、诸光之光(the light of lights)、世俗的上帝，而且肯定还是神性本身或

1 [这段话最初就是这个专著的结尾。——英编注。]

2 "Tract. aur. cum scholiis," *Theatr. chem.*, IV(1659), p. 608.

3 Mylius, *Phil. ref.*, p. 179; "Tract. aureus," *Mus. herm.*, p. 25; Trevisanus, in *Theatr. chem.*, I(1659), p. 695.

4 "Exertic. in Turb.," *Art. aurif.*, I, p. 154.

5 *Rosarium*, ibid., II, p. 231.

6 Ventura, in *Theatr. chem.*, II(1659), p. 232: "lapis benedictus"; Dorn, in *Theatr. chem.*, I(1659), p. 510: "暴躁而完善的墨丘利"; p. 520: "亚当石是由夏娃这个女人的亚当后裔墨丘利制作而成的"; Lully, *Codicillus*, pp. 880f.: "人们所要寻求的善就是我们的石头和墨丘利。"

者其完善的对应物。既然我已经在其他地方讨论过那块石头的同物异名和意思，现在我就没有必要再进一步阐述其细节了。

283　除了是那个有低级开端的原初物质和作为最高级目标的哲人石之外，墨丘利还是位于其间的过程和使之受到影响的手段。他是"这项工作的开端、中间和结束"。[1]因此他被称为调停者[2]、守护者和救世主。他是一个像赫尔墨斯那样的调停者。作为medicina catholica和alexipharmakon，他就是"世界的保护者"［守护者］。他是"所有不完善身躯的医治者"［救世主］[3]和"耶稣基督之化身的意象"，[4]是"与父母雌雄同体三位一体的"独生子（unigenitus）。[5]总而言之，在大自然的宏观宇宙中他占据着耶稣基督在神圣启示的理性世界中的地位。但是，正如"我的光超过了所有其他的光"[6]这句俗语所示，墨丘

1 "*Tract. aur. cum scholiis*," *Theatr. chem.*, IV (1659), p. 608.

2 "Exertic. in Turb.," *Art. aurif.*, I, p. 170; Ripley, *Chymische Schrifften*, p. 31; "*Tract. aur. cum scholiis*," p. 610："一个可以在敌人之间制造和平的调停者。"

3 "Aquarium sap.," *Mus. herm.*, p. 111.

4 Ibid., p. 118.

5 Khunrath, *Hyl. Chaos*, p. 59.

6 "Septum Tract. hermet.," *Ars chemica*, p. 22. *Rosarium*, p. 381："我用我的光照亮天空，用我的热温暖大地，我使植物和石头这些自然万物得以产生和获得养育，我用我的力量带走夜晚的黑暗，使白天在世界上持续存在，我用我的光点亮所有的光，点亮甚至那些其中既没有光辉也没有伟大的光。因为所有这一切都是我把衣服穿在身上时劳作的结果；那些寻找我的人，在我和我的新娘之间制造和平吧。"这段话引自"Dicta belini"（印刷在Manget的*Bibl. chem.*, I, p. 478中）。在这个文本中有一些变式。由于它在心理学上的重要性，我把这段话全部引用下来了。

利的要求甚至走得更远，这就是为什么炼金术士们要赋予他三位一体的属性[1]以便使其对上帝的完全反应清楚地表现出来的原因。在但丁的作品中，撒旦有三个头，因而是三位一体的（three-in-one）。从他是上帝的对立面这个意义上说，他是个和上帝相似的人。炼金术士们并非持有关于墨丘利的这种观点；相反，他们认为他是一个与上帝自己的存在相和谐的一种神圣的散发。他们把强调的重点放在他有自生、自我转换、自我再生和自我毁灭的能力上，这种强调与他是一个被创造出来的存在这种观点是相矛盾的。因此，只有当帕拉赛尔苏斯和多恩说，这种原初物质是一个"非受造物"（increatum）和一个与上帝同样永恒的原则时，这才是符合逻辑的。对无中生有（creation ex nihilo）的这种否认得到了下述事实的支持：最初上帝发现混沌（Tehom）已经存在，即同一个提亚马特（Tiamat）的母性世界，她的儿子我们已经在墨丘利那里遇到过了。[2]

10. 小　结

284 对墨丘利的多重性可以总结如下：

（1）墨丘利是由所有可以想象得到的对立面组成的。因此

---

1 "因为身体、灵魂和精神都在这块石头中，而它就是一块石头。"（"Exercit. in Turb.," *Art. aurif.*, I, p. 170）

2 Cf. *Psychology and Alchemy*, par. 26.

他显而易见具有二重性，尽管他的那些无数的内在矛盾可以戏剧性地飞散成为一些同等数量的、截然不同的和明显独立的人物，他仍然被命名为一个统一体。

（2）他既是物质的也是精神的。

（3）他是把低级的事物和物质的东西转换成为高级的事物和精神的东西的过程，反之亦然。

（4）他是魔鬼，一个起救赎作用的普绪科蓬波斯、一个躲躲闪闪的恶作剧的精灵，也是上帝的物理性质的反映。

（5）他也是与炼金术产品相一致的人工制品的一种神秘体验的反映。

（6）这样说来，一方面他代表自我，另一方面他代表自性化过程，而且，由于他有数量无限的名字，所以他也代表集体无意识。[1]

* * *

285 诚然，制作金子也像一般意义上的化学研究一样，是炼金术最关心的事情。但是似乎还有一种更重大的、更强烈的关注，人们还不能很好地称之为“研究”，而是那种无意识的**体验**。炼金术的这个方面（玛斯缇卡）在这么长时间内被误解，

---

1 因此墨丘利被称为我们的海（mare nostrum）。

只能归咎于这个事实：人们对心理学一无所知，对超个人的、集体无意识的无知就更不用提了。只要一个人对精神现实一无所知，那么，只要它一出现就会被投射。所以人们对精神规律和秩序的最初知识是在星体中被发现的，后来通过投射到未知的物质之中而得到扩展。这两个经验领域分化成为科学的分支：占星术变成了天文学，而炼金术变成了化学。另一方面，在时间的性质与天文决定论之间的独特联系直到最近才开始变成一门接近实证科学的东西。这些真正重要的心理事实既不可能得到测量、重视，也不可能在试管里或显微镜下看到。因此它们可能是不可确定的，换句话说，必须把它们留给那些对它们有某种内在感的人，就像颜色必须给那些能看见的人看而不是给盲人看一样。

286 对炼金术中发现的大量投射，即便有可能存在，人们也知道得甚至更少，而且还有一个障碍使更进一步的研究非常难以进行。因为，和占星术中符号的构成成分不同，如果这些成分是消极的，至多使个体感到不高兴，虽然会使其邻居感到快乐，而炼金术的投射则代表集体的内容，这些内容与我们最高级的理性信念和价值观形成痛苦的对立，或者相反，形成补偿关系。它们对理性尚未触及的终极问题给出了自然精神的奇怪回答。与所有的进步和将要从悲哀的现在传递给我们的对未来的信奉相反，它们指的是一些原始的东西，指的是一些显然完全静态的、永恒的物质摇摆，这使我们深切相信的世界看上去就像是千变万化的情景中的一种幻境。作为我们积极渴望的生活的那种赎救的目标，它们向我们展示了一个无机物（石头）的象征，一个没有生命却只是存在或者“成长”的东西，是对立物之间的一种无限的和深不可测的游戏的消极主题。“灵魂”，即理性智慧的那种没有身体的抽象，和“精神”，即枯燥乏味的哲学辩证法的两维度隐喻，在炼金术的投射中差不多是以物质的、可塑的形式出现的，就像有形的、会呼吸的身体一样，而且不愿意像我们的理性意识的组成部分那样发挥作用。对于一种没有灵魂的心理学来说，这种希望就会落空，那种无意识刚好被发现的幻象就会化为乌有：必须承认，它以多少有些独特的形式为人们所知已经有差不多快2 000年了。不过，我们还是不要再自欺欺人了吧：只有当我们能够把这些符号成分与天文学上时间的决定因素区分开来，我们才能够把那个难以驾驭的和逃避的墨丘利与物质的自主性分离开来。进行投射的东西必然是和投射紧密联系在一起的，即便我们在某种程度上成功地把我们认为是心理的部分整合到意识之中，我们也将连同它一起把宇宙及其物质性的东西整合进来；或者相反，既然这个宇宙比我们要无限得大，我们迟早会被这个无机物所同化。“把你自己转换成为有生命的哲人石吧！”一位炼金术士呼喊道，他却不知道这块石头“转换得”究竟有多么缓慢。任何一个对源自炼金术投射的“自然之光”进行严肃思考的人，当然会赞成那位大师的话，那位大师曾说到过这项工作所要求的那种“漫无止境的沉思所造成的疲惫不堪”。在这种投射中我们遇到关于某种“客观”精神的现象学，一种心理体验的真正基质，是物质的最适当的象征。如果一个人不仔细观察物质的行为和注意其法则，就对物质进行控制，这种事情在哪里都不会发生，也绝不可能发生，只有当他在一定程度上这样做了的时候，他才能够对此进行控制。对于今天我们称之为无意识的那种客观精神来说也同样如此：它就像物质一样难以驾驭，神秘而又难以捉摸，并且遵从那些如此非人的或超人的法则，以至于对我们来说它们就像是一种反对人类尊严的罪行（crimen laesae majestatis humanae）。如果一个人把手放在这件产品上，正如炼金术士所说，他就会重复说，这是上帝的创造性杰作。与这个未成形的物质的斗争，与这个提亚马特的混沌的斗争，实际上就是一种原始的体验。

287 既然当我们直接体验到时，精神就会在它使之具有生命的那个“活的”物质中与我们相遇，而且看起来与其成为一体，那么墨丘利就被称为水银（argentum vivum）。意识的辨别力，或意识本身，会影响把身体与灵魂区分开来和把精灵墨丘利与水银分离开来的毁坏世界的干预，就好像我们的童话故事所说，把精灵放出来又关进瓶子里。尽管身体和灵魂是人为分离的，但是，由于它们是在生活的秘密中结合起来的，精灵墨丘利虽然被囚禁在瓶子里，但还是要在树根下才能被找到，就像其第五元素和活的神灵一样。用《奥义书》的话来说，他是树的人格化的灵魂。被隔离在瓶子里时，他相当于自我和自性化原则，用印度人的观点来说，这会使人产生个体存在的幻想。从这个囚室里被释放出来之后，墨丘利便假设了超个人的阿特曼这个人物。他成了使所有被创造物的原则都具有生命的一，成了哈朗雅格嘎（金胎）、[1]宏观世界之子所代表的超个人自性、一块智慧的石头。《罗西努斯和萨拉特》引用了《哲学之恶》的一句话，[2]这句话试图阐述哲人石与意识之间的心理关系："这块石头在汝之下，犹如遵从；在汝之上，犹如支配；故而源于汝，犹如知晓；在汝四周，犹如与汝平等。"[3]若将其应用于自性，这句话的意思就是："自性服从于你，但另一方面又统治着你。这依赖于你自己的努力和你的知识，但又超越了你并且包含所有那些具有类似心灵的人。"这指的是自性的那种集体性质，因为自性是人格整体的象征。根据定义，整体性包括集体无意识，作为经验，集体无意识似乎是要表明它在任何地方都是同一的。

288 那个可怜的学童与瓶子里的精灵相遇，这个故事描绘的是

1 Cf. Maitrayana-Brāhmana Upanishad, V, 8（Sacred Books of the East, vol. 15, p. 311）. 在吠檀多教派（Vedanta-Sutras）中他是作为植物精灵和集体灵魂而出现的（ibid., vol. 34, p. 173 and vol. 48, p. 578）。

2 罗西努斯（佐西莫斯）的这篇论著很可能源自阿拉伯文。"Malus" 可能是 "Magus" 的一种讹误。Ibn al-Nadim（公元987年）的 *Fihrist* 和 Rimas（佐西莫斯）的作品一起，列举了Magus的两部著作，其中一部的书名是 "The Book of the Wise Magus（？）on the Art"（Ruska, *Turba*, p. 272）。

3 *Art aurif.*, I, p. 310.

一个盲目的、尚未唤醒的人类存在的精神冒险。同样的主题也构成了那个爬上世界之树的猪倌故事[1]的基础，也构成了炼金术的中心思想。因为它的意思是指在无意识中做好准备并且逐渐进入意识的自性化过程。其最常见的炼金术象征就是树，即哲学树，它是由伊甸园的知识树派生而来。就像在我们的童话故事中一样，在这里一条恶魔般的蛇、一个邪恶的精灵，激发并且说服我们相信知识。鉴于《圣经》的先例，至少可以说，精灵墨丘利与黑暗面有许多的联系，这并不令人惊奇。他的一个侧面就是女性的蛇—魔鬼，即莉莉丝或梅露西娜，她居住在哲学树上。同时，他不仅具有圣灵的性质，而且，根据炼金术的观点，他实际上就是圣灵。在我们了解到这个精灵原型的矛盾状况之后，我们除了接受这个令人震惊的自相矛盾之外别无选择。我们的这位模棱两可的墨丘利只不过肯定了这条规则。不管怎么说，这个悖论并不比造物主的那种异想天开的观念更差，这种观念想要用一个显然相当危险的树上的蛇的存在而使其和平的、天真的伊甸园富有生气，这条蛇"恰好"就位于和禁果相同的那棵树上。

289 必须承认，这个童话故事和炼金术都表明墨丘利处在明显不利的境地，之所以这使人更加吃惊，是因为其积极方面不仅把他和圣灵联系起来，而且还以哲人石的形式把他和耶稣基

1 Cf. "The Phenomenology of the Spirit in Fairytales," pp. 231ff.

督联系起来，而且作为一种三人组合甚至使他与三位一体联系起来。看起来仿佛正是这些关系才使炼金术士们特别强调墨丘利的那种阴暗和可疑的性质，这强烈地妨碍了下述假设的提出，他们所谓的哲人石实际的意思是指耶稣基督。如果这就是他们的意思，他们为什么不把耶稣基督重新命名为哲人石呢？哲人石充其量是物理世界中一个与耶稣基督极为相似的人。从心理学上讲，其象征作用就像构成其本质的墨丘利的象征作用一样，指的就是自性，也是像耶稣基督那样的象征性的人物。[1]与耶稣基督象征的纯洁性和统一性相比，墨丘利—哲人石是模棱两可的、阴暗的、自相矛盾的和彻底的异教的。因此他代表的是一部分心理，这种心理当然不是基督教塑造的，可能也根本不是通过“耶稣基督”这种象征表达的。相反，我们已经发现，它以多种方式来指代魔鬼，有时把他自己伪装成光明的天使。哲人石阐述的是自性的一个方面，它既与自然相分离又趋向于自然并且和耶稣基督的精神并不一致。它代表的是所有那些从基督教模式中被排除出去的东西。但是它们具有生活的现实性，因此，除了在黑暗的炼金术象征中之外，它们是无法表现自己的。墨丘利的这种自相矛盾的性质反映了自性的一个重要方面，就是说，如果它想要代表任何

1 [Cf. *Psychology and Alchemy*, ch. 5, “The Lapis-Christ Parallel,” and *Aion*, ch. 5, “Christ, a Symbol of the Self.” ——英编注]

一种整体性，那么，它基本上是一种对立的复合体（complexio oppositorum）这个事实就确实不可能是任何别的东西。作为大地之神的墨丘利具有隐藏的神灵（deus abscontidus）的某种东西，这种隐藏的神灵就是心理学上的自性的一个基本要素，而且自性是无法与上帝意象区分开来的（除非通过无可置疑的和无法证实的信仰）。虽然我已经强调过，哲人石是一种包含着对立面的象征，可以说，不应该认为它是自性的一种更完全的象征。那样做是绝对不正确的，因为实际上它是一种意象，其形式和内容主要是由无意识决定的。由于这个原因它是绝不可能在文本中以完成的和确定的形式被人们发现的；我们不得不把所有零散提到的各种神秘物质、墨丘利、转换过程和最终的产品都结合起来。虽然哲人石无论如何都必然是讨论的主题，但是对于其真实的形式没有真正一致的意见。几乎每一个作者都有他自己独特的寓言、同义词和比喻。这就清楚地表明，这块石头虽然确实是人们普遍用来实验的一个对象，但在更大程度上是无意识的一种显露，只是会偶尔地穿过主观性这条分界线，产生哲人石这个模糊的一般概念。

290 与隐藏在多少有些神秘的教义之朦胧状态中的这个人物相对而立的就是那个人之子和救世主、耶稣基督新太阳，教义对此做了明确阐述，在它们面前那些稀少的星辰显得黯然失色。他是以三位一体的形式对意识之光的肯定。耶稣基督这个人物如此清晰和明确，无论与他有什么差别的东西，看起来都不仅低劣，而且邪恶和卑鄙。这并不是耶稣基督自己的教诲所导致的结果，而是人们所受到的有关他的教诲所致，尤其是教义安放在他这个人物身上的那种清澈纯洁所致。于是，在信奉基督者和反对基督者之间，就像撒旦和堕落的天使那样，产生了一种对立的张力，这种张力以前在从《创世记》开始的整个基督教历史上从未出现过。在约伯那个时代，撒旦在上帝的儿子们当中还时常可见。《约伯》1：6说道："有一天，神的众子来侍立在耶和华面前，撒旦也来在其中。"对一个神仙家庭团聚的这种描述根本就不是对《新约》"退去吧，撒旦"（《马太福音》4：10）的一种暗示，也不是对被铁链锁在地下世界一千年的那条龙的暗示（《启示录》20：2）。看起来仿佛是，一面大量的光产生了另一面更黑的黑暗。人们还可能会发现，黑色物质的这种不同寻常的大扩散表明，几乎不可能有一种无罪的存在（sinless being）。对这种存在的爱的信奉自然包含着使自己那有黑色污秽的房子变得清洁起来。但是这种污秽必定会被倾倒在某个地方，而无论这种垃圾在什么地方，都会用一种难闻的味道使世间最美好的地方受到污染。

291 原始世界的平衡被打破了。我这样说并不是想要提出批评，因为我不仅深信这种无情的逻辑，而且深信这种发展是合宜的。对立物的明显差异与更尖锐的差别是同义词，想要拓宽或提升意识，这是必要的条件。意识的逐渐分化是人类生物学的最重要任务，因而获得了最高的奖赏——极大地增长了存活的机会和能量技术的发展。从种系发生的观点来看，意识的作用就像用肺呼吸和温血动物的作用一样意义深远。但是，对意识的澄清必然包含着一种难以变成意识的较模糊的心理元素的遮蔽，这样迟早会在心理系统中发生某种分裂。既然它没有得到这样的认可，它被投射出去，并且以光明的力量和黑暗的力量之间的形而上分裂的形式表现出来。发生这种投射的可能性可以通过发现在任何年代中光明与黑暗的原始魔鬼的无数古代遗迹而得到确认。因此，基督教中对立物之间的紧张似乎很可能仍然在尚不清楚的程度上源自古代波斯的二元论，尽管这两者并不相同。

292 毫无疑问，与古以色列的法律宗教相比，基督教发展的道德结果表现出一种非常大的进步。对观福音书[1]的基督教教义意味着差不多与犹太教内部的问题达成一致，我们完全可以把它与更早期的印度多神教内部的佛教改革相比较。从心理学上讲，这两种改革都使意识获得了极大的力量。这在释迦牟尼所使用的启发式教学法中尤为明显。但是耶稣的言论表现相同的倾向，即便我们把这种最清晰的阐述当作伪造的而予以抛弃，在伯撒抄本《路加福音》6：4中有耶稣的这段箴言："人，如果你知道你所做的是什么，你是有福的。如果你不知道，你就

1 对观福音书（synoptic gospels），指马太、马可和路加三本福音书。——中译注

会受到诅咒，成为法律的罪人。”不管怎么说，关于那位不义管家的寓言（《路加福音》16）并没有找到进入外典[1]之路，在那里它本来应该适应得非常之好的。

293 形而上学世界中的这种裂缝已经缓慢地上升到意识中，成为人类心理中的裂缝，光明与黑暗之间的斗争转移到了内部战场。这种情景的转移并不完全是不证自明的，由于这个原因，圣依纳爵·罗耀拉认为有必要使我们认清这种冲突，并且借助于最戏剧性的宗教精神实践在我们的感情上留下了深刻印象。[2]因为明显的原因，这些努力只有非常有限的应用范围。因此，非常奇怪的是，在19世纪之交被迫进行干涉，使受阻碍的意识实现过程得以再次进行的，正是那些医学人士。从某种科学的视角，而且在对任何宗教目的一无所知的情况下来考察这个问题，弗洛伊德发现了人类本性那深不可测的黑暗，而这正是自以为是的开朗乐观被迫想要隐藏的。从那以来，心理治疗一直在以某种方式坚持不懈地探讨我称之为阴影的那个广泛的黑暗领域。现代科学的这种尝试只打开了少数人的眼界。但是，我们时代的历史事件已经以难以磨灭的血与火的色彩绘制了一幅人的心理现实的图画，并且给了他一个绝对无法忘记的客观教训，如果——而且这是个大问题——他今天获得了足

1 外典（Apocrypha），指不列入正典《圣经》的典籍。——中译注

2 *The Spiritual Exercises*（trans. Rickaby），pp. 75ff.

够的意识，能跟上他内部邪恶的疯狂速度。另一个唯一的希望就是，他可以学会控制一种创造性，这种创造性会把自己浪费在开发物理力量中。遗憾的是，在这方面所有的尝试看上去就像是不流血的乌托邦。

294 耶稣基督逻各斯这个人物把人心中的理性灵魂提升到一个重要的层次，只要它知道自己在灵主之下并且服从于他，它就不会招致反对。但是，理性已经把自己释放出来并且宣称自己就是统治者。在巴黎圣母院里它已经坐上了理性女神（Déesse Raison）的宝座并且预示即将发生的事件。我们的意识不再局限于某个超脱尘世的末世的意象的圣域之内。帮助它获得自由的是一种并非自上而下地流动下来的力量（就像那种光中之光）而是在巨大的压力下自下而上地升上来的一种力量，作为从黑暗中分离出来并且攀爬到光明之中的意识而使力量得到增加的一种力量。根据贯通整个自然界的补偿原则，每一种心理的发展，无论是个体的还是集体的，都有一个最适宜的条件，如果超越了这个条件，就会导致物极必反，也就是，转变成其对立面。从无意识中释放出来的补偿倾向即便在接近那个至关重要的转折点时也有可能被注意到，尽管如果意识坚持其进程，这些补偿倾向就会被完全压抑下去。这些黑暗中的蛛丝马迹似乎必定就像是对精神发展之理想的可恶背叛。理性禁不住要把与之相矛盾的和背离其法则的所有事情谴责为不合理的，尽管所有的证据都与之相反。道德可以允许自己没有改变的能力，因为它所不赞同的一切都必定是不道德的，因此必须受到压抑。对于在这种意识支配之下必定会流入无意识之中的这些众多的能量，人们是不难想象的。

295 就像在梦中一样，多少世纪的内省沉思犹疑不决地逐渐把墨丘利这个人物聚集在一起，创造了一个象征，根据所有的心理学规则，这种象征处在一种与耶稣基督互补的关系之中。这样说的意思并不是要取代他的地位，也不是与他相等同，因为那样一来它确实可能会替代他了。它的存在应归功于这种补偿法则，其目的是要在这个通过提供一种对耶稣基督意象的细微的补偿对应，而把这两个心理世界分离开来的深渊上架设一座桥梁。在《浮士德》中，这个补偿性的人物并非像人们可能会从这位作者经典的偏好中所预期的那样，是诸神的一位老谋深算的使者，而是正如“靡菲斯特”这个名字[1]所示，是从中世纪巫术的粪坑里浮上来的一位精灵王，这个事实如果确实有的话，就是对歌德意识中根深蒂固的基督教特点的证明。就基督教的心态而言，那个黑暗的对手必定是魔鬼。我已经指出，墨丘利差一点就没有逃过这种偏见。但是他逃过了，这要感谢他不屑于不惜一切代价地进行反对。尽管他含糊不清和具有两重性，他的名字的这种魔力却使他能够置身于这种分裂之外，因为作为古代多神教的一位神灵，他具有一种自然的不可分离

1 ［摘自 L. *mephitis*，地球上的一种有毒的蒸发。——英译注］

性，这种不可分离性是不受逻辑和道德矛盾影响的。这使他具有了不受伤害性和不会腐烂性，这正是我们如此急迫地想要治愈我们自己身上裂痕的性质。

296 如果有人要对墨丘利的所有描述和炼金术对他的描绘做一个概要，这些描绘就会与来自其他根源的自性的象征有惊人的相似。一个人不可避免地会得出结论认为，作为哲人石的墨丘利是对心理情结的一种象征的表述，我把这种心理情结界定为自性。同样，我们也必须因为相同的原因而把耶稣基督这个人物看作是自性的象征。但是，这会导致一种显然无法解决的矛盾，因为，首先人们还不清楚，无意识怎么能够从同一个内容中塑造出这样两个不同的意象，这个内容还具有整体性的特点。当然，数百年的岁月已经在这两个人物身上留下了精神的痕迹，而且人们还倾向于假设，这两个人物在同化过程中已经在很大程度上被拟人化了。对那些坚持认为这两个人物是智者的发明的人来说，这个矛盾可以得到迅速的解决。因此它只不过是反映了那种主观的心理情境：这两个人物代表的是人及其阴影。

297 遗憾的是，这个非常简单而明显的解决方法是建立在经不起批评的前提基础上的。耶稣基督和魔鬼这两个人物都是以原型模式为基础的，绝不是被创造发明出来的，而是**被体验到**的。他们的存在要领先于人们对他们的全部认知，[1]而且智者

1 这件事情的证据就是广泛流传的关于两个敌对兄弟的主题。

并没有插手这件事情，除了把他们加以同化以及如果可能的话在其哲学中给他们一席之地之外。只有最浅薄的唯理智论者才会忽略这个基本事实。我们实际上面对的是自性的两种不同的意象，它们可能甚至以其原始的形式表现出一种二重性。这种二重性并不是创造发明出来的，而是一种自主的现象。

298 由于我们天然地是从意识的立场来思考的，我们就不可避免地得出结论认为，意识与无意识之间的分裂才是这种二重性的唯一原因。但是，经验以及证明存在着一个前意识的心理功能以及一些相应的自主因素，即原型。一旦我们能够接受这个事实，即精神病患者的声音和妄想以及神经症患者的恐怖症和强迫症都不是理性能够控制的，以及自我不可能自愿地编造梦，而只不过是梦到了不得不梦到的事情，那么，我们也就能够理解，诸神出现在先而神学出现在后。确实，我们必须再往前走一步并且假设，从一开始就有两个人物，一个是光明的，一个是阴暗的，只是在后来，意识之光才把自己与黑夜及其星辰的那种不确定的闪烁分离开来。

299 所以，如果耶稣基督和黑暗的自然神是可以直接体验到的自主意象，那么我们就不得不彻底改变我们的那种理性主义的因果顺序，不是把这些人物从我们的心理状况中派生出来，而是必须把我们的心理状况从这些人物中派生出来。这就是期待要有很多的现代理智，而不是要改变我们的假设的逻辑。从这个观点来看，耶稣基督就是意识的原型，而墨丘利则是无意识的原型。作为丘比特和凯伦尼奥斯，他把我们引诱出来进入感觉世界；他是神圣本性的属性（benedicta viriditus）和早春多次升华的产物（multi flores），是幻觉和欺骗之神，人们恰当地把他称为："Invenitur in vena / Sanguine plena。"（他是在随着血液而膨胀的血管里被发现的）他同时是一个阴曹地府的赫尔墨斯和一个厄洛斯，不过，那种"超越众光之光"（light surpassing all lights），即现代的光（lux moderna），正是从他那里发出来的，因为哲人石无非就是隐藏在物质中的光的形象而已。[1]圣奥古斯丁正是在这个意义上引用《帖撒罗尼迦前书》（Thessalonians）5：5，"你们都是光明之子，都是白昼之子：我们并非属于黑夜，也不属于黑暗"，他还区分了两种形式的知识，一种是夜晚的知识（cognitio vespertina），一种是白日的知识（cognitio matutina），第一种知识与生物科学（scientia creaturae）相对应，第二种与造物主的科学（scientia Creatoris）相对应。[2]如果我们把知识与意识相等同，那么奥古斯丁的想法就会认为，只有人类的和自然的意识才会像夜幕降临那样逐渐黑暗下来。但是，正如夜晚产生了早晨一样，从黑暗中也会引发新的光明，这颗晨星（stella matutina），它同时是夜晚的星

---

1 参见奥斯坦尼斯关于有灵魂的石头的传说。

2 "因为与造物主的知识相比，生物的知识只不过是一种朦胧的曙光；因此，当生物坠入对造物主的爱和赞美时，天将破晓，清晨来临。除了当造物主被创造物的爱所抛弃时，天也不曾黑暗下来。"——*The City of God*，XI，vii.

也是早晨的星——光明的使者路西法。

300 墨丘利根本就不是基督教的魔鬼，人们宁可把后者说成是路西法或墨丘利的一种“恶魔化”(diabolization)。墨丘利是对原始的光明使者的一种预示，他自己本身绝不是光明，而是一个把在新的晨光出现之前暗淡下去的自然之光、月光和星光带来的光明使者。在谈到这种光时，圣奥古斯丁说，除非造物主被其创造物的爱所抛弃，否则，天就绝不会转向黑暗。但是，这也属于白天和黑夜的循环。正如荷尔德林在《帕特莫斯》中所说：

> 卑劣地
> 一种暴力夺走了我们的心；
> 因为天国的神圣要求每个人都做出牺牲，
> 但是如果要把它抑制住，
> 则好事难成。

301 按照智者雅若洼基夜所说，当所有的可见光都消失之后，人们就会发现自性之光。“那么究竟什么才是人之光呢？自性就是他的光，人就靠在自性之光旁边休息，藉以前行，从事其工作并返回。”[1]所以，在奥古斯丁看来，创世的第一天是从

1 Brihadāranyaka Upanishad, IV, 3, 6 (cf. Hume, *The thirteen Principal Upanishads*, p. 133).

自性的知识开始的，知识就是自性（cognitio sui ipsuis），[1]意思是说，这不是自我的知识，而是自性的知识，即那种客观现象，而自我则是主观现象。[2]因此，按照《创世记》中创世之时日的顺序，首先创造的是天空的知识、大地的知识、海洋、植物、星辰、靠水和空气生活的动物，以及最后，在第六天，产生了陆生动物的知识，以及人自己（ipsius hominis）的知识。白日的认知就是自性的知识，但是夜晚的认知则是人的知识。[3]正如奥古斯丁所描述的那样，当白日的认知在"成千上万的事物"中失去自己并且最终成为人的时候，这种自性的知识也就逐渐变老了，虽然人们会期待这种事情在自性知识开始出现的时候就已经发生了。即便这是真的，奥古斯丁的比喻也会因为其自相矛盾而失去意义。我们不能把这种明显的失误归咎于这个如此有天赋的人。他的真实意思是，

---

1 "而且当它［生物的知识］成为它自己的知识时，那就是一天。"（Et hoc cum facit in cognitione sui ipsius, dies unus est）——*The City of God*, XI, vii.这或许就是把哲人石当作"一天的儿子"那种奇怪称呼的来历。［Cf. *Mysterium Coniunctionis*, pp. 335, 504.］

2 "既然没有任何知识能比人借以认识他自己的那种知识更好，那就让我们考察一下我们的想法、话语和行为吧。因为，如果我们想要仔细地考察和正确地理解万物的本性，却不理解我们自己，那么它对我们有什么用呢？"——*Liber de Spiritu et Anima*, LI（Migni, *P. L.*, vol. 40, cols. 816—817）.本书是一本被错误地认为是奥古斯丁写的非常后期的一本论著。

3 "因此，其本身就是夜晚的知识的那种生物的知识，在上帝那里就是早晨的知识；因为生物在上帝那里比在其本身中更为清晰可见。"——*Dialogus Quaestionum*, *LXV*, Quaest. XXVI（Migne, *P. L.* vol. 40, col. 741）.

自性的知识是造物主的科学，[1]是一道在夜晚过后展现出来的晨光，在夜晚意识处于静止状态并且笼罩在无意识的黑暗中。但是，伴随着这道初光而产生的知识最终而且不可避免地变成了关于人的科学、人的知识，人问自己："知道和理解所有事物的究竟是谁呢？嗨，竟然就是我自己。"那就是黑暗降临的标志，[2]由此而产生了第七天，即安息日："但是，上帝的安息代表的是那些在上帝那里安息的人的安息。"[3]因此，安息日（Sabbath）就是人回到上帝那里并且重新接受白日的认知之光的日子。而且这一天没有夜晚。[4]从象征的观点来看，奥古斯丁心中想的是应该给这七天起那些诸神的名字，这并非

1 *Liber de Spiritu et Anima*认为自性的知识非常重要，因为它是与上帝结合的一个基本条件。"有些人通过外部的事物寻求上帝，把他们心中的东西抛弃掉，而在他们心中的是上帝。因此不妨回到我们自己，我们可能会上升到我们自己。……我们首先是从这些外部的和低劣的事物中上升到我们自己的。其次，我们上升到高居其上的心脏。……在第三次上升中，我们上升到上帝那里。"（chs. LI-LII；Migne，*P. L.*，vol. 40，col. 817）"高居其上的心脏"（cor altum；也称为"深处的心脏"）是一分为四的曼荼罗，即上帝的意象或自性。*Liber de spiritu et Anima*处在奥古斯丁传统的主流之中。奥古斯丁自己说道（*De vera religione LXXII*，Migne，*P. L.*，vol. 34，col. 154）："不要向外走，回到你自己之中；真理就居住在人的内心深处。如果你发现你的本性是可变的，那就超越你自己吧。但要记住，当你超越自己的时候，你必定是作为一个理性的灵魂而超越自己的。"

2 "当太阳落山的时候，夜幕降临。现在太阳已经为人类而落下了，就是说，那个作为上帝存在的正义之光为人类而落下了。"——*Enarrationes in Ps. XXIX*，II，16（trans. Hobgin and Corrigan，I，p. 308）. 这些话指的是Ps. 30：5（A.V.）："哭泣可能等待着夜晚，但欢乐却在清晨来临。"

3 *The City of God*，XI，viii. Cf. also *Dialog. Quaest. LXV*，Quaest，XXVI.

4 *Confessions*（trans. Sheed），p. 289.

没有意义。在维纳斯那一天（星期五），愈益浓郁的黑暗达到了其最大的强度，在萨杜恩那一天就变成了路西法。星期六预示着在星期天全力出现的光明的到来。我已经指出过，墨丘利不仅与维纳斯有密切关系，而且与萨杜恩有更为特殊的关系。作为墨丘利他是年轻人（juvenis），作为萨杜恩他则是老人。

302 在我看来，奥古斯丁理解了一个伟大的真理，意即，每一种宗教精神的真理都会逐渐转变成某种物质的东西，变成只不过是人手中的一种工具。因此，人几乎不可避免地把自己视为一个知者，是的，甚至是一个创造者，有无限的可能性供他支配。炼金术士基本上就是这种人，却不像现代人那样有过之而无不及。炼金术士仍然能够祈祷："清除吾之心灵的可怕黑暗吧。"但现代人已经变得如此黑暗了，以至于在他自己的理智之光之外的任何东西都无法照亮他的世界。"日出时的耶稣基督，日落时的耶稣基督。"[1]这当然就是为什么如此奇怪的事情会发生在我们非常赞颂的文明之中的原因，更像是众神的没落[2]而不是任何正常的曙光或暮光。

303 墨丘利，那位长着两张脸的神，作为自然之光、守护者和救世主，只是在那些理性奋力追求的人所能接收到的最高级光明

1 *Enarrantiones in Ps. CIII*, Sermo III, 21 (Migne, *P. L.*, vol. 37, col. 1374).

2 众神的没落（Götterdämmerung），意思是指德国神话的众神和万物被毁，也指瓦格纳《尼伯龙根指环》这出歌剧的第四部《众神的黄昏》。——中译注

的人身上才会出现，他们并不完全相信夜晚的知识。对于那些没有注意到这种光的人来说，自然之光会变成一种危险的幻想（ignis fatuus），而普绪科蓬波斯则会变成恶魔的引诱者。本来能够带来光明的路西法，却变成了谎言之父，其言论在我们的时代受到新闻出版和电台的支持，陶醉在毫无节制的宣传之中，使不计其数的人受到灭顶之灾。

译名对照表

Aaron 艾伦
Abraham le Juif 亚伯拉罕·勒朱福
Adam Kadmon 亚当·卡德蒙
Adam 亚当
Adech 阿德奇
Adolphus 阿道尔弗斯
Agathodaimon 阿加托戴蒙
Agrippa 阿格里帕
Ahuramazda 善之神
Akhmim 艾赫米姆
albedo 白化
Amaury Talbot 阿莫里·托尔博特
Amnael 亚姆纳尔
Amor 阿莫尔
angelology 天使学
Angelus Silesius 安格鲁斯·西莱西乌斯
Aniadus 阿尼亚德斯
anima aquina 水的灵魂
anima mundi 世界灵魂
anima rationalis 理性灵魂
anima 灵魂；阿尼玛
animism 泛灵论
anthroparia 人类
Aphrodite 阿芙洛狄忒
Apocalypse of Elijah《以利亚启示录》
Apollonius 阿波罗尼乌斯
aqua permanens 永恒之水
Aquaster 阿夸斯特
arbor philosophica 哲学树
Archeus 阿切乌斯
Arnaldus de Villanova 阿纳尔都斯·德维拉诺瓦
arunquiltha 阿龙奎塔
Atlantida 阿特兰蒂达
atman 阿特曼
Attis 阿提斯
"Aurelia occulta"《神秘的奥列利亚》
Aurora consurgens《曙光乍现》

Avicenna 阿维森纳

Barnabas 巴拿巴
Basilidian 巴西里德斯
Beelzebub 别西卜
benedictio fontis《祝福之泉》
Beya 贝亚
Bogomils 波格米勒派
"Book of Krates"《克拉特斯书》
Bundahish《班达希经》

Chaucer 乔叟
child-stone 儿童石
Christian Rosencreutz 克里斯蒂安·罗森克鲁茨
Christopher Steeb 克里斯托弗·斯蒂布
Chymical Wedding《化学婚礼》
Cicero 西塞罗
Circe 瑟茜
circulus simplex 简单循环
coincidentia oppositorum 对立物的一致性
coincidentia 一致性
compassion 同情心
complexio oppositorum 对立的复合体
coniunctio 化合
Conrad Gessner 康拉德·格斯纳
"Consilium coniugii"《智慧的结合》
Corpus Hermeticum《赫尔墨斯文集》
Cupid 丘比特

De incertitudine et vanitate scientiarum《论科学的不确定性和自负》
De vita longa《长生不老》
Dea Natura 自然之神
Déesse Raison 理性女神
Democritus 德谟克利特
deus absconditus 隐藏的神
"Dicta Belini"《贝利尼格言》
"Dictionary of Goldmaking"《造金词典》
domus sapientiae 智者之家
Dorn 多恩
Druids 德鲁伊特
dues terrestris 世俗的上帝
duplex 双重的
dyophysite 二元

ego 自我
egoists 个人主义者
Einsiedeln 艾恩西德伦
Elijah 以利亚
empathy 共情
Empedoclea 恩培多克勒
Enoch 以诺
Eros 厄洛斯
Estsanatlehi 伊斯特纳斯拉斯
Euchites 祈祷派
Eulogius of Alexanderia 欧洛日
Euphorion 欧福里翁
Euripides 欧里庇得斯

Faust《浮士德》

filius macrocosmi 宏观宇宙之子
filius microcosmi 微观世界之子
fixation 固着
foemina 女人

Gabricus 加布里库斯
Galen 盖伦
Gayomart 迦约马特
Geber 盖贝尔
Georg Steindorff 格奥尔格·施坦因多夫

Heinrich Khunrath 海因里希·坤拉斯
Hera 赫拉
Heracleon 赫拉克勒斯学派
Herakles 赫拉克勒斯
Hermes Trismegistus 赫尔墨斯·特利斯墨吉斯忒斯
Hoghelande 霍格兰德
Holderlin 荷尔德林
Holy Ghost 圣灵
Hypnerotomachia Poliphili《寻爱绮梦》

Idechtrum 爱德克特拉姆
Ignatius Loyola 依纳爵·罗耀拉
Immaculate Conception 无沾成胎
incubation 孵化
individuation 自性化
inflatio 自命不凡
inspiratio 灵感
intellectual 智者
Ion 约恩
Istar 阿斯塔蒂

Jacob Burckhardt 雅各布·伯克哈特
Job 约伯
Johannes de Rupescissa 约翰内斯·德路佩西撒

Karl von den Steinen 卡尔·冯·登·施泰因
Kekule 凯库勒
Kepler 开普勒
Khunrath 昆拉斯
Kronos 克罗诺斯
knower 知者
kobold 柯宝
Komarios 科马里奥斯
Korybas 克里巴斯
Kyllenios 凯伦尼奥斯

Laconia 拉哥尼亚
lapis philosophorum 哲人石
Laurentius Ventura 劳伦修斯·文图拉
Lucifer 路西法
Lully 卢利
lumen naturae 黑暗之光
lumen naturae 自然之光
luminositas sensus naturae 自然感觉之光

Maier Michael 迈克尔·梅耶

Mani 摩尼
Marsilio Ficino 马西里奥·斐西诺
Marsyas 玛尔叙阿斯
Mater Natura 自然之母
Maya 玛雅
Mediator 调停者
Melissa 梅丽莎
Mephisto 靡菲斯特
mercurial serpent 水银之蛇
Mercurii caduceus 墨丘利的双蛇杖
Mercurius 墨丘利
metasomatosis 交代作用
Metatron 天使之王
moral qualification 道德资格
Morgana 摩根娜
mortificatio 制服
Moses 摩西
Mumia 木米亚
mundus rationalis 理性世界
Mylius 米利乌斯
mysterium et magnale Dei 神秘魔法的天神

Nabu 纳布
Nature 自然
Nicodemus 尼哥底母
Nietzsche 尼采
nigredo 黑化
Nikotheos 尼克希奥斯

Occulta philosophia《神秘哲学》
Okeanos 奥齐阿诺斯
omega element 欧米伽元素
Omphale 翁法勒
One and All 一和万
Oporin 奥珀林
opus alchymicum 炼金工作
opus divinum 神圣工作
opus 工作、产品
Orestes 俄瑞斯忒斯
Ostanes 奥斯坦尼斯

Pagoyum 异教徒
Pan 潘神
Pantophthalmos 复眼怪物
Paracelsus 帕拉赛尔苏斯
Paragranum《奇迹医粮》
Parmenides 巴门尼德
participation mystique 神秘参与
Patagonians 巴塔哥尼亚人
"Patmos"《帕特莫斯》
Patrizi 帕特里奇
Paulicians 保罗派
Penotus 皮诺塔斯
Philo Judaeus 菲洛·朱达乌斯
"Philosophia sagax"《智慧的哲学》
Philosophumena《哲学沉思》
physica and mystika 物质和神奇
pneuma 普纽玛
Practica Mariae 实践活动
Prajāpati 生主
prima materia 原初物质
principium individuationis 自性化原则
principle of sufficient reason 充足理性原则

Protothoma 普罗托索玛
Psychology and Alchemy《心理学与炼金术》
Pururavas 补噜罗婆
purusha 神我

quasi-material 准物质
quaternity 四位一体性
Quetzalcoatl 羽蛇神
Quicksilver system 水银系统
quinta essentia 第五元素

Reitzenstein 莱岑施泰因
repression 压抑
Rhazas 拉西斯
rhizomata 根状物
Ripley 瑞普利
Rosarium Philosophorum《哲学玫瑰园》
rotundum 圆形
Ruland 鲁兰

Salvator 救世主
Samaria 撒玛利亚
Saxo Grammaticus 萨克索·格拉玛提库斯
Scaiolae 斯卡约拉
Schmieder 施米德尔
Schopenhauer 叔本华
Scrowle《卷轴》
Scythians 斯基泰人
self 自性
self-awareness 自我觉知
senex 老人
seperatio 分离
Servator 灵魂救主
Shatapatha-Brahmana《百道梵书》
Shiva-Shakti 湿婆—沙克蒂
Simulacrum Dei 模拟的神
sinless being 无罪的存在
Sol 太阳
soror mystica 神秘姐妹
"Speculatica philosophia"《思辨哲学》
Speculum veritatis 金属镜
spiritus aquae 水的精神
spiritus mercurii 精灵墨丘利
spiritus Phytonis 蛇之精灵
spiritus seminalis 精之灵
spiritus vegetativus 植物精灵
spiritus 精灵
Spitteler 施皮特勒
Splendor Solis《太阳的光辉》
"Summa perfectionis"《完成伟大事业之大纲》
Sun Bearer 太阳运载者
supracelestial coniunctio 超天国化合
Supracelestial 超天国
supraconsciousness 超意识

"Tabula smaragdina"《翠玉录》
Taos Pueblos 陶斯普韦布洛人
the axion of Maria 玛利亚法则
the light of lights 诸光之光
the One 太一

the realization of self 自性的实现
the third heaven 第三天国
Theophrastus 泰奥弗拉斯托斯
Thoth 透特
Tiamat 提亚马特
Timaeus《蒂迈欧篇》
Titans 提坦人
"Tractatus Aristotelis"《论亚里士多德》
"Tractatus aureus Hermetis"《论炼金术之黄金》
"Transformation Symbolism in the Mass"《弥撒中转换的象征》
transitus 转变
trinus et unus 三位一体
Turba《哲人集》

ultima materia 终极物质
unconscious identity 无意识的同一性
Upanishad《奥义书》
uroboros 咬尾蛇
Urvashi 广延天女

Verus Hermes《维洛斯·赫尔墨斯》
vivus lapis philosophicus 哲人石的真理

Walpurgisnacht 瓦尔普吉斯之夜
wandering scholars 流浪学者
Wichita 威奇塔人
Wilhelm Richard 卫礼贤
Wotan 沃坦

Yajñavalkya 雅若洼基夜
Yolkaiestsan 尤凯斯特撒恩

Zarathustra 查拉图斯特拉
Zosimos 佐西莫斯